专业学位研究生教育系列教材

中级商业银行管理学

Intermediate Course of Commercial Bank Management

梁万泉 王苹 编著

首都经济贸易大学出版社
Capital University of Economics and Business Press
·北京·

图书在版编目（CIP）数据

中级商业银行管理学/梁万泉，王苹编著．--北京：首都经济贸易大学出版社，2021.6

ISBN 978-7-5638-3121-0

Ⅰ.①中… Ⅱ.①梁… ②王… Ⅲ.①商业银行—银行管理—研究生—教材 Ⅳ.①F830.33

中国版本图书馆 CIP 数据核字（2021）第 087450 号

中级商业银行管理学
梁万泉 王 苹 编著
ZHONGJI SHANGYE YINHANG GUANLIXUE

责任编辑	晓 地
封面设计	风得信·阿东 FondesyDesign
出版发行	首都经济贸易大学出版社
地　　址	北京市朝阳区红庙（邮编100026）
电　　话	（010）65976483　65065761　65071505（传真）
网　　址	http：//www.sjmcb.com
E - mail	publish@cueb.edu.cn
经　　销	全国新华书店
照　　排	北京砚祥志远激光照排技术有限公司
印　　刷	北京九州迅驰传媒文化有限公司
成品尺寸	170 毫米×240 毫米　1/16
字　　数	269 千字
印　　张	14.5
版　　次	2021 年 6 月第 1 版　2021 年 6 月第 1 次印刷
书　　号	ISBN 978-7-5638-3121-0
定　　价	39.00 元

图书印装若有质量问题，本社负责调换
版权所有　侵权必究

前言 PREFACE

金融业是国之重器，也是国之根本。商业银行在中国金融业中占有举足轻重的地位。经过几百年的发展和演变，商业银行已成为金融体系的主体，在世界各国的金融体系中占据着十分重要的地位。中国的商业银行从改革开放发展到今天，经历了数次变迁，特别是进入 21 世纪以来，商业银行经过股份制改造取得了亮丽的业绩，资产规模不断扩张，新型银行业金融机构不断涌现，但发展的同时也带来了许多问题，利率市场化下利差进一步收窄，竞争进一步加剧，信贷业务和同业业务蕴藏着潜在的信用风险和流动性风险，表外业务监管套利屡禁不止，进一步凸显出商业银行加强经营管理的重要性。

国内的专业硕士教材比较少见，本书的特点是结合商业银行经营理论，同时针对中国近年来商业银行经营过程中出现的热点问题进行编写，每章都配有案例和热点思考问题，适合专业硕士的学习和思考。

本书的内容安排共分为十章，系统阐述了中国商业银行的改革与发展、商业银行的经营环境，详细介绍了现代商业银行的负债业务、资产业务、资本业务、中间业务和表外业务，同时根据金融专硕的教学要求，增加了银行营销的内容。本书既可以作为高等院校金融学专业的专业硕士教材，也可以作为金融机构的培训教材和相关人员的自学用书。

本书由首都经济贸易大学金融学院梁万泉、王苹担任主编，祁敬宇教授和金融学院研究生王群、王嘉禾、李悦颖、高杨、李懿行、轩一、刘雪、张柯、张欣浩等为本书的资料搜集整理和编写提供了帮助，在此表示衷心感谢。

本书在编写和出版过程中，得到了首都经济贸易大学研究生院、金融学院领导和首都经济贸易大学出版社的大力支持，同时金融学院的研究生张敏、张鹏飞、孙悦、孙伟等和本科生也做出了贡献，在此一并向他们表示衷心感谢！感谢他们给予的信任和大力支持。

本书编写过程中，我们参阅了大量相关教材和文献，主要参考文献名录附后，我们对这些文献的作者表示衷心的感谢！由于受作者水平的限制，不足之处，敬请批评指正！

目 录 CONTENTS

第一章 中国商业银行的沿革与发展 / 1
第一节 商业银行的产生和发展路径 / 1
第二节 中国商业银行经营现状 / 4
第三节 四大国有银行经营业绩 / 9
第四节 中国商业银行混合所有制改革 / 18

第二章 商业银行经营环境 / 25
第一节 商业银行经营环境概述 / 25
第二节 商业银行竞争环境 / 28
第三节 宏观审慎评估体系 / 31
第四节 存款保险制度 / 34

第三章 商业银行负债业务 / 51
第一节 负债业务概述 / 51
第二节 中国商业银行的存款业务 / 56
第三节 中国商业银行储蓄存款的走势 / 58
第四节 中国商业银行结构性存款问题研究 / 61
第五节 中国商业银行的存款定价 / 63

第四章 现金资产管理 / 78
第一节 商业银行的现金资产 / 78
第二节 中国的存款准备金制度 / 80
第三节 中国的存款准备金计算及改革 / 83

第五章 商业银行企业贷款业务 / 88
第一节 贷款业务概述 / 88
第二节 中国商业银行主要的贷款风险 / 98
第三节 绿色信贷在中国的实践 / 102

第四节 商业银行信贷资产证券化业务 / 109

第六章 商业银行个人消费贷款业务 / 126
第一节 商业银行个人消费贷款业务概述 / 126
第二节 个人信用评价技术 / 128

第七章 商业银行证券投资业务 / 141
第一节 商业银行证券投资的目的与功能 / 141
第二节 中美商业银行的证券投资业务 / 142
第三节 中国主要发行的债券和商业银行可投资的债券 / 143
第四节 工商银行的证券投资业务 / 144

第八章 商业银行资本管理 / 153
第一节 商业银行资本管理概述 / 153
第二节 《巴塞尔协议》与资本监管 / 156
第三节 中国商业银行的资本充足率 / 159

第九章 商业银行中间业务管理 / 170
第一节 商业银行中间业务概述 / 170
第二节 商业银行中间业务定价 / 175
第三节 中国商业银行中间业务发展现状分析 / 179
第四节 中国商业银行中间业务存在的问题和对策 / 187
第五节 中国商业银行私人银行业务的发展 / 193

第十章 商业银行营销管理 / 201
第一节 商业银行营销概述 / 201
第二节 中国直销银行发展状况 / 207

参考文献 / 223

第一章　中国商业银行的沿革与发展

第一节　商业银行的产生和发展路径

一、银行业的诞生

商业银行是指主要发放周转性工商业贷款，享有垄断创造活期存款的特权，以盈利最大化为经营目标，从事日趋多样化综合性金融业务的金融企业。早期银行产生于14~15世纪的欧洲，近代银行业起源于文艺复兴时期的意大利，由金币兑换业和金匠业演变而来。在西方，银行一词始于意大利语Banco，意为长凳、椅子。英文译为Bank，原意是指存放钱财的柜子，后来泛指专门从事货币存、贷和办理汇兑、结算业务的金融机构。1171年成立的威尼斯银行是历史上第一家公立银行，1609年荷兰的阿姆斯特丹银行被认为是具有现代意义的银行。世界上第一家股份制银行是1694年成立的英格兰银行，它的成立标志着资本主义银行体系的开始。

在中国，之所以将专门从事货币信用业务的机构称为"银行"，与中国过去长期用白银充当货币有关。中国是铸造货币较早的国家，铸币的材料有黄金、白银，也有铜和铁，但一向以黄金为上币。自唐朝起，黄金和白银在价值上虽然有贵贱之分，但在币制上地位大致相当。宋朝以后，白银在币制上已占据优势，此后的上千年中，白银一直是中国通用的货币材料。因此，在中国，"银"字往往代表着货币。中国历代的货币经营业和信用机关，也多以"银"字为名，如银炉、银店、银号、银铺等。"行"在中国泛指一种职业（如通常所说的"各行各业"），也有用作"商号"之意。因此"银行"一词就字面而言，是指办理银钱业务的行业。后来，由于信用业务的发展，人们便把经营货币，办理存贷、汇兑、储蓄等业务，承担信用中介业务的新式信用机构称为"银行"。中国现代银行的产生始于1845年，英国人在中国开办了第一家新式银行丽如银行，1848年改为东方银行。1897年清政府在上海成立中国通商银行，1904年官商合办户部银行，后来在1908改为大清银行，1912改为中国银行。国民党统治时期形成了四大家族把持的银行和小四行、南三行、北四行等。

二、中国商业银行产业与发展

新中国成立后一直到改革开放前，中国只有一家银行——中国人民银行，既行使中央银行的职能，又行使商业银行的职能，所以很长时期没有真正意义上的商业银行。中国当代商业银行的产生和发展开始于改革开放初期，经历几次大的变革和发展。

新中国商业银行的发展历程主要包括以下三个阶段。

第一阶段（1978—1993年）恢复四大专业银行，开始改革探索。1979年2月，国务院决定恢复中国农业银行。1979年3月，专营外汇业务的中国银行从中国人民银行分设出来。1983年9月，国务院宣布中国人民银行专门行使中央银行职能。1983年9月，开办基建和拨改贷业务的中国人民建设银行。1984年1月，组建专门从事信贷和储蓄业务的中国工商银行。至此，四大专业银行全部恢复，分别从事工商业、农业、基建和外汇等信贷业务。到了20世纪80年代后期，伴随交通银行的恢复，中国还建立了一批全国性、区域性的股份制商业银行。包括中信实业银行、光大银行、招商银行、广东发展银行、深圳发展银行、福建兴业银行、华夏银行、浦东发展银行、海南发展银行（已倒闭）、中国民生银行等。从那时起，这些银行的业务开始交叉，"工商银行下乡，农业银行进城、建设银行脱土，中国银行上岸"，专业银行也开始从事各种信贷业务，没有了明确的划分和禁止。

第二阶段（1993—2003年）提出商业银行概念，开始了向商业银行转变的改革。1994年中国成立了国家开发银行、中国农业发展银行和中国进出口银行三家政策性银行，即把建设银行、农业银行和中国银行中的政策性业务剥离出来，使四大国有银行转变为国有商业银行。由于历史包袱的存在，1997年东南亚金融危机后，中国的银行业净资产为负值，不良贷款率达到20%～30%，因此，在1998年发行2 700亿元特别国债补充四家银行的资本金，在1999年又进行了一次大规模的不良资产剥离。因为四大国有商业银行集中了全国银行体系中约80%左右的信贷资金，承担了全社会60%以上的存贷业务，但其治理机制及业务经营还远不是真正的商业银行。1999年分别成立了华融、长城、东方和信达四家资产管理公司，剥离不良资产1.4万亿元，使国有商业银行卸下沉重的历史包袱，向真正的商业银行进行转变。

第三阶段（2003至今）股份制改造。进入21世纪后，商业银行改革的步伐依然没有停止，特别是中国在2001年加入了世界贸易组织（WTO），中国银行业承诺五年后全面对外开放。面临外资银行竞争，中国银行业的改革加快了脚步。目的是使中国的银行成为真正的商业银行，目标就是进行股份制改革，通过剥离不良资产，发行次级债，财政部和汇金公司注资、引入外国的战略投资者等改革措施，促使商业银行上市。其中建设银行和中国银行2005年在香港的联交所上市，2006年工商银行、2010年农业银行上市，四大国有银行完成了股份制改造任务。截至2020年，中国在A股上市银行已经达到36家。随着城市商业银行和农村商业银行陆续上市融资，越来越多的中小银行也登上了中国股票市场。

三、中国商业银行发展概况

长期以来，中国企业融资结构以间接融资为主，银行业在金融体系中占据主导位置。特别是自2008年全球金融危机以来，随着中国经济规模不断扩大，银行业资产规模快速扩张，从2007年年末的54.1万亿元增加到2016年年末的230万亿元，增长了3.3倍，年均增长17%，远超同期GDP的增速，占GDP的比重从200%提高到300%。广义货币M2（现金加存款）余额也从2007年年末的40.3万亿元上升到2016年年末的155万亿元，增长了2.8倍，年均增长16%，占GDP的比重从149%提高到200%。与此同时，中国金融业增加值占GDP的比重由2007年的5.6%增加至2016年的8.35%，比2016年美国金融业增加值占GDP的比重高出1.05个百分点。截至2016年年末，银行业金融机构资产总额232.25万亿元，比上年年末增加31.68万亿元，增长15.8%，增速比上年增加0.13个百分点；负债总额214.82万亿元，比上年年末增加29.7万亿元，增长16.04%，增速同比增加0.97个百分点。其中五家大型商业银行资产占比37.29%，比上年年末下降1.92个百分点，股份制商业银行、城市商业银行的资产占比分别比上年年末提高0.16和0.78个百分点，农村金融机构资产占比与上年年末持平。

截至2015年，中国银行业金融机构包括3家政策性银行、5家大型商业银行、12家股份制商业银行、133家城市商业银行、5家民营银行、859家农村商业银行、71家农村合作银行、1 373家农村信用社、1家邮政储蓄银行、4家金融资产管理公司、40家外资法人金融机构、1家中德住房储蓄银行、68家信托公司、224家企业集团财务公司、47家金融租赁公司、5家货币经纪公司、25家汽车金融公司、12家消费金融公司、1 311家村镇银行、14家贷款公司以及48

家农村资金互助社。截至 2015 年年底,中国银行业金融机构共有法人机构 4 262 家,从业人员 380 万人。

从图 1-1 可以看到,中国银行业资产规模较大的银行依次为:大型商业银行、股份制商业银行、农村中小金融机构和邮政储蓄银行,占银行业金融机构资产的份额分别为 47.3%、16.2%、15.2%。

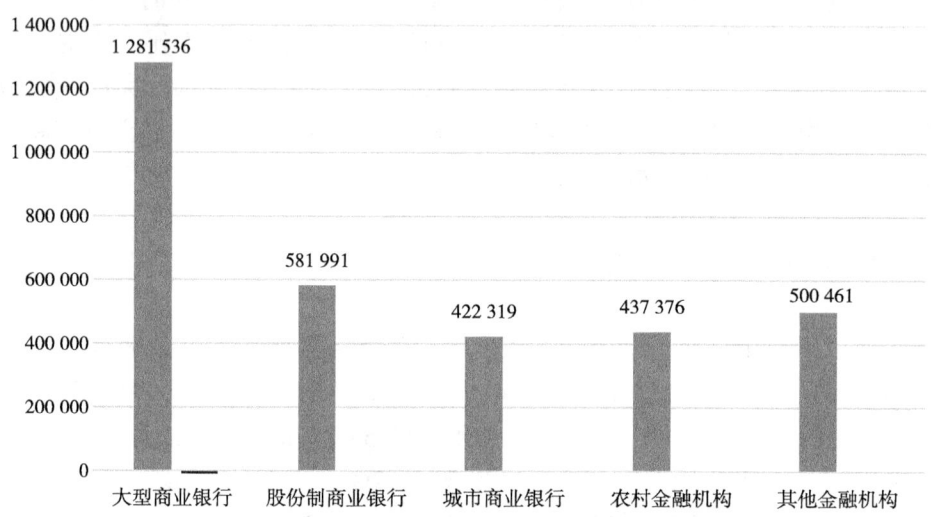

图 1-1　2021 年 3 月中国各类银行业金融机构资产规模(亿元)

资料来源:中国银行业监督管理委员会 2016 年年报。

第二节　中国商业银行经营现状

近十年来,中国各银行业绩经历了高速增长到逐年下滑的过程。2011 年,银行利润高有两个原因,一个是中国人民银行的货币政策,另一个是银行利率的管制。事实上,关于银行因为牌照的"先天"优势而形成的暴利早已备受争议。中央财经大学的郭田勇教授等专家分析认为,中国 5% 左右的利差与欧美银行不足 1% 的利差形成了鲜明对比,"银行以比较低的成本获得存款,然后以存款利率相差比较高幅度的利率放出贷款,想不赚钱都难"。银行这几年的好日子主要还是因为一些特殊因素造成的,"注资、改制、上市等一系列工作完成后,银行业恰逢中国经济高增长,业务扩张很快"。但是,一个银行是否具有核心竞争力,不是单从某一两年的业绩单去判断,"在竞争的环境下,只有不断提高银行业的治理结构、风险管理和人才队伍培养等工作,才能在环境不好的时候不被淘汰"。

从四大国有银行净利润变化看，基本和整个银行业保持一致，近几年同样出现增长乏力的情况。据 2017 年半年报统计，四大国有银行上半年共实现归属于母公司股东的净利润 5 036 亿元。如果按一年 365 天计算，那么四大国有银行平均每天共获利约 27.6 亿元，盈利能力依然可观。2017 年中国企业 500 强的入围门槛为营业收入 283.11 亿元，达到历史新高，较上年大幅提高了 39.65 亿元。2017 年中国企业 500 强的营业收入总额首次突破 60 万亿元，达到了 64 万亿元，相当于 2016 年中国 GDP 总额的 86%。500 强前十有 6 家银行，工、建、农、中、交五大银行，再加上国家开发银行，6 家银行总利润超过 1 万亿元，占 500 强总利润的 36.6%。而 500 强中的 245 家制造企业，共实现净利润 5 493.10 亿元，占 500 强净利润总额的 19.53%。245 家的总利润仅仅相当于 6 家银行利润的一半。尽管业绩有所回暖，但 2014—2016 年，四大国有银行三年净利润基本维持在 8 500 亿元的水平，止步不前。

从以上的分析可以得知，中国银行业利润高速增长的原因可归纳为经济高速增长和银行改制带来的红利，同时由于银行资产迅速扩张加上利率尚未市场化的垄断利差以及中间业务收费过度等因素，使银行一度成为高利润行业。

近几年，商业银行的经营业绩有所滑坡，利润增速下滑，不良资产上升有所抬头。银行机构和网点不断缩减，出现了银行高管和从业人员离职潮，2015 年超 50 位银行高管离职，互联网金融、地方交易所、民营银行等新兴金融业态均成为银行高管离职后的热门去处。受宏观经济下行、金融自由化推进等因素影响，商业银行净利润增速放缓、不良贷款上升压力持续增大，银行业的黄金时代渐行渐远。目前，银行业开放扩大和利率市场化背景下，银行业转型在即、风险加大、薪酬缩减带来的压力让越来越多的从业者心生离意。另一方面，以大数据、云计算、移动互联、电子商务等为代表的新一轮信息技术创新浪潮，正推动着互联网金融的快速崛起。在监管政策和各路资本的推动下，这个新兴行业所展现出的巨大前景正吸引着越来越多的人加入。正在日益崛起的新兴金融业态自然成为离职高管的热门去处：一类是实力雄厚的互联网金融公司，如蚂蚁金服、陆金所；二类是知名企业涉足金融板块的新公司，如乐视金融、万达金融；三类是民营银行、地方交易所等新兴机构。

从表 1-1 可以看到，2016 年五大商业银行机构总数合计为 70 783 个，比 2015 年的 70 952 减少 169 个，减少幅度仅为 0.2%。其中，工商银行、中国银行分别比上年减少 298 个、77 个，交通银行、建设银行、农业银行分别比上年增加 153 个、40 个、13 个。事实上，2011—2015 年，五大商业银行的机构总数每年都在增加。2016 年虽然有所减少，但仍然高于 2015 年之前的所有年度，与 2011

年相比增加了近5%。

表1-1 大型商业银行2011—2016年机构总数　　　　　单位：个

银行	2016/12/31	2015/12/31	2014/12/31	2013/12/31	2012/12/31	2011/12/31
中国工商银行	17 200	17 498	17 460	17 574	17 508	16 887
中国农业银行	23 692	23 679	23 612	23 547	23 490	23 468
中国银行	11 556	11 633	11 514	11 483	11 277	10 951
中国建设银行	14 985	14 945	14 880	14 663	14 296	13 581
交通银行	3 350	3 197	2 839	2 744	2 895	2 804
总计	70 783	70 952	70 305	70 011	69 466	67 691

数据来源：各银行年报。

从表1-2可以看到，2016年五大商业银行员工总数合计为1 722 385人，比2015年的1 740 121人减少17 736人，减少幅度为1%。其中，建设银行、农业银行、工商银行、中国银行分别比上年减少6 701人、6 384人、4 597人、1 142人，交通银行比上年增加1 088人。同样的，2011—2015年，五大商业银行的员工总数每年都在增加。2016年虽然有所减少，但仍然高于2014年之前的所有年度，与2011年相比增加了10%。

表1-2 大型商业银行2011—2016年员工总数　　　　　单位：人

银行	2016/12/31	2015/12/31	2014/12/31	2013/12/31	2012/12/31	2011/12/31
中国工商银行	461 749	466 346	462 282	441 902	427 356	408 859
中国农业银行	496 698	503 082	493 583	478 980	461 100	447 401
中国银行	308 900	310 042	301 945	305 675	302 016	289 951
中国建设银行	362 482	369 183	372 321	368 410	348 955	329 438
交通银行	92 556	91 468	93 658	99 919	96 259	90 149
总计	1 722 385	1 740 121	1 723 789	1 694 886	1 635 686	1 565 798

数据来源：各银行年报。

中国银行业机构和网点数量处于相对稳定状态，从五大商业银行情况看，2016年机构和人员总体上略有减少，主要是结构调整和优化；未来有主动减少机构和人员的可能，物理网点和柜面人员有一定的精简空间，但幅度有限。

一、银行机构网点和人员收缩明显

中国人民银行统计数据显示，2016年银行业金融机构从业人员数量为

379.5万人，比2015年的379万人增加了0.5万人。而工商银行、建设银行、中国银行、农业银行2017年发布的年报统计，2016年四大银行员工总共减少18 823人。至于部分大型银行的机构总数（主要是物理网点）减少，主要原因有两个：

第一，随着技术创新和需求变迁，客户与银行交互方式发生深刻变化，不少原来需要到柜面办理的业务，通过手机银行等电子渠道可以自助办理，柜面业务量有所下降。

第二，随着集约化经营的推进，银行加大系统资源整合，部分业务实现后台集中处理，在降低成本、提高效率的同时也减少了对物理网点的依赖。除了数量减少，不少银行对原来"大而全"的网点进行改造，网点呈现"轻型化""智能化"趋势。

随着网点数量减少、规模"瘦身"和业务集中，五大国有银行的物理网点员工尤其是柜面人员数量有所减少，但主要是结构调整而不是裁员。如工商银行，2016年通过人力资源结构调整，柜面人员减少1.4万人，其中约有3 000人做新兴银行业务，有1.1万人做客户经理，该行更好地提升了人力资源的效率。工商银行2015年的总人数只减少了1%，但是内部人员结构调整达到6%。从发展趋势看，随着技术进步和客户需求的变迁，中国银行业柜面业务仍然有减少的空间。研究表明，中国银行业员工组合与欧美国家银行业的员工组合有很大区别，欧美国家银行60%~80%的营销人员，柜员占比大概是20%~40%；而中国银行业的柜员占比大约为70%~80%，营销人员只占20%~30%。在这种背景下，对机构和人员数量较大的四大国有银行，机构总数和员工还将有一定的精简空间，中国银行业未来柜面人员减少幅度可能在20%左右，但会在银行内部进行培训和转岗，大规模"裁员潮"不会出现。

二、上市银行市值不稳

上市银行市值明显低估，价值处于不稳定状态。银行属于明显顺周期行业，2012年以来，宏观经济增速快速下行，导致商业银行不良贷款一路攀升，商业银行加大拨备计提力度，导致盈利被大幅侵蚀。而随着宏观经济的逐步企稳，商业银行资产质量压力已明显改善。因此，从银行市值看，中国上市银行估值与国际同行相比都显著偏低。2018年以来，虽然银行股集体涨幅明显，但从估值上看，中国很多千亿市值的银行股股价仍低于每股净资产，处于"破净"状态。根据中证指数有限公司统计数据显示，截至2019年1月24日银行股平均滚动市盈率为8.53倍，平均市净率仅为1.1倍。

三、中小银行排队上市热度不减

中国股票市场承载量有限，2005 年中国银行和建设银行在香港联交所上市，在资本不断扩张和满足资本充足率要求的背景下，国内商业银行纷纷上市融资，很多内部职工的持股人可以一夜暴富，北京银行、南京银行和宁波银行在上市之后都产生了不少千万富翁，甚至出现了娃娃股东。随着 2010 年农业银行上市，中国国有银行基本上完成了股份制改造，在香港上市的国有银行也纷纷回归 A 股市场，但银行业上市的号角从来没有停歇过，一些中小银行正排队等待 A 股上市，也有邮储银行和天津银行等在相对容易上市的香港上市交易，更有一些中小银行在新三板上市交易。

四、中国银行业是否存在垄断存在争议

中国人民银行原行长周小川在 2012 年的《金融研究》杂志上撰文认为，中国银行业数量较多无垄断现象。中国工商银行原行长杨凯生也在他的专著《金融笔记》中认为，中国银行业不存在垄断。他指出，衡量一个行业是否存在垄断最主要的指标是行业集中度 CR5（Concentration Ratio 5），即一国前五大银行的总资产占该国银行业资产的比例。将美国、日本、德国、法国、英国、意大利、加拿大、澳大利亚、西班牙、荷兰 10 个发达国家经济体量排名居前的，以及巴西、俄罗斯、印度、南非 4 个金砖国家的银行业集中度（资产 CR5）与中国做一些对照和比较，在 14 个国家中，除了印度之外，其余各国前五大商业银行的资产 CR5 都高于 50%，尤其是 10 个发达国家的银行业，澳大利亚、荷兰超过 90%，德国、加拿大超过 80%，西班牙、法国、英国、意大利超过 70%，美国、日本也在 50%~60%。中国银行业五大银行的资产 CR5 大概是 41% 左右，20 世纪 80 年代以来，中国五大银行市场占比逐年下降，并且是快速下降，从最初的 70%，50% 再到现在的 40% 多。"10+4" 经济体（全世界 10 个发达经济体和金砖四国）的 CR5 指标，有的时候是平稳的，有的时候是快速上升的。杨凯生在《关于银行业需要澄清的几个问题》一文中提及，在上述国家，银行业集中度的高低似乎与金融市场的稳定水平存在着一定正相关性。例如，银行业集中度最高的澳大利亚、加拿大、荷兰在 2008 年金融危机中，银行业表现得就更稳健一些。相比之下，美国在 20 世纪 80 年代末储蓄信贷机构危机爆发之前，银行业资产 CR5 一直低于 15%，在那场危机之后，美国银行业的资产 CR5 快速上升。而在 2008 年金融危机后，美国的资产 CR5 更是从 2007 年的 44% 上升到 2010 年的 48%，2013

年达到63.2%①。

与上述观点相反，一些学者则认为中国银行业存在垄断。丁志杰认为，银行也存在天然垄断②，中央财经大学的郭田勇认为，银行业门槛较高，开放度不够，在利率没有完全市场化下，如果拿到银行牌照想不赚钱都不可能，因此银行业存在垄断③。

五、银行与实体经济的关系问题值得关注

商业银行和一般工商企业的关系问题越来越受到关注。一般来说，商业银行也是以盈利为目的的企业，但是它有其特殊性，其经营对象为货币，其次商业银行的业务更加多样化，被称为综合性的金融百货公司。此外，商业银行作为国家宏观经济政策特别是货币政策传导机制中重要的一环，对宏观经济的影响面非常大。商业银行作为第三产业即金融服务业主要为企业和个人提供全方位的金融服务，银行与企业的关系也被称为银企关系，二者是唇齿相依的关系。实体经济需要银行的金融扶持，银行业也要依附于实体经济的获利，如果脱离了实体经济，就是空中楼阁。银企关系问题一直是金融领域中重要的研究课题。目前，关于商业银行和实体经济的关系问题最突出的表现在商业银行的盈利水平远高于实体经济，在近年的财务业绩中，A股上市公司一年中16家银行业利润相当于2 000多家企业的总和④，工商银行已经成为世界上最赚钱的企业，中国商业银行的资本利润率高于15%。因此有人形容银行是"躺着就把钱赚了"，还有人提出了银行剥削实体经济的论断。由于宏观经济政策导向，实体经济产能过剩，导致利润率下降。融资难、融资贵也说明银行的利率水平有下降的空间。与美元贷款利率相比，人民币贷款利率水平比较高，而且一些隐含的贷款附加条件增加了企业的贷款成本。银行资金空转导致资金没有直接用在实体经济上，而是搞钱生钱的游戏。近年来，大量的银行资金直接或间接涌入房地产领域而不是制造业等实体经济，推高了房价，实体经济不得不以高利率从民间或互联网金融融资。

第三节　四大国有银行经营业绩

截至2018年4月1日，共有15家上市银行公布年报。根据Wind统计数据，

---

① 杨凯生. 关于银行业需要澄清的几个问题 [N]. 经济导刊，2015-02-25.
② 丁志杰. 金融业具有自然垄断的特征 [OL]. 人民网，2012-11-17.
③ 郭田勇. 两条标准判断银行是否存在垄断 [OL]. 中国新闻网，2012-04-24.
④ 2000家企业不敌16家银行的悲凉 [N]. 中国企业报，2013-05-07.

这15家上市银行2017年合计实现归属母公司股东的净利润1.194万亿元，同比增长4.66%，平均日赚32.72亿元。年报数据显示，银行业资产质量持续改善，工、农、中、建四大国有银行的息差水平回升。随着中国经济转向高质量发展，银行业的竞争包括跨界竞争、跨市场竞争会进一步激烈，传统银行在业务结构、盈利模式、增长方式等方面将面临许多新挑战。在金融科技领域，中小银行的布局并不逊色于国有大行，竞争呈"白刃战"态势，有望引领银行业务加快变革。

从已披露的年报看，大部分银行均实现了不错的发展，净息差企稳回升，营业收入和净利润均呈双增长的格局。大部分上市银行资产质量转好，除民生银行不良贷款率上升0.03个百分点外，其余14家银行2017年年末的不良贷款率均较上年末有不同程度下降。其中，农业银行、招商银行和常熟银行的下降幅度较大，分别下降0.56、0.26、0.26个百分点。拨备覆盖率方面，15家上市银行均高于150%的监管红线。其中，宁波银行的拨备覆盖率以493.26%位列第一，常熟银行、招商银行和农业银行的拨备覆盖率也超过200%。中国银行、平安银行和无锡银行的拨备覆盖率较上年末下降。宁波银行、常熟银行和招商银行的拨备覆盖率大幅提升，分别较上年年末上升141.84、91.1、82.09个百分点。大型国有银行方面，工商银行、建设银行和农业银行拨备覆盖率分别较上年上升17.38、20.72、34.97个百分点，见表1-3。

表1-3 2017年四大国有银行的业绩和薪酬情况

	营业收入（亿元）	净利润（亿元）	同比增长（%）	在职员工总数（人）	人均年薪福利（万元）
工商银行	7 265	2 860.49	2.8	453 048	25.37
农业银行	5 428.98	1 929.62	4.9	487 307	23.36
建设银行	6 216.6	2 422.64	4.67	352 621	27.30
中国银行	4 837.61	1 724.07	4.76	304 492	22.62

数据来源：Wind数据库。

从四大国有银行的业绩比较看，2017年四大国有银行股价一路领涨，特别是工商银行、建设银行和农业银行纷纷创下新高。与2016年相比，四大国有银行2017年营业收入和净利润增速都大幅回升，更重要的是资产质量明显好转，银行业要实现由大到强、由高速增长向高质量发展的转变。

一、营收增速、利润增速反弹

营收增速和净利润增速反弹，净息差回升成为驱动利润增长的因素之一。

2017年四大国有商业银行营业收入同比增长4.31%，较2016年大幅提高6.16%。同期净利润同比增长3.36%，较2016年同期上升1.89个百分点（见图1-2）。

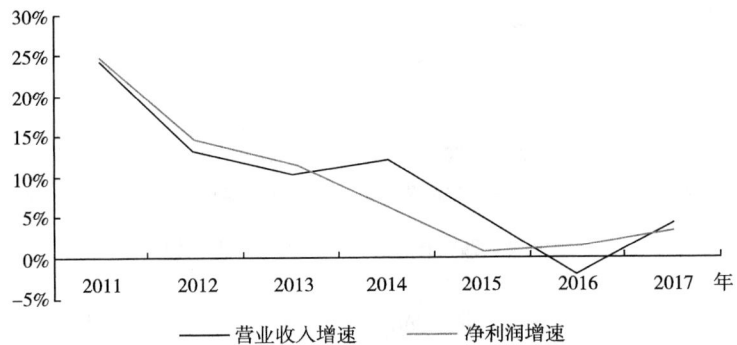

图1-2　2011—2017年四大国有商业银行整体营收和利润增速变化

2017年四大国有商业银行中营收增速最快的是工商银行，同比增长7.49%，较2016年同期大幅提高10.61个百分点，主要受益于利息净收入大幅增长（见图1-3）。

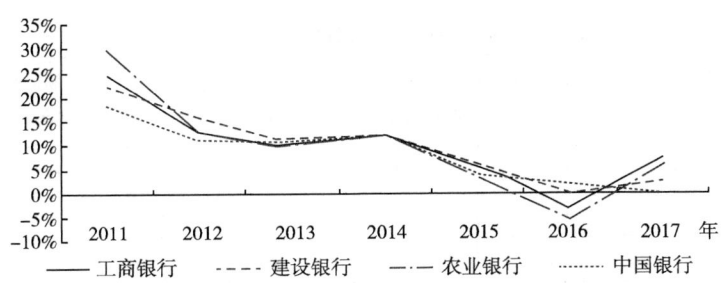

图1-3　四大国有银行营业收入增速比较

同期，净利润增速最快的是农业银行，同比增长4.93%，较上年同期提高3.11个百分点（见图1-4）。四大国有银行中，仅有中国银行2017年营业收入增速和净利润增速较上年同期放缓。

2017年四大国有银行的业绩有明显提升的关键是净息差的回升。通过对净利润增速的拆解，我们可以看到，2017年净息差对净利润增速的贡献从2016年的-17.46%变成1.04%，使近三年净息差的贡献首次为正。

与净息差回升相反，2016年业绩主要驱动因素之一的非息收入，在2017年从正贡献变为负贡献。非息收入主要来源于银行的中间业务和各类理财业务的手续费及佣金收入，例如，工商银行2017年的年报里提到"非息收入增速下滑主要是代销基金及保险、私人银行、债券发行与承销、对公理财等手续费及佣金收入减少所

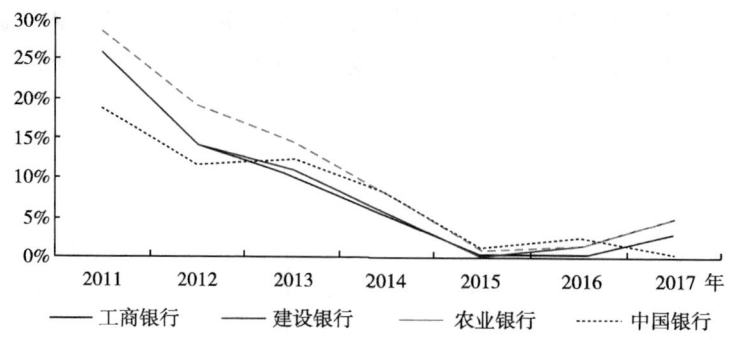

图 1-4　四大国有银行净利润增速比较

致，这与2017年表外理财以及保险产品监管加强都有关系"。所以，2017年业绩驱动因素的变化与金融监管加强后的业务导向变化有关，净息差回升，一方面，去杠杆下资金面收紧，存款获取压力较大，一般性存款向大行集中度提高，四大国有银行的成本优势凸显；另一方面，资产由表外回归表内，非标转表，企业信贷资产利率回升，对于资产端定价能力强的大行而言，资产价格提升也较为明显。非息业务收入也受到表外理财、同业理财等业务受限的影响。见表1-4、表1-5。

表 1-4　2017年四大国有银行业绩归因分析

	净利润增速（%）	平均生息资产贡献（%）	净息差贡献（%）	非息收入贡献（%）	成本费用贡献（%）	拨备贡献（%）	税收贡献（%）
工商银行	2.99	8.65	2.00	-3.16	4.49	-11.60	2.61
建设银行	4.83	9.37	-1.08	-5.56	2.32	-3.50	3.28
农业银行	4.93	9.09	1.92	-4.88	4.99	-5.44	-0.74
中国银行	0.51	9.23	1.34	-10.64	1.15	-0.86	0.29
总计	3.36	9.06	1.04	-5.80	3.24	-5.81	1.62

表 1-5　2016年四大国有银行业绩归因分析

	净利润增速（%）	平均生息资产贡献（%）	净息差贡献（%）	非息收入贡献（%）	成本费用贡献（%）	拨备贡献（%）	税收贡献（%）
工商银行	0.50	7.94	-15.03	3.97	4.36	-1.23	0.49
建设银行	1.53	10.67	-19.40	8.71	5.68	-6.76	2.63
农业银行	1.82	10.60	-19.32	3.10	2.86	0.93	3.65
中国银行	2.58	9.43	-16.30	8.84	5.90	-11.81	6.54
总计	1.48	9.56	-17.46	6.05	4.77	-4.40	2.96

二、资产负债结构调整中信贷资产占比提高

2017年工商银行以26.09万亿元的资产规模居首,建设银行、农业银行、中国银行分别以22.12万亿元、21.05万亿元和19.47万亿元排名其后,位次与2016年保持一致。但资产增速下滑明显,2017年四大国有银行资产规模同比增长7.14%,较2016年同期下降3.04个百分点。其中,工商银行资产规模同比增长8.08%,是四大国有银行中增速最快的,较2016年同期增速微降。此外,建设银行资产增速明显放缓,2017年较2016年同期下降8.71个百分点,建设银行资产增速放缓主要是投资类资产增速放缓所致(见图1-5)。

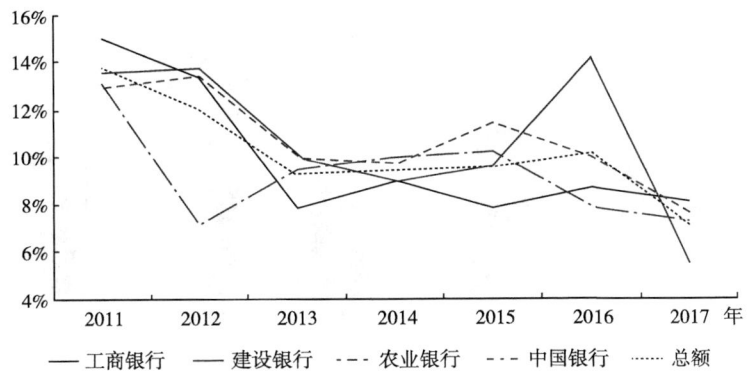

图1-5　2011—2017年四大国有银行资产增速变化

四大国有银行总负债同比增长7%,增速较2016年同期下降3.22个百分点,负债基本上同期与资产保持同步增长。工商银行、建设银行、农业银行、中国银行分别同比增长8.08%、4.93%、7.54%、7.38%,均与资产增速保持一致(见图1-6)。

从资产结构看,2017年四大国有银行贷款规模占比提高,同业资产规模占比进一步下降,继续维持"增投贷""去同业"的趋势(见图1-7)。投资类资产规模占比虽然进一步提高,但其内部结构发生了一定变化,以同业投资、非标资产、同业理财为主的应收款项类资产规模占比持续下降,反之债券资产规模占比上升(见图1-8,图1-9,图1-10)。所以,在严监管下,同业投资资产规模收缩,表内信贷资产规模增加,2018年这一趋势继续维持,资产进一步回归表内。

从负债结构上看,四大国有银行的负债主要以存款为主,近年占比基本维持在80%以上,特别是建设银行和农业银行,2017年存款占比进一步提高。同时,

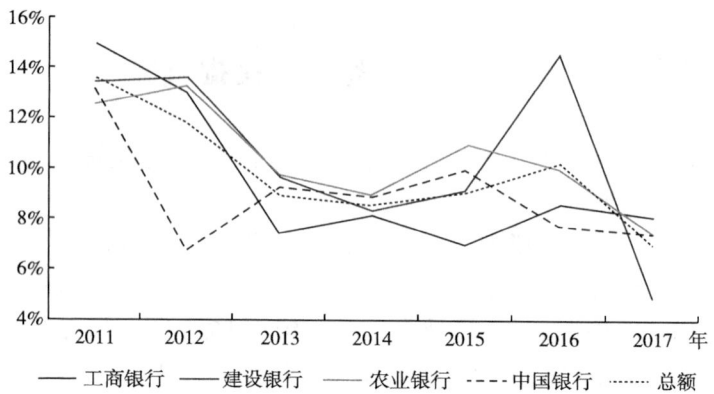

图 1-6 2011—2017 年四大国有银行负债增速变化

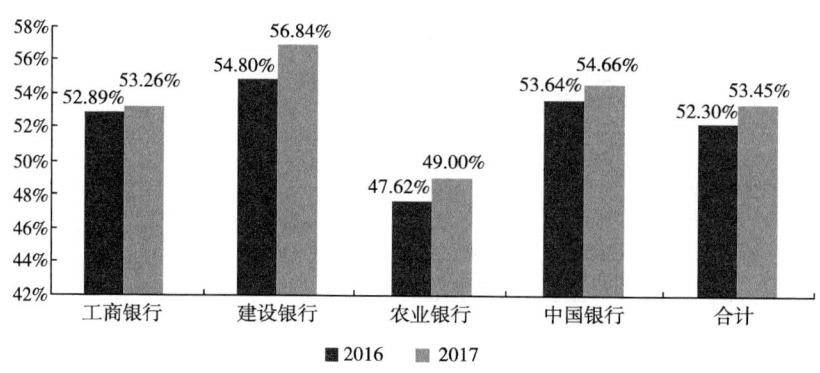

图 1-7 四大国有银行贷款资产占比

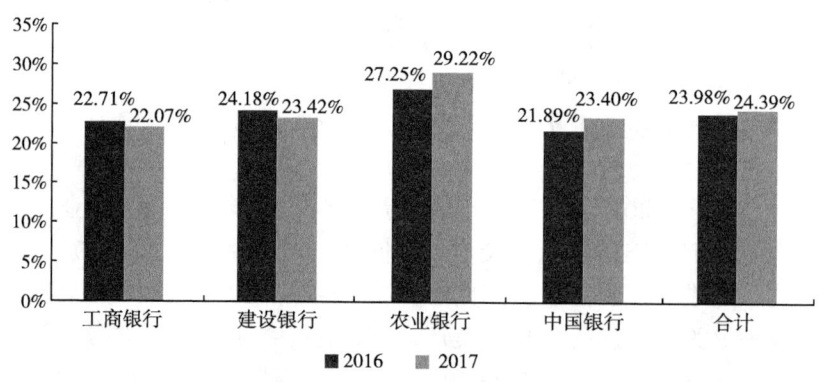

图 1-8 四大国有银行投资类资产占比

2017 年四大国有银行同业负债占比下降，而发行债券（包括同业存单）占比明显提高（见图 1-11，图 1-12，图 1-13）。

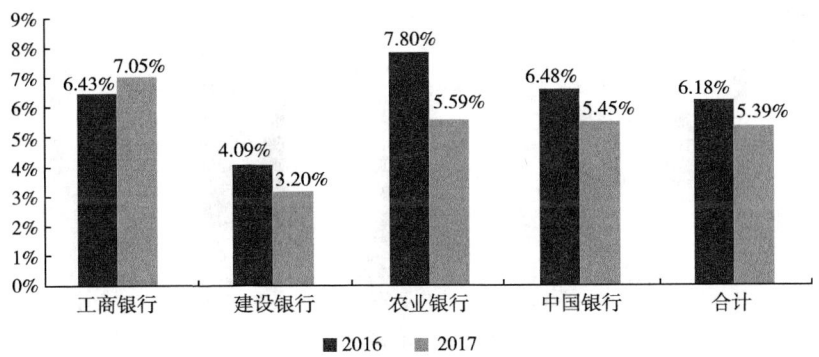

图1-9 四大国有银行同业资产占比

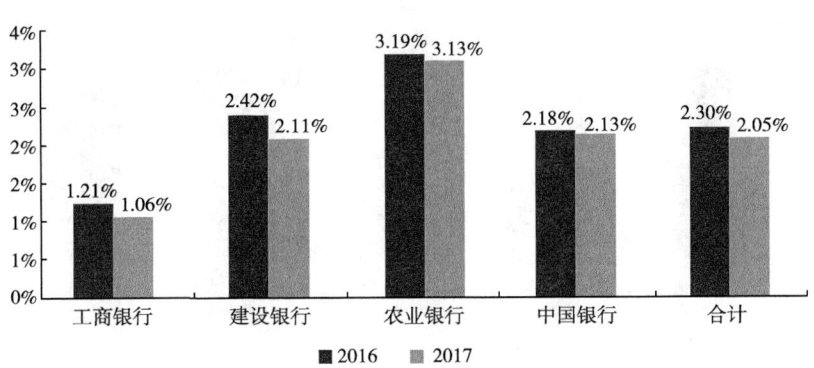

图1-10 四大国有银行应收款项类资产占比

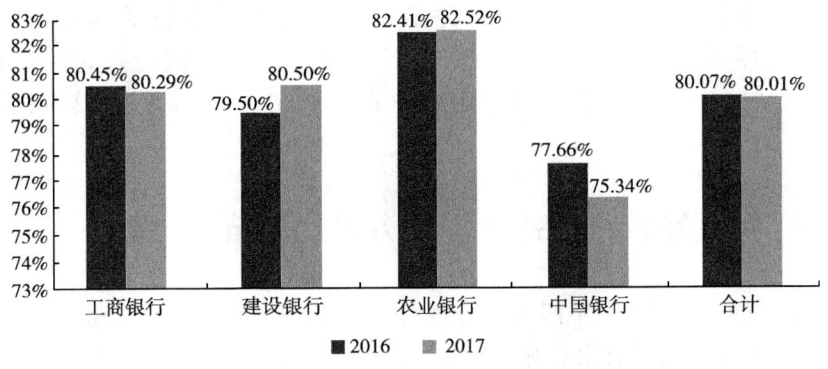

图1-11 四大国有银行存款占比变化

值得一提的是，2017年同业和表外业务受限后，银行表内资产规模增加，但在非标转标或表外转表内的过程中，尽管银行表内资产增加了，但对企业而言，并无新增融资，所以企业对银行不会有新增存款，对银行而言，

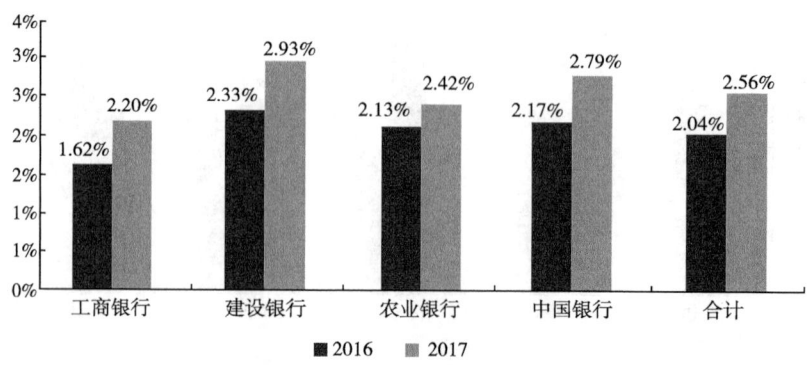

图 1-12　四大国有银行发行债券占比

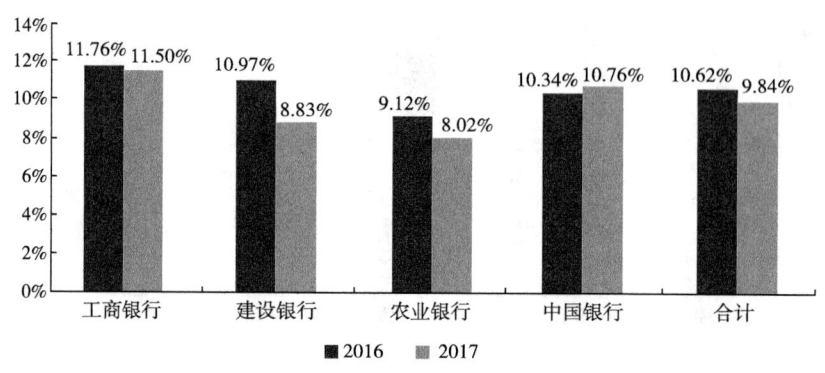

图 1-13　四大国有银行同业负债占比

资产端与负债端的缺口加大。原先并不重视同业存单发行的四大国有银行，在 2018 年也纷纷提高了同业存单的发行额度，反映出银行负债端的压力加大。所以，2018 年四大国有银行的同业存单（应付债券）规模占比进一步提高。

三、资产质量好转，拨备计提压力得到缓解

从资产质量看，2017 年四大国有银行不良率均有所改善。特别是农业银行，虽然其不良率在四大国有银行中是最高的，但 2017 年不良率和不良贷款规模出现双降，不良率由 2.37%降至 1.81%，不良贷款余额由 2 308 亿元降至 1 940 亿元，资产质量明显好转（见图 1-14）。

从四大国有银行的拨备覆盖率看，2017 年除中国银行以外，其他三家银行的拨备覆盖率均有所提高，但是四大国有银行整体拨备覆盖率偏低。2018 年《关于调整商业银行贷款损失准备监管要求的通知》，划定了银行拨备覆盖率和贷款拨备

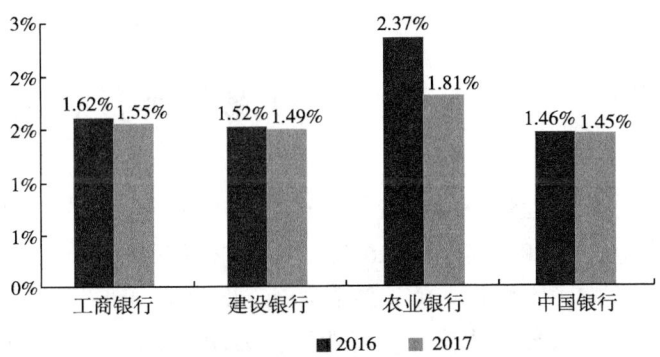

图 1-14　四大国有银行不良贷款率比较

率监管新"红线",拨备覆盖率监管要求由 150% 调整为 120%~150%,贷款拨备率监管要求由 2.5% 调整为 1.5%~2.5%,这对四大国有银行而言无疑是个利好,可以减缓拨备计提的压力,特别是对于工商银行、中国银行接近 150% 的红线,未来政策调整后拨备计提的空间会更大,同时也有利于释放一定的利润(见图 1-15)。

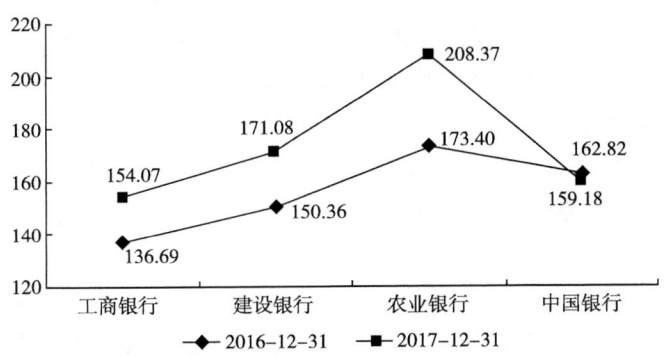

图 1-15　四大国有银行拨备覆盖率(%)

从前文分析的 2017 年业绩驱动因素看,因为 2017 年拨备覆盖率提高,拨备计提的贡献对净利润增速是负的,但是随着拨备新规的出台,预期 2018 年对于四大国有银行而言,一方面是鼓励不良确认,不良率可能进一步下降;另一方面,如果资产本身质量较好,当期拨备计提规模可能减少,释放一定利润,拨备计提的拖累将减弱,从而有利于提升净利润增速。

总体来看,2017 年四大国有银行的业绩确实回升,但 2018 年其经营仍将面临诸多挑战,随着经济转向高质量发展,银行业的盈利、业务模式和竞争方式都将迎来新的挑战。银行业要实现由大到强、由高速增长向高质量发展的转变还任重道远。

第四节　中国商业银行混合所有制改革

众所周知，中国商业银行的股份制改造取得了举世瞩目的成绩，但是改革的步伐从来没有停止过，2015年6月16日，交通银行深化改革方案获国务院批准同意。交通银行打响了大型商业银行混合所有制改革的第一枪，也标志着商业银行混合所有制改革的大幕正式拉开。商业银行为什么要进行混合所有制改革？改革的难点是什么？如何进行商业银行的混合所有制改革？

一、银行混合所有制改革的背景

党的十九大报告指出，深化国有企业改革，积极发展混合所有制经济。混合所有制是中国基本经济制度的重要实现形式，在金融领域，对股权主要属于国有和地方政府所有的商业银行进行改革已成为必然。混合所有制属于银行公司治理改革的范畴，其目的是通过优化股权结构、建立适当的激励约束体制等，促进银行长期稳健发展。在中国，作为商业银行整体改革的一部分，银行公司治理改革也经历了不短时间的发展。早期上市的16家A股银行前十大A股股东为4类，一是国家机构直接控股，例如，汇金、财政部或社保直接持有并控制的工商银行、建设银行、农业银行、中国银行、交通银行；二是国家股东的企业集团控股，例如，招商银行、光大银行、华夏银行、中信银行；三是地方政府控股，例如，浦发银行、兴业银行、南京银行、宁波银行和北京银行；四是民营股东控股，例如，民生银行和平安银行。持股的国家机构主体目前主要包括财政部、社保基金和中央汇金。然而，财政部容易被诟病为"既是运动员，又是裁判员"，其对于财税、坏账核销、会计处理等问题的规定都会对银行形成重大的影响。在实践中，在公司治理所涉及的几个核心领域，仍存在很多问题，需要通过新一轮的改革加以解决。

（一）控制权归属不尽合理

从理论上讲，银行公司治理的目标是维护利益相关者的权益。但在实践中，国内银行的控制权归属有两种比较突出的模式：一是内部人控制。对于国有银行而言，由于股东缺位所造成的内部人控制问题并不令人陌生，但即使在民间资本参股甚至控股的中小银行中，监管部门的限制（如单一股东最高参股比率等限制性条件)在很大程度上导致银行股权高度分散,股东仍难以对银行实施有效控制。在这种情况下,银行的发展方向基本由管理层所主导。二是行政控制。从目前的情况看,行政控制现象不只存在于国有控股的银行(包括由地方政府或国有企业控股的银行),在绝大多数由民间资本参股甚至控股的银行中,高管任免也会受到政府直接或间接的左右。在银行管理者由各级政府任命(或影响)的情况下,其经营不可避免地会受到行政力量的左右,导致金融资源相对集中于政府偏好的企业或产业。在这两种模式下,众多的利益相关主体,如小股东(在地方中小银行中,甚至是大股东)、存款人以及员工的利益没有得到充分的尊重。银行的经营也过多地受上述两类控制主体的影响,在一定程度上对资源分配和银行的经营策略形成了扭曲。

(二) 激励机制短期化

对银行而言,一个兼顾短期、中期、长期的合理的激励机制,对引导管理层稳健经营有着重要的作用。但到目前为止,中国银行业的薪酬体系仍以短期激励为主,中长期激励机制几乎还是空白。在这种情况下,管理层以及员工的行为不可避免地会趋于短期化,过度追求短期的经济利益,而忽视对银行中长期发展战略的关注。在过去一段时间中,在短期绩效考核的推动下,银行把各种增收手段和监管套利手段运用到了极致,不仅忽视了对客户长期利益的关注,也积累了一定的风险。其结果,尽管利润增长迭创新高,但招致的批评却越来越多,这种情况并不利于银行业的长期健康发展。

(三) 高管任免机制仍待改进

银行的经营管理需要较高的专业能力,而良好的公司治理机制,可以确保将合格的银行家推选到关键的岗位上。与此同时,银行家市场的竞争性和高度流动性,也能对现任银行管理层形成有效的外部制约。而中国目前的绝大多数机构,包括大型国有银行、部分股份制商业银行和城商行、农村金融机构等在内,银行高管并不是由董事会遵循市场机制产生的,而是由不同层级的政府机构任命的。应该说,这种体制是中国银行业改革历程的产物,有其合理之处。但客观上,这种体制不仅在银行家遴选上有很大的缺陷,也极大地限制了银行家市场的流动性。

二、银行混合所有制改革的目标

混合所有制改革的目标是通过改革把大型银行培育成具有国际竞争力的市场

主体以及国际一流的银行。具体来说，主要体现在三个方面：一是优化股权结构，引进民间资本，使国有股份相对下降；二是公司治理机制更加有效；三是通过合理的方式建立一个有效的激励约束机制，比如员工持股，使得员工与外部投资者的利益得到有机协调，未来也将按照市场化的原则选拔人才。通过改革，使公司治理结构不再是"一股独大"，最核心的变革就是让有话语权的股东进入公司，避免出现内部人控制或内部人说了算，切实保护小股东利益，使得公司更加市场化。

三、银行混合所有制改革的主要障碍

银行混合所有制改革的主要障碍有三个方面。

第一，未来民间资本进入的空间巨大，但是，对于市值庞大的国有大行而言，一个百分点的股权变更即意味着百亿级资金的往来，因资金量不够或者其他因素导致民间资本短期进入受到了限制。

第二，牵扯到多方面的利益。银行业混合所有制改革会涉及现有行政管理、银行监管、证券市场监管以及国有企业管理等方面。

第三，商业银行进行混合所有制改革存在定价难的问题。

四、商业银行混合所有制改革的路径和建议

商业银行混合所有制改革要想取得实质性的成果，需要进行四个方面的调整。

（一）优化股东结构

优化股东结构，提高其他利益相关者在公司治理中的作用。从实践来看，相对集中的控股结构，可以在保证银行经营的稳定性和连续性的同时，对单一大股东形成有效的制衡。而在中国现有银行中，要么因为大股东以外的其他股权过于分散，要么由于监管政策对单一股东入股比率的限制，大都不符合股权相对集中的要求。由此，混合所有制改革的首要任务，应是优化现有的股权结构，形成相对控股。与此同时，还应在政策上逐步放松相关限制，为国有股以外的股东（民营以及外资股东）有效参与银行治理创造条件，完善利益相关者治理的架构。通过股东多元化、股权多元化的方式，使股权结构更趋合理、更能满足市场化的要求，让董事会成为真正的企业决策机构，让企业经营者选聘、薪酬标准确定、员工福利等，都能严格按照市场化要求执行，激发国企经营管理的活力。民资直接

入股国有大行比较困难,但可以通过多元化的方式参与进去,尤其是在当前综合经营的趋势下,民间资本完全可以参股于国有大行某一个相对独立的部门,如证券、保险等部门,这样的效果可能更好。

(二) 优化高管人员遴选机制

优化高管人员遴选机制,实现组织管理与市场化机制的有效结合。简言之,即将行政任命的高管人员与市场化选聘人员分开,除少数领导岗位外,其他高管应按市场化原则进行聘任,考核激励也应适应银行自身经营和竞争的需要。此外,即使是行政任命的领导干部,在考核激励上,也应在一定程度上兼顾银行经营绩效,以避免行政主导的人事变动对银行长期战略延续性可能产生的影响。

(三) 建立中长期激励机制

建立中长期激励机制,完善薪酬、考核制度。具体而言就是优化薪酬结构,逐步降低现金收入(基本薪酬和当期绩效)在总薪酬中的比重,并辅之以切实可行的中长期激励方案(员工持股计划),以提高管理层和员工对银行中长期战略目标的关注。此外,在考核中,也应该适度纳入经济绩效以外的其他指标(如社会责任、实体经济支持度等),以促进银行与实体经济之间的良性互动和发展。

(四) 首先试点后再推广

国企混合所有制改革中,中国联通关于混合所有制改革试点总体方案和拟改革的内容要点基本上完成,为国有银行改革开了个好头。五大银行中,交通银行的股权结构比较有优势,并且交通银行也引入了外资,初步具备了混合所有制的特征。交通银行的股权结构,包括了国资、外资、民资,业内人士认为其目前的股权结构形式适宜开展混合所有制改革。交通银行股权结构分散,外资汇丰银行占比大,在非国有控股这件事情上走得比其他行远一点,有这方面经验。从长期看,没影响到银行的经营性质,相对讲风险小。而且交通银行属于五大银行之一,具有很大的导向性,而股份制银行与大行比体量太小,民营银行经营模式也是有限牌照。与当下的时势、交通银行的地理位置,以及新任领导积极的态度密切相关,可谓占尽天时、地利、人和。交通银行通过引入境内资本,进一步降低国有股比例,实行领导薪酬股权激励计划和员工持股计划,完善公司治理结构,从而把改革推向全面和深化。

案例　工商银行股份制改革

1. 股份制改革的总体目标。工商银行股份制改革的总体目标是:按照现代商业银行的要求，以建立健全现代产权制度和现代公司治理制度为核心，全面加快各项改革进程，转换经营机制，于 2005 年完成股份制改造，然后创造条件择机在境内外公开上市，建立较为完善的现代金融企业制度，成为一家资本充足、内控严密、运营安全、服务和效益良好、主要经营管理指标达到国际同业中上等水平、具有较强国际竞争力的现代化大型商业银行。

2. 实施改革的基本条件已经具备。首先，全国深入贯彻党的十六大、十六届三中全会和十六届五中全会精神，树立和落实科学发展观，宏观调控取得成效，国民经济保持快速良好的发展态势，国家财政收入和外汇储备持续大幅增长，为工商银行实施股份制改造提供了较为宽松的外部环境和资源基础。

其次，从工商银行自身看，通过近几年的努力发展，为实施股份制改造创造了一定的内部条件：具备了较强的盈利能力，2000 年至 2004 年累计实现经营利润 2 200 多亿元，未来几年工商银行仍有较强的盈利增长潜力；资产质量持续改善，2000 年以来，工商银行不良资产余额净下降了 2 000 多亿元，不良贷款率平均每年下降 4 个百分点左右，2004 年年底工商银行的不良贷款率为 19% 左右，并且新增贷款质量优良，1999 年以后发放的贷款不良率仅为 1.6%；机构重组和人员精简工作进展较快，几年来撤并机构 2.1 万个，人员减少 20 万人；管理信息化水平领先，构造了一体化的业务处理科技平台，完成了数据大集中，形成了较为完善的金融电子产品体系；风险控制能力和内部管理水平有了较大提高，制定了系统性风险规避战略，构造了较为稳健的经营格局。

3. 改革的基本内容。2005 年 4 月 21 日，国务院批准了中国工商银行实施股份制改革的方案，之后其相继完成了国家注资、剥离不良资产等重大财务重组事项，通过财务重组，资本充足率、资产质量、盈利水平和风险拨备等指标大幅度提高，财务实力明显增强。2005 年 10 月 28 日，正式由国有独资商业银行整体改制为股份有限公司，并更名为"中国工商银行股份有限公司"。

第一，国家注资。2005 年 4 月 22 日，中央汇金投资有限责任公司向工商银行注入资本金 150 亿美元，原所有者权益中实收资本的 1 240 亿元人民币转为财政部资本金。

第二，转让损失类资产。2005 年 5 月 27 日，经财政部批准，工商银行以无追索权基准，按拨备前原账面价值向中国华融资产管理公司出售损失类信贷资产和非信贷资产共计人民币 2 460 亿元。

第三，转让可疑类贷款。经中国人民银行和财政部批准及在有关部门安排下，工商银行于 2005 年 6 月 27 日与四大资产管理公司签署协议，转让了可疑类贷款人民币 4 560 亿元。根据人民银行、财政部的相关通知和协议约定，四大资产管理公司以无追索权基准，按照拨备前原账面价值收购工商银行的可疑类贷款。

第四，发行人民币次级债券。经人民银行和银监会批准，工商银行于2005年8月19日在银行间债券市场公开招标发行2005年首期次级债券人民币350亿元用于补充资本金。

第五，成立股份有限公司。2005年10月28日，根据国务院的决定，并经银监会批准，中国工商银行股份有限公司在北京挂牌成立。股份有限公司由财政部、汇金公司发起设立，完整承继中国工商银行的资产、负债和所有业务，并按照国家有关法律规定，制定了新的公司章程，选举产生了第一届董事会和监事会，聘任了高级管理人员，建立了规范的公司治理结构。在实施股份制改造的过程中，同时着力进行以下十项工作。一是积极配合国家有关部门构建由股东大会、董事会、监事会和高级管理层组成的现代公司治理架构，并引入独立董事制度，在董事会下设立相关专门委员会，实现"三会分设、三权分离"；二是制定中长期发展战略规划；三是建立全新的经营绩效考评制度；四是改造组织机构和业务流程；五是完善全面风险管理和内控体系；六是建立审慎、规范和透明的财务会计制度；七是健全资本管理和运营机制；八是建立符合资本市场要求的信息披露与报告制度；九是建立市场化人力资源管理体制和激励约束机制；十是进一步提高管理信息化水平。

工商银行成立以来为支持国民经济发展做出了巨大贡献。近年来在国家政策支持下，工商银行从解决质量效益问题入手，推进综合改革，强化内部管理，加快创新发展，显著改善了经营状况。这次在国家政策支持下进行股份制改造，将彻底解决长期困扰工商银行稳健经营和健康发展的历史包袱。更为重要的是，通过股份制改造，启动产权制度、公司治理结构改革，有利于加快管理体制和经营机制的根本转变，有利于整体构建完善的现代金融企业制度。

2006年10月27日，中国工商银行A+H股在上海证交所和香港联交所同时挂牌上市。工商银行在两地同时成功上市，在国内国际市场上创造了20多个世界之最或中国第一，上市后工商银行的总市值超过了1万亿元，成为A股市场最大的上市公司，并跻身亚洲最大、全球前五大上市银行。

思考题

1. 回顾中国商业银行发展历程，得到的启示是什么？
2. 正确辨析银行贱卖论和国有资产流失论
3. 中国银行业的结构存在哪些问题？
4. 如何看待国有银行的垄断？

5. 银行绩效（风险）与银行规模关系研究。
6. 银行业与实体经济关系研究。
7. 上市商业银行市值管理研究。
8. 银行混合所有制改革问题研究。

第二章 商业银行经营环境

第一节 商业银行经营环境概述

商业银行经营环境是指商业银行发展的外部条件和各项影响因素,决定和影响银行机构的设置、业务种类、经营模式、作用效果和发展水平。一般来说,经营环境是不断变化的,商业银行经营管理的成败,很大程度上取决于管理者对经营环境及其变化的认识。以对商业银行经营产生影响的环境类别为依据,可以把商业银行的经营环境分为经济环境、法律环境、监管环境、制度环境和技术环境等。本节主要概括介绍中国商业银行的经营环境。

一、宏观经济环境

金融是经济的核心,经济环境决定了银行的发展,经济的快速增长直接推动了商业银行的发展和壮大。当然,银行业明显受经济周期的影响,银行业具有非常明显的顺周期效应,经济繁荣时,资产负债业务相应快速增长;反之,经济萧条时,商业银行资产负债规模增速下降,不良资产上升,盈利下降。

当前全世界处于后金融危机时代,经济环境错综复杂。2008年,美国在金融危机之后经济刚刚有所恢复,欧洲国家经济受欧债危机拖累,日本等国经济还尚未走出低迷。中国作为发展中大国,宏观经济走势一直平稳,保持了较高的发展速度。最近几年的经济增长速度明显下滑,GDP增速已经下降到7%以下,同时,经济结构的调整势在必行。近年来中国大刀阔斧地进行了供给侧结构性改革,推行"三去一降一补"政策,商业银行作为要素供给方即资金供给方,无疑会受到很大的影响和制约。国家对僵尸企业的治理和去杠杆过程、降成本的具体措施都要求商业银行从资金供给端进行改革和调整。

二、法律法规环境

商业银行的经营是在法律法规下合法合规经营的。中国已经颁布的与银行密切相关的法律主要包括：1995年颁布的《商业银行法》《中国人民银行法》（2003年进行了修订）；2003年《银行业监督管理法》出台，2006年进行了进一步的修订。此外，1995年作为立法元年，还颁布了《票据法》《担保法》等，2007年《反洗钱法》的颁布实施，是为了维护金融秩序，遏制洗钱犯罪及相关犯罪而制定。商业银行的经营必须在法律的框架下合法进行。

三、银行业监管环境

2003年，银监会正式成立。中国正式确立了分业经营分业监管的金融监管框架。对银行业的监管机构主要是中国人民银行和银监会。它们的主要职权包括：银行业的准入，审查批准银行业金融机构的设立、变更、终止及业务范围。国际上对银行业的监管主要来自巴塞尔委员会，2009年中国加入了巴塞尔委员会，正式成为其中一员，受《巴塞尔协议》的制约。2016年，中国人民银行对商业银行实施宏观审慎评估（宏观审慎评估体系）政策，揭开了强监管的新篇章，2018年年初，银监会和保监会合并，金融稳定委员会成立。金融监管框架"一委一行两会一局"即国务院金融稳定发展委员会（一委），中国人民银行（一行），中国银行保险监督管理委员会、中国证券监督管理委员会（两会）和各地金融监管局正式确立。国务院金融稳定发展委员会将统筹金融监管框架改革，协调各监管机构之间的职能分工与具体的监管工作。中国人民银行除承担货币政策职能外，更多地担负起宏观审慎管理、系统重要性机构、金融基础设施建设、基础法律法规体系及全口径统计分析和预警等工作。银保会和证监会更加突出微观审慎监管和行为监管职能。各地金融监管局则在金稳会和各监管机构的统一指导下，维护地区内金融稳定。

四、制度环境

影响商业银行经营的制度性因素非常复杂，本部分重点介绍分业经营制度、利率制度、存款保险制度和税收改革制度。

（一）分业经营制度

分业经营是金融业中银行、证券和保险三个子行业的分离，商业银行、证券公司和保险公司只能经营各自的银行业务、证券业务和保险业务，每个子行业中的金融机构不能经营其他两个子行业的业务。分业经营的优点是：

首先，有利于培养两种业务的专业技术和专业管理水平，一般证券业务要根据客户的不同要求，不断提高专业技能和服务，而商业银行业务则注重与客户保持长期稳定的关系。

其次，分业经营为两种业务发展创造了一个稳定而封闭的环境，避免了竞争摩擦与合业经营可能出现的综合性银行集团内的竞争和内部协调困难问题。

再次，分业经营有利于保证商业银行自身及客户的安全，阻止商业银行将过多的资金用在高风险的活动上。

最后，分业经营有利于抑制金融危机的产生，为国家和世界经济的稳定发展创造条件。

分业经营的不足之处体现在：

首先，以法律形式所构造的两种业务相分离的运行系统，使得两类业务难以开展必要的业务竞争，具有明显的竞争抑制性。

其次，分业经营使商业银行和证券公司缺乏优势互补，证券业难以利用、依托商业银行的资金优势和网络优势，商业银行也不能借助证券公司的业务推动其本源业务的发展。

最后，分业经营不利于银行进行公平的国际竞争，尤其是面对规模宏大，业务齐全的欧洲大型全能银行，单一型商业银行很难在国际竞争中占据有利地位。

混业经营是指商业银行及其他金融企业以科学的组织方式，在货币和资本市场进行多业务、多品种、多方式的交叉经营和服务的总称。金融混业经营是世界金融发展的大趋势，也是中国金融改革的最终目标之一。从国内外的情况看，混业经营有诸多公认的好处，比如：为资金更合理的使用、更快的流动创造了有利条件；有助于金融各领域之间发挥协同作用，减少或避免拮抗作用，有助于对风险的系统监管等。只有混业经营才有助于对风险的系统监管。混业经营的优势为全能银行同时从事经营商业银行业务和证券业务，可以使两种业务相互促进，相互支持，做到优势互补。混业经营有利于降低银行自身的风险。同时，混业经营使全能银行充分掌握企业经营状况，降低贷款和证券承销的风险。实行混业经营，任何一家银行都可以兼营商业银行与证券公司业务，由此加强了银行业的竞争，有利于优胜劣汰，提高效益，促进社会总效用的上升。混业经营的缺点在于容易形成金融市场的垄断，产生不公平竞争。与此同时，过大的综合性银行集团会产生集团内竞争和内部协调困难的问题；可能会招致新的更大的金融风险。

从 2003 年中国开始正式确立了分业经营、分业监管的金融体制，一直持续到现在。但是从全世界来看，混业经营已成为必然发展趋势。特别是进入 20 世纪 90 年代以后，随着金融管制的放松和金融创新活动的加剧，商业银行和投资银行的业务融合进一步发展，金融业并购潮风起云涌。银行、证券、信托、保险等跨行业强强联合，优势互补的购并，加快了国际银行业向混业经营迈进的步伐。1999 年 11 月 4 日美国国会通过的《金融服务现代化法案》从法律上取消了商业银行和证券公司跨界经营的限制，以此为标志，现代国际金融业务走上了多样化、专业化、集中化和国际化的发展方向。同时，日本的分业银行制度也被全能模式所取代。

（二）利率制度

中国的利率品种很多，在利率市场化之前，受中央银行管制也较多，特别是银行的存贷款利率，一直在向市场化的方向迈进。2015 年 10 月，中国人民银行放开了存款利率的浮动限制，利率市场化才基本完成。商业银行有了定价的自主权，但是利率市场化之后，商业银行的存贷利差将进一步收缩，盈利能力将遭受很大考验，同时还会考验商业银行的定价能力和风险管理能力。

（三）存款保险制度

2015 年中国出台了存款保险制度，不但可以保护中小储户在银行破产时避免遭受损失，同时也会促进中小银行与大银行的竞争，但是也会加剧道德风险，同时给银行增加了经营成本。

（四）营改增制度

2016 年以前，商业银行作为金融服务业，主要按照 5% 的营业额征收营业税。营改增之后，税率上升为 6%，允许商业银行抵扣一些进项税额，营改增的影响是增加了商业银行的税收还是降低了商业银行的税收成本尚无一致的结论。

第二节　商业银行竞争环境

近年来，银行业的竞争越来越激烈，主要体现在行业内部的竞争、同业竞争及互联网金融的竞争等方面。

一、银行业内部竞争加剧

商业银行行业内部竞争加剧，主要体现在银行的数量越来越多，不同类型的新型银行不断出现。随着对外开放的不断扩大,外资银行的竞争力也逐渐加大,对商业银行来说增加了竞争的压力。行业内部竞争加剧主要体现在以下三个方面。

(一) 民营银行打破了民营资本不能办银行的局限

银行是一个高利润行业,因而人们投资办银行的积极性很高。但银行又是一个高风险行业,其负债经营的特性决定了银行必须将"安全性"放在首要位置。因为银行的破产倒闭将使存款人遭受损失,并导致"多米诺骨牌效应",引发一系列连锁反应。为了防范风险,各国和地区在加强对银行监管的同时,往往对银行的市场准入,尤其是对民间资本办银行加以严格限制。但是目前这种限制逐渐放开,在中国现阶段建立和发展民营银行对于启动民间资本,降低政府负担,化解金融风险,完善中国的金融机构体系,具有非常重要的意义。

2014年7月,银监会正式批准三家民营银行的筹建申请。三家民营银行分别是腾讯、百业源、立业为主发起人,在广东省深圳市设立深圳前海微众银行;正泰、华峰为主发起人,在浙江省温州市设立温州民商银行,以及华北、麦购为主发起人,在天津市设立天津金城银行。获批的三家民营银行在发起人、经营方向略有变化。2015年,浙江网商银行各项准备工作就绪,并获浙江银监局正式批复开业。至此,中国首批试点的5家民营银行全部拿到"通行证"。天津金城银行、深圳微众银行、上海华瑞银行、温州民商银行和浙江网商银行是中国首批试点的民营银行。截至2018年9月,全国已有17家民营银行开业运营。

(二) 村镇银行的出现

2007年,中国出现第一家村镇银行,历经十余年,村镇银行发展迅速,为众多农村中小企业和农户提供了金融服务,已成为弥补农村金融服务空白的生力军,在一定程度上实现了成立村镇银行,以解决农村地区银行业金融机构网点覆盖率低、金融供给不足、竞争力不充分等问题的政策目标。到2016年年底,全国村镇银行机构总数达到1 519家,其中开业1 443家,营业网点数量为4 716个,占农村中小金融机构网点总数的5.6%,资产规模已经突破万亿元,存款余额9 492.9亿元,增速高于银行业平均水平。

(三) 外资银行抢滩中资银行市场

2001年,中国加入了世界贸易组织,承诺5年过渡期后允许外资银行进入中国开办人民币业务,凭借国有商业银行股份制改造的时机,外资银行开始了股权投资盛宴。2006年年底，保护期结束，外资银行正式抢滩中国银行业市场。2011年，外资银行占上海银行业的市场份额为12%，这似乎让押注中国市场的外资银行看到了美好的蓝本。2011年在中国的181家外资银行的税后利润实现翻番，从2010年的77.8亿元增至2011年的167.3亿元。外资银行在内地设立机构主要在2007年和2008年，成立初期的人员和基础设施费用投入较多。经历四五年的积累后，2011年外资银行已进入投资回报期。外资银行有着丰富的管理经验和人才优势，随着银行业的进一步扩大对外开放，将会给中资银行带来更大的竞争压力。

二、金融同业竞争加剧

中国的金融行业门类比较齐全，信托、证券、基金、保险等新型金融服务机构（各类金融公司）不断涌现，在金融混业经营的大背景下，很多业务特别是交叉性金融业务，金融机构之间并没有十分明显的界限，例如，理财产品，商业银行、基金、信托、保险等金融机构各具特色，但又在某种程度上具有同质性，相同的业务类型必然会造成激烈的竞争和对市场资金的争夺，造成同业竞争加剧。

三、互联网金融对商业银行带来的挑战

近年来，互联网金融异军突起，随着计算机信息技术的普及、互联网技术的发展及相关快捷通信设备的出现，电子商务已渗透到社会生活的各方面。大到一个企业的生产运营和销售，小到个人日常生活的购物和生活开支，电子商务逐渐成为方便快捷的代名词。伴随着电子支付结算需求的日益增加，第三方支付作为开展电子商户的必备工具应运而生。以阿里金融为首的阿里小贷也取得了巨大成功，对商业银行的资产和中间业务产生了重要的影响。

金融市场发展（金融脱媒）为商业银行提供了机遇和挑战。中国的金融市场起步较晚，自1990年开始到现在经历了近30年的发展，资本市场有了长足进展，股票市场和债券市场发展非常迅速，从而在2000年左右有了银行中心论和资本市场中心论的争论，尽管股市起伏不定，但通过资本市场的直接融资比重越来越高，以银行为主的间接融资的比重有下降的趋势。特别是近年来大力发展直接融资市场，包括债券、新三板和新兴战略板、国际板等，对传统的金融中介银行带来了竞争和挑战。

第三节 宏观审慎评估体系

一、宏观审慎评估体系产生的背景

2011年,由于商业银行信贷投放高速增长,中国人民银行为更精准地管理贷款规模,开始进行合意贷款测算,并启用差别准备金动态调整机制。二者是中国人民银行宏观审慎政策框架的雏形。此后中国人民银行多次降准都会同时进行差别化存款准备金的调整。2015年年末,中国人民银行决定将宏观审慎政策框架予以改良,"升级"为宏观审慎评估体系(Macro Prudential Assessment,MPA),并于2016年正式执行。在宏观审慎评估体系考核制度下,中国人民银行每季度对商业银行诸多指标进行事后评估,同时按月进行事中事后监测和引导。

在国内外风险进入深水区,银行事实上已准混业经营,监管框架相对滞后的背景下,中国人民银行建立宏观审慎评估体系框架,可以起到"宏观审慎管理+广义货币政策"的全面风险管理的作用,以更有效地防范日益复杂的系统性风险和疏通货币政策传导渠道。对同业、理财和投资业务,实行穿透式监管,督促银行业资金回归实体经济本源,将表外理财纳入广义信贷范围,表内外债券投资纳入统一监测。

二、考核对象

中国银行业金融机构分为银行存款类金融机构和银行非存款类金融机构,宏观审慎评估体系考核将银行业金融机构分为全国性系统重要性金融机构、区域性系统重要性金融机构、普通机构三类。全国性系统重要性金融机构主要指大型股份制商业银行(中农工建交五大银行)。区域性系统重要性金融机构主要包括各省规模最大的城商行,如北京银行等。普通机构主要包括其他商业银行,如光大银行等。

三、考核内容

宏观审慎评估体系考核内容包括七大项14个小指标,每项满分是100分,各指标所占比例不同,见表2-1。

表 2-1 宏观审慎评估体系考核内容

涉及方面	分项指标及各指标对应的分值权重
资本和杠杆情况	资本充足率（80分）、杠杆率（20分）、TLAC（暂未实施）
资产负债情况	广义信贷（60分）、委托贷款（15分）、同业负债（25分）
流动性	流动性覆盖率（40分）、净稳定资金比例（40分）、遵守准备金制度情况（20分）
定价行为	利率定价（100分）
资产质量	不良贷款率（50分）、拨备覆盖率（50分）
跨境融资风险	外债风险加权余额（100分）
信贷政策执行	信贷执行情况（70分）、央行资金运用情况（30分）

资料来源：中国人民银行。

资本和杠杆情况主要考核银行的资本充足率和杠杆率。资本充足率指机构持有的资本与风险加权资产的比率。杠杆率指机构持有的一级资本与调整后的表内外资产余额的比率。

资产负债情况主要考核银行的广义信贷、委托贷款、同业负债。广义信贷指机构人民币信贷收支表中的各项贷款、债券投资、股权及其他投资、买入返售资产、存放非存款类金融机构款项的余额合计数。委托贷款指由委托人提供合法来源的资金，委托业务银行根据委托人确定的贷款对象、用途、金额、期限、利率等代为发放、监督使用并协助收回的贷款业务。同业负债指同业拆入、同业存放、同业借款、同业代付、卖出回购等同业负债项目扣除结算性同业存款后的同业融入余额。

流动性主要考核银行的流动覆盖率、净稳定资金比例、遵守准备金制度情况。流动性覆盖率指优质流动性资产储备与未来30天资金净流出量的比率。净稳定资金比例指可用的稳定资金与业务所需的稳定资金的比例。

定价行为主要考核银行的利率定价。

资产质量主要考核银行的不良贷款率、拨备覆盖率。不良贷款率指不良贷款余额与贷款余额的比率。拨备覆盖率指贷款减值准备余额与不良贷款余额的比率。

跨境融资风险主要考核银行的外债风险加权余额。

信贷政策执行，主要考核银行的信贷执行情况、中国人民银行资金运用情况。

四、评分标准和激励方式

宏观审慎评估体系考核将银行分为三个档位，档位的评分标准和激励方式不同（见表2-2）。如果资本和杠杆情况、定价行为中任意一项不达标，或资产负债情况、流动性、资产质量、跨境融资风险、信贷政策执行中任意两项及以上不达标，宏观审慎评估体系考核即为不达标，落入C档机构。因此资本杠杆情况、定价行为是否达标就成为评估一家银行宏观审慎评估是否达标的"一票否决"指标。

表2-2 宏观审慎评估体系考核评分标准和激励方式

档位	评分标准	激励方式
A档机构	七大类指标均为优秀（优秀线90分）	最优档激励：法定存款准备金利率视情况上浮10%~30%
B档机构	除A档和C档以外的机构	正常激励：保持法定存款准备金利率不变
C档机构	资本和杠杆情况、定价行为中任意一类不达标，或资产负债情况、流动性、资产质量、跨境融资风险、信贷政策执行中任意两大类及以上不达标（达标分60分）	最低档激励：法定存款准备金利率视情况下浮10%~30%

资料来源：中国人民银行。

五、宏观审慎评估体系考核对银行业的影响

（一）高息揽储与高息放贷等经营模式难以维持

为了防止恶性竞争，宏观审慎评估体系考核对银行的存贷款定价行为给予了十分重要的评价指标分量，商业银行高息揽储的行为被视为不合格的重要依据，不计成本和收益的激进经营是不可取的。同时，商业银行信贷规模腾挪，即将表内资产转换为表外资产的模式也受到限制，特别是宏观审慎评估体系考核中将合意信贷管理升级为广义信贷管理，其考核口径扩大之后，过去大行其道的规模腾挪失去价值，银行会更注重资产本身的风险和收益，而不是用通道进行监管套利。

（二）银行资产负债管理能力经受考验

货币市场利率上扬，银行负债端压力上行，银行资产负债管理能力经受考验。在强监管下，受到流动性指标等的限制，银行靠短期负债和长期资产进行错配的业务受到制约。过去几年，由于资产收益率快速下降，而银行的负债成本下降较慢，用短期负债和长期资产进行错配的期限套利在银行业盛行，金融市场多

次流动性紧张均是由此造成的。特别是对于股份制银行等存款核心类负债发展能力不强的中小银行来说，对于同业负债的依赖度较高，强监管背景下在负债来源受限而资产短期内无法调整到位的情况下，其面临的流动性压力可能有所上升。

（三）同业存单、同业理财增速放缓，委外业务收缩，资产证券化业务方兴未艾

由于资金池业务严格禁止，通道业务收缩，理财纳入表内等措施，同业和理财业务会受到制约。与此同时，在一定时期内，商业银行会通过对自身资产的重新分配，达到宏观审慎评估体系考核达标水平的风险加权资产总额，可采取资产证券化的形式资产出表。

六、银行的应对策略

首先，银行要理性发展非信贷业务，推进业务模式转型。商业银行要从全行角度关注资产负债结构，以信贷业务为主，改变重规模、轻风险的理念，正确理解监管意图，合理布局和发展金融市场业务及同业业务。其次，提高流动性管理能力和自主定价能力。再次，寻找新的业务增长点，例如，投行业务和互联网金融业务可作为创新业务的发展方向。此外投贷联动和资产证券化也是商业银行应对宏观审慎评估体系的重要手段。

第四节 存款保险制度

一、存款保险制度简介

存款保险制度是一种降低金融风险、提高金融保障的制度安排，具体运作模式是通过建立一个存款性金融机构的保险组织，各存款机构作为投保人按一定存款比例向其缴纳保险费，建立存款保险准备金，当成员机构发生经营危机或面临破产倒闭时，存款保险机构向其提供财务救助或直接向存款人支付部分或全部存款，从而保护存款人利益，维护银行信用，稳定金融秩序。

存款保险制度起源于美国，1829年到1917年美国已有14个州建立了存款保险制度。1933年，为了保障银行体系的稳定，保护存款人利益，避免挤兑，深

受经济大萧条影响的美国通过了《格拉斯—斯蒂格尔法案》，设立联邦存款保险公司（Federal Deposit Insurance Coporation，FDIC）开始实行存款保险制度，开启了世界上存款保险制度的先河和真正意义上的存款保险制度。

美国 1933 年出台存款保险法律以来，世界不少国家推出了这项制度。存款保险公司大多像美国那样由政府建立，但也有的国家由市场上的保险公司负责这项业务。根据国际存款保险人协会 2014 年 10 月 31 日公布的数据，世界共有 113 个国家和地区至少有一家存款保险机构，另外还有 41 个国家正在研究建立存款保险制度。

中国存款保险制度从 1993 年开始着手研究，各大研究机构、高校专家极力呼吁应尽快推出存款保险制度，推动中国金融体系改革进程，2015 年 5 月 1 日，中国存款保险制度终于出台。

二、美国建立存款保险制度的原因

美国是世界上最早建立存款保险制度的国家，该制度产生于 1930—1933 年间的"大萧条"时期。

20 世纪 20 年代末，美国刮起了炒股风，股市泡沫很快吹破。股市崩盘后，不少股民一夜间由富翁变"负翁"，最后落了个倾家荡产，流落街头，因为抵押贷款的住房也被银行收走了。1934 年 1 月 1 日的《城市住宅财务调查》显示，自住房抵押贷款违约率（弃供）超过了 21%，在超过一半的城市中，这一数据超过了 38%，有的甚至达到了 50%~60%。而对出租房屋来说，这一比例更高。银行收回的房子价格暴跌让银行资产严重缩水，再加上银行放出的贷款很多无法收回，储户担心银行倒闭自己的钱拿不回来，便爆发了银行挤兑潮。挤兑让银行倒闭，1930—1933 年，每年倒闭银行的比例分别是 5.6%，10.5%，7.8%，12.9%，1933 年仍营业的银行只剩下 1929 年的一半多一点，而且也朝不保夕。中央银行发行的货币是基础货币，而商业银行才是货币创造高手。假定一家商业银行向中央银行借 1 亿元，商业银行把这 1 亿元贷给一个客户，只要这个客户不把这 1 亿元一次提走现金，那银行就还可以用该客户账面上的钱继续放贷，如此循环，商业银行从中央银行借来的这 1 亿元就会变成几亿元。这就是信用创造理论。

实际情况是，中央银行要提取法定准备金，商业银行自己也要留存超额准备金，银行系统外还流通一定数量的现金，这样，银行的货币创造能力（货币乘数）就由上述三个变量决定。在其他条件不变的情况下，流通中的现金越多，银行存款越少，货币乘数越小，货币供给量也就越少。反之，流通中的现金越少，银行存款越多，货币乘数越大，货币供给量也就越多。银行因挤兑存款少了，创造货币的能力大减，由此造成通货紧缩。"大萧条"期间，工业产值下降了五成，1932年的失业率高达22.5%。农民处境更加艰难，物价下跌使销售农产品的收入无法偿还贷款，45%的农场主债务违约。引发挤兑的是金融恐慌，也就是存款人对银行系统不信任。而导致金融恐慌的是银行资产贬值，银行信誉下降。而银行资产贬值的诱因就是炒股，股市崩盘后银行收回大量贬值的房地产，同时，很多贷款成了坏账。当时，美国政府采取了多种手段恢复金融秩序，包括废除金本位，禁止民间收藏黄金，实行银行假期等，存款保险制度也在此列。

鉴于上述背景，联邦众议员亨利·斯蒂格尔与参议员卡特·格拉斯合作提出了《1933年银行法案》，该法案获国会两院通过后，罗斯福总统签署了该法案，并从1933年6月16日起生效。联邦存款保险公司（FDIC）依据该法案成立。美国成为最早建立存款保险制度的国家。

联邦存款保险公司董事会由5名董事组成，其中3名董事经参议院同意后由总统任命，任期6年。为了公正，来自同一党派的董事不得超过3人。董事会主席也是经参议院同意后由总统任命，任期5年。1934年1月1日联邦存款保险公司成立后，在6个月内全国15 348家银行有14 000多家参保。互助储蓄银行虽然也符合参保条件，但很少参保。1934年中期，565家互助储蓄银行（没有股东，银行归所有存款人共同所有的银行），只有66家参保；第二次世界大战期间，互助储蓄银行参保比例增长很快，到1945年年底，542家互助储蓄银行中有192家参保；1960年，515家互助储蓄银行有325家参保。

三、美国存款保险制度的主要内容

美国银行倒闭，对储户最高偿付25万美元，存款保险只对活期和定期存款担保，对股票、保险、基金等投资性账户不予担保。美国存款保险制度1934年1月1日建立以来，没发生过被担保存款违约现象。

（一）资金来源

存款保险基金的资金来源有两个渠道：一是参保银行的保费，一是基金投资收益。美国存款保险的保费率变化很大，主要根据银行风险情况确定。1934—1949年的保费率一直设定在0.083 3%，在这之后经常调整，最低的2006年为0.000 5%，最高的2009年为0.233%。为了基金的安全，基金不得投入股市，只准购买美国国债。2013年12月31日的账面显示，基金购买短期国债（1年）面值143亿美元，收益率0.23%；长期国债（2~5年）面值184亿美元，收益率

0.7%。另外，基金还持有美国通胀保护1年期债券22亿美元，收益率-0.86%；2~5年期通胀保护债券18亿美元，收益率-0.99%。综合以上数据，基金共投资国债366亿美元。1934年基金池里有3亿美元，到1990年基金池一直没有亏空过。1990年美国倒闭银行增多，基金池的钱很快用光了，1991年，联邦存款保险公司不得不借款69亿美元履约，当年，存款保险基金与被担保存款的比率为-0.25%。

2008年金融危机爆发后，2009年联邦存款保险公司再次借了209亿美元，存款保险基金与被担保的存款比率为-0.39%。2009年9月29日，联邦存款保险公司董事会投票决定，要求被保险银行预交3年的保费约450亿美元，当时预测，基金要在未来4年里偿付1000亿美元，由于风险敞口增大，把存款保险基金与被担保存款的比率设定为1.15%，但直到2011年基金池里才见到真金白银，存款保险基金与被担保的存款比率由负转正。

2014年基金总收入156亿美元，其中保费收入87亿美元，该年度的保费率0.0664%。截至2014年12月31日，基金余额626亿美元，被担保的存款总额为620亿美元，基金与被担保存款比率为1.01%。

（二）美国存款保险职能机构（FDIC）的职能

存款保险机构的职能，一般分为单一职能和复合职能。单一职能指存款保险机构仅具有存款保险的职能，而复合职能则意味着在存款保险职能外，还兼备监管职能、处理问题银行的职能等。美国存款保险职能机构所具备的就是复合职能。

1. 存款保险职能

联邦存款保险公司的首要职能就是存款保险，即当银行遇到危机时，为存款人提供存款保护的职能。联邦存款保险公司为全美9 900多家独立注册的银行和储蓄信贷机构的8种存款账户提供保险，全美约有97%的银行存款人的存款接受联邦存款保险公司的保险。

2. 监管职能

根据美国联邦法律，联邦存款保险公司可以要求被监管银行定期报告其经营状况、收入情况及其他财务资料；开展现场检查；对从事不安全和不稳健业务的银行及其管理人员进行罚款、发布停业整顿命令、撤销高层管理人员职务、终止并取消其存款保险等处罚。

3. 处置问题存款机构的职能

在美国，当存款机构资不抵债、不能支付到期债务或其资本充足率低于2%时，该存款机构的注册管理机关将做出正式关闭决定并通知FDIC。

美国存款保险制度的复合模式不仅能够作为危机来临时最后的安全底线,更能在平时履行监管职责,事先化解可能的风险。并且,事后在对问题银行的处置上,不是一味选择让问题机构破产清算并进行存款赔付,而是尽力促使问题机构化解危机,避免破产。这样一来,只有在事前监管和事后处理问题银行都无法化解危机的情况下,才对其实行破产清算,赔付存款,从而降低危机的成本,也起到稳定金融体系的作用。

(三) 强制与自愿相结合的投保方式

美国实行存款保险制度之初,要求联邦储备体系成员银行强制性加入州注册银行自愿申请;1935 年银行法规定,所有银行自愿申请加入存款保险,由联邦存款保险公司对银行申请进行审核。1950 年颁布的美国《联邦存款保险法》规定,对联邦注册、州注册且为联邦储备会员的商业银行、在联邦注册的互助银行和储蓄贷款社必须参加联邦存款保险公司的存款保险,对其他金融机构采取自愿方式。

自愿投保往往会诱发逆向选择,即资质较差的银行会积极要求参加保险,而资质较好的银行往往不愿意增加成本支出来参加保险,从而导致最终留在存款保险体系中的都是资质较差的银行,这无疑使存款保险机构承担的风险加大。因此,美国规定所有联邦储备体系的成员强制性投保,有利于避免逆向选择的风险,并维护金融体系的公平竞争。

(四) 费率标准从单一费率走向差别费率

关于存款保险费率的设计,国际上通行的有两种方案:单一费率制和差别费率制。单一费率制(Flat-rate Premiums),指存款保险机构按照统一的费率水平对所有投保机构收取保费,投保机构的风险大小对保费并无影响。差别费率制(Risk-based Premiums),也称风险费率制,指存款保险机构按照投保机构的风险大小对其征收不同保险费用的制度。

单一费率制简单易行,运行成本较低,因而大多数国家在存款保险制度建立之初都实行单一费率制。美国在建立存款保险制度之初也采取了单一费率制,但施行单一费率的最大弊端就是缺乏对银行从事风险活动的束缚。1991 年颁布的《联邦存款保险公司促进法》规定,从 1994 年开始实行基于风险的差别费率制,具体做法是先对各银行按存款(扣除某些调整数)1% 的 1/12 计收基准保险费,再根据各机构的评级结果确定保险费。

由于需要对不同风险的投保银行进行评级,实行差别费率制需要具备先进的风险评价技术,运作成本比较高,但是差别费率制有效地实现了公平保险的原则,更重要的是,与投保银行的风险水平挂钩,在一定程度上促使银行加强对自身业务风险的控制,降低投保银行发生道德风险的可能性。在这种背景下,选择实行差别费率制作为一种克服道德风险的方法,在近些年受到越来越多国家和地区的青睐。

(五) 保险限额

按照存款保险的保护程度分类,存款保险制度可以分为实行限额保护的存款保险和实行完全保护的存款保险。诚然实行完全保护的存款保险制度会降低存款人的挤兑动机,有助于个别金融机构克服困难,更有利于金融体系的稳定。但也会使存款者怠于监督金融机构,造成稳健金融机构和问题金融机构之间的不公平竞争,因而绝大多数国家实行限额保护的存款保险制度,仅将完全保护作为应对金融危机的一种过渡性措施。美国实行的就是限额保险的形式。对于限额保护赔偿上限的规定,一般有按限额赔偿、按比例赔偿、按比例有限赔偿三种方式,美国采取的是按限额赔偿的方式,对每位存款人持有的单一账户(即归一人所有),联邦存款保险公司对其总余额提供10万美元的保险;对于各类联名账户和特定退休账户,联邦存款保险公司为每位参与者或受益人提供25万美元的保险。2008年金融危机爆发后,为增强存款人的信心,联邦存款保险公司于2008年12月31日起临时性将所有受保账户的保险限额上调至25万美元,至2013年年底结束。这反映出联邦存款保险公司在面对危机时,能够及时应对、创新。

总之,联邦存款保险公司成立以来,化解了许多银行危机,并不断地发展、创新,进一步增强了在化解系统性风险方面的能力,以应对金融市场越来越复杂的挑战,为其他国家存款保险制度的运行提供了借鉴。

四、美国存款保险制度的主要作用

美国联邦存款保险公司成立以来,经受住了来自各方面的挑战,成功地保证了银行体系的稳定,维护了公众对银行系统的信心。"大萧条"过后,联邦存款保险公司虽然对恢复金融秩序起到了一定的作用,但由于当时出台了多种恢复金融秩序的政策,存款保险制度对恢复金融秩序究竟起了多大的作用,很难用可靠的数据求解。但2008年金融危机爆发后,联邦存款保险公司的作用却显而易见。

在存款保险制度建立前的1921—1933年,美国每年倒闭银行数量都在数百家甚至数千家,1933年有4 000家银行倒闭,储户损失了5.4亿美元。1934—1979年,倒闭银行总数为558家,平均每年12家,这是美国银行倒闭数量最少的时期，之后有所增加。

2008年，美国有25家银行破产，这一年发生的华盛顿互惠银行破产案是当时美国历史上最大的银行破产案。华盛顿互惠银行有雇员43 198名，在美国15个州有2 239个营业网点和4 932台自动取款机。该银行在2008年6月30日的存款余额为1 883亿美元，在3 070亿美元的资产里，含有1 189亿美元的住房抵押贷款和向联邦住宅贷款银行的借款829亿美元，还有发放的次级债券78亿美元。在9月15日到24日的9天里，储户挤兑了167亿美元，占6月30日存款余额的9%。如果从7月算起，储户提走了220多亿美元的现金。

美国储蓄机构监管局下令让联邦存款保险公司于9月25日接收华盛顿互惠银行，9月26日宣布该银行破产，从纽约证券交易所摘牌。为了避免发生挤兑潮，防止金融体系崩溃，联邦存款保险公司把最高担保额临时从10万美元提高到了25万美元（后来立法，把25万美元作为长期最高担保额）。

联邦存款保险公司把华盛顿互惠银行以190亿美元的现金价格卖给了摩根大通，同时转给摩根大通的还有一些有担保和无担保的债务。2008年9月26日，华盛顿互惠银行的储户被通知其存款转到了摩根大通。

2009年美国有140家银行破产，这是1992年以来破产最多的年度。一家名叫"担保银行"的银行由于放出了大量住房抵押贷款，房地产泡沫破灭后，这些抵押的资产大幅贬值，该银行股票价格从18.5美元跌到0.15美元。2009年8月21日，担保银行宣布破产，联邦存款保险公司拿出30亿美元偿付了这家银行担保的存款。

2010年又有157家银行破产，联邦存款保险公司仅接收波多黎各（美国海外自治领土）3家银行就拿出530亿美元。

随着经济的复苏，破产银行数量逐步减少，2011年有92家银行破产，2012年有51家银行破产，2013年有24家银行破产，2014年有18家银行破产。2015年，联邦存款保险公司处理的第一家倒闭银行是佛罗里达州的克雷斯特维尤第一国民银行，该银行2014年9月30日的资产为7 870万美元，存款为7 860万美元，债务总额接近资产总额，联邦存款保险公司为处理该银行倒闭案从保险基金里拿出了440万美元。

2013年年末共有6 812家银行参保，问题银行（破产可能性大的银行）467家，问题银行资产总额为1 527亿美元。这一年，美国有24家银行破产，破产银行总资产为60亿美元，存款余额为51亿美元，联邦存款保险公司从存款保险基金里拿出12亿美元偿付担保的存款。2012年，美国银行破产51家，破产银行总资产116亿美元，存款余额110亿美元，联邦存款保险公司拿出28亿美元存款保险基金偿付担保的存款。2011年这四个数字分别是92家、349亿美元、311亿美元和 76 亿美元。加上要处置往年倒闭银行案件，2013 年联邦存款保险公司处理的破产银行总数为 479 家。

联邦存款保险公司从成立到 2013 年，共处理了 2 584 家倒闭银行案件。联邦存款公司接管一家破产银行后，大多数情况会转卖给另一家银行，存款账户也一并转让。如果卖不出去，只有将破产程序走到底，按最高担保额付给存款人存款后，将银行剩余资产按受益人优先顺序分配。

从法律上讲，联邦存款保险公司也有破产的可能，但政府会采取一切措施防止存款保险公司破产。首先是银行监管部门提出预警，及时让联邦存款保险公司接管破产银行，这样，出售破产银行就能全部或大部分补偿担保的存款。从存款保险基金池的变化看，如果赶上金融危机破产银行多，基金池的钱很快就会用光，联邦存款保险公司不得不借钱履约。联邦存款保险公司可以向政府的财政部借钱的最高限额为 5 000 亿美元。

五、俄罗斯的存款保险制度

俄罗斯作为与中国类似的经济转型国家，其制度经验也非常值得我们学习借鉴。

（一）俄罗斯存款保险制度产生的背景

20 世纪 90 年代，苏联解体、银行挤兑、卢布贬值等几次重大的政治和金融动荡造成俄罗斯多家银行破产，存款人在银行的利益荡然无存，居民对银行彻底失去了信心。在此背景下，2003 年 12 月 23 日，俄罗斯颁布了《俄罗斯联邦关于自然人在俄联邦银行存款保险法》，旨在保护储户权益，增强居民对银行系统的信任，增加银行系统对居民储蓄的吸引力。

（二）职能机构

2004 年 1 月，俄罗斯设立存款保险局以保证存款保险制度的运行。存款保险局属于国有集团，非商业企业。俄联邦主体的国家政权机关，地方自治机关和俄联邦中央银行，都没有权力干涉存款保险局执行法律规定的职能和权能工作。存款保险局有权力对银行参与存款保险制度相关的问题提出书面质问并得到银行的责任说明。存款保险局有权力向俄联邦中央银行提出对某家银行进行现场检查，或关于俄联邦中央银行要追究联邦法律规定的银行责任的建议。对存款保险制度运行的监督由俄联邦政府和俄联邦中央银行通过其在存款保险局管理机关的代表进行。

（三）财产来源

俄罗斯存款保险局的财产除保险费、罚金、存款保险局配置资金所得到的收入，发行有价证券所得到的资金外，还有一部分是俄联邦政府预算拨付的专项资金——金融稳定资金，以及俄联邦政府借给存款保险局的无息预算贷款。

（四）保费缴纳

俄罗斯存款保险实行统一费率，存款保险局确定保险费率和保费计算程序，保费由各投保银行自行计算，按季度交纳。保费的计算基础为结算期内存款账户上每日余额的平均数，保险费不能超过最后结算期内计算基础的0.15%。在规定情况下，保险费率可以提高到计算基础的0.3%，但使用时间不能超过18个月内的两个结算期。当存款保险基金的资金总额超过一切银行存款总额的5%时，下一个结算期的保险费率不能超过0.05%。当存款保险基金的资金总额超过一切银行存款总额的10%时，下一个结算期银行自动停止支付保险费；当该比例回落到10%以下时，下一个结算期银行自动恢复支付保险费。投保银行的报表和其他信息由俄联邦中央银行提供。

（五）财产使用

根据联邦法案的规定，在发生保险事件时存款保险局对存款人进行补偿。存款保险局可以通过银行代理人开展接受存款人存款补偿的申请、办理清点存款人对银行的要求、支付存款补偿等工作，相关费用由存款保险局承担。

（六）补偿金额

2003年的俄联邦法案规定，俄罗斯存款保险局对存款人在发生保险事件银行的存款进行100%偿付，最高偿付金额不超过10万卢布。2006年8月，俄罗斯存款保险局对赔偿限额进行了修订，将最高限额增加到19万卢布，其中超出10万卢布的部分只赔偿90%。2007年3月和2008年10月，赔偿限额分别增加到40万卢布和70万卢布，实行70万卢布以下全额偿付。2014年12月，油价暴跌加上西方经济制裁使得卢布快速贬值，引发了俄罗斯金融危机。俄罗斯政府为了提高储户对银行业的信心，稳定金融系统，将存款保险赔偿上限提高至140万卢布。

（七）主要作用

俄罗斯建立存款保险制度以来，银行业实现了平稳较快发展和有序高效整合。在此过程中,许多经营风险高、业绩差的小型银行被淘汰,同时又有许多新设的银行进入,信贷机构总数量减少了37%,大中型银行数量占比增加。总体来说,存款保险制度提高了银行业的稳定性,形成了以大中型银行为主体的新的竞争格局,促进了大中型银行的快速发展,完善了中小银行退出机制,并有效隔离了银行违约破产带来的风险。

六、中国的存款保险制度

2015年3月31日,国务院公布《存款保险条例(国务院令第660号)》,将于2015年5月1日起正式施行。自此,中国成为全球第114个建立存款保险制度的国家或地区。中国存款保险基金的来源包括:投保机构交纳的保费,在投保机构清算中分配的财产,存款保险基金管理机构运用存款保险基金获得的收益及其他合法收益。

中国存款保险实行风险费率,费率由基准费率和风险差别费率构成,每半年交纳一次。存款保险基金管理机构负责制定和调整费率标准,报国务院批准后执行。各投保机构的适用费率由存款保险基金管理机构根据其经营管理状况和风险状况等因素确定。保费具体计算办法由存款保险基金管理机构规定,投保机构按要求定期报送被保险存款余额、存款结构情况以及确定适用费率、核算保费、偿付存款相关的其他必要资料。

中国存款保险基金管理机构遵循基金使用成本最小的原则,可以采用三种方式保护存款人利益,包括:在规定限额内直接偿付被保险存款,委托其他合格投保机构在条例规定的限额内代为偿付被保险存款;为其他合格投保机构提供担保、损失分摊或者资金支持,以促成其收购或者承担被接管、被撤销或者申请破产的投保机构的全部或者部分业务、资产、负债。

中国存款保险基金管理机构由国务院决定。存款保险基金管理机构制定对不同投保机构的保险费率,并有权对投保机构报送的信息资料进行核查。出现重大问题的应告知银行业监督管理机构,并可以对其提出风险警示,提高其适用费率,或建议银行业监督管理机构依法采取相应措施。存款保险基金管理机构参加金融监督管理协调机制,与中国人民银行、银行业监督管理机构等金融管理部门建立信息共享机制。

中国存款保险最高偿付限额为人民币50万元,高于大多数国家限额为人均GDP的4~5倍左右的偿付水平。中国人民银行会同国务院有关部门可以根据经济发展、存款结构变化、金融风险状况等因素调整最高偿付限额,报国务院批准后公布执行。

案例　商业银行的组织结构分业与混业之路——"平深恋"

一、案例背景

　　商业银行的组织形式有单一制、总分行制和持股公司制等不同类型，从业务结构上看主要有全能型银行和职能分工型银行两类；从金融体制上看，可以分为混业经营和分业经营两大类。全世界很多国家的金融体制都经历了从混业到分业又到混业经营的道路，比较典型的是美国。1933年大危机前美国实行的是混业经营的金融体制，也因此造成了大量银行在危机中破产，因此在危机之后通过《格拉斯—斯蒂格尔法案》开始实施分业经营，经过半个多世纪后，在各国金融法规比较健全、商业银行经营较为规范的前提下，发达国家的法律放松了对商业银行的监管，相继放松了商业银行的业务范围，不仅允许商业银行经营投资银行业务，还允许其开办信托、保险、租赁、保管、代理咨询等业务，银行金融服务职能不断扩大。一些原本实行分业经营的国家的银行业也出现明显的综合化特征，尤其表现在传统商业银行业务与证券业务的结合上。美国的金融产业在国际市场的竞争压力下，1999年通过了《金融服务业现代化法案》，告别了半个多世纪的分业经营做法，回归混业经营。混业经营能够提高金融产业资源配置效率，提高资本流动性和效率的优化运营；具有规模效应，有助于金融各领域之间发挥协同作用，有利于金融创新。例如，美国的花旗集团，曾在全球掀起银行和保险合作的并购浪潮。通过两者的合并，为顾客提供混业模式下的一站式金融服务，从而实现交叉销售带来的经营协同效应。

　　1993年以前中国是金融混业经营，之后逐步构建了金融分业经营、分业管理的制度，特别是2003年银监会从中国人民银行中分离出来，形成了银行、证券、保险分业经营、分业监管的格局。近年来，随着中国经济总量的攀升、金融体制改革的深化和商业银行影响的不断扩大，中国商业银行综合化经营即混业经营已露出端倪，具体来说，在中国商业银行内部，探索混业经营之路已成为业界热点，许多商业银行在从分业经营到混业经营的道路上已经迈出了跨越性的步伐，从银证通、银基通、银保通等战略联盟模式，到以银行为主体的金融控股公司模式（如中银国际控股中银香港、工商东亚金融控股工银国际等），许多商业银行试点开设基金公司和保险公司，开办租赁信托业务等，相继拿到了经营证券、保险、信托和基金的牌照。其中，在从分业到混业经营的道路上，以集团公司为主体的金融控股公司模式如中信、光大、平安、招商、广发等银行控股公司的发展令人瞩目，学者认为，这将是中国发展混业经营的主要模式。本案例选取曾轰动一时的"平深恋"事件，展示平安集团是如何成为集保险、证券、银行三大业务于一身的金融帝国。

（一）平安集团的主要发展历程

1988年5月27日，作为中国第一家股份制保险公司，平安集团在改革开放的前沿深圳蛇口诞生。第一个五年，在摸爬滚打中学习怎么经营保险业务，探索保险业务快速发展的道路；第二个五年，进入个人寿险领域；第三个五年，在信托、证券等金融业务初具规模的基础上，建设一个既符合国际标准又适应国情的综合金融集团控股架构与模式；第四个五年，初步形成了"保险、银行、资产管理"三大支柱的业务发展架构；第五个五年，中国平安集团顺利完成了对原"深发展"银行的收购及与平安银行的整合，展开综合金融实践的崭新篇章。

（二）"平深恋"的情感过程

中国平安保险（集团）股份有限公司，是中国第一家以保险为核心的，融证券、信托、银行、资产管理、企业年金等多元金融业务于一体的综合金融服务集团。深圳发展银行股份有限公司（简称"深发展"）是中国第一家面向社会公众公开发行股票并上市的商业银行。1987年5月10日"深发展"以自由认购形式首次向社会公开发售人民币普通股，并于1987年12月22日正式宣告成立。

1. 相识篇

2002年，国务院批准中信集团、光大银行集团、平安集团为三家综合金融控股集团试点，平安集团明确了"集团控股、分业经营、分业监管、整体上市"的金控架构。此后，平安集团老总马明哲及其团队坚定了平安综合金融的战略目标，即便是在金融危机爆发后综合金融模式饱受质疑的2008年，依旧初衷不改。2003年12月，平安联手汇丰开始收购福建亚洲银行。2004年交易完成，福建亚洲银行更名为"平安银行"，此时平安的金控架构才得以完善。当时的平安银行局限于福建，平安集团希冀能与保险客户产生协同效应的信用卡业务受到限制。此后几年，马明哲不断试探着对珠海商业银行、广州银行、广东发展银行等银行的收购。2006年，得益于深圳当地资源，平安集团成功收购第一家城商行——深圳市商业银行。

2004年12月，新桥投资以每股3.54元受让"深发展"17.89%股权成为第一大股东。新桥投资作为战略投资者，以获取高额溢价回报为目的，不可能长期持有"深发展"股票。2008年7月，就有报道称新桥投资已经启动退出计划，平安也有意接替，因此新桥投资退出计划酝酿已久。截至2009年6月，中国平安持有"深发展"4.68%的股权。两次收购，让平安集团的银行板块稍有起色。但银行业务仍旧是短板，平安集团的资产结构中，一直是保险一股独大，银行板块一直处于劣势，资产规模仅为1/4。原平安银行截至2009年年末的总资产仅为2 200亿元，属于地方性银行，缺乏在全国的网点布局，难以满足集团追求的综合金融的要求。

2. 相知篇

早在2008年8月21日召开的"深发展"半年业绩发布会上，"深发展"董事长兼首席执行官纽曼向平安集团伸出橄榄枝，表示如果平安集团来投资我们，我们会成为一个比其他银行更好的投资对象。平安集团作为"深发展"的中小股东，对"深发展"银行的公司治理、经营状况等有直接和深入的了解，以及"深发展"作为全国股份制银行具有相当含金量的牌照，因此，中国平安集团收购"深发展"的意愿非常强烈。"保险、银行、投资"三驾马车并驾齐驱是中国平安综合金融战略的梦想，而一直以来银行板块都相对偏弱。按照2009年中国平安的年报，银行业营业收入在中国平安中的比重仅为2.9%，银行业净利润在中国平安中的比重约为7.45%，银行板块明显偏弱，急需补强。而收购是增大规模的最快捷方式。加之平安集团收购同城（深圳）的银行"深发展"，风险可控性更强；双方知根知底，收购后的整合将更顺利，实现1+1>2的效应更容易。一旦此项交易谈成，对于中国金融业的综合经营来说，是向前迈出了一大步。对"深发展"来说，选择合并是内涵式增长到外延式增长的必然选择。"深发展"银行是中国第一家股份制银行，引进新桥投资作为战略投资者后，在业务创新、风险管理、流程改革方面取得了显著的成效，不良贷款率急剧下降，资本充足率从2%提高到8%以上，可以说新桥投资给"深发展"带来的是内涵式增长。除此之外，"深发展"的增长最迫切的是扩大业务规模的外延式增长，因此资本就成为其重要和迫切的需求。对于"深发展"来说，引入平安，能够获得长期稳定的资本，长远提升其资本实力和资本充足率，增强其核心竞争力，并可借助平安集团的交叉销售和网点布局获得"混业经营"的比较优势。从以上分析可以看出，"平深恋"是一种双赢选择。

3. 相恋篇

2009年6月12日，平安集团宣布接受新桥集团所持"深发展"的股权，并由其旗下平安寿险认购"深发展"定向增发的股份。两项交易金额合计达230亿元。与"深发展"达成《股份认购协议》和《股份购买协议》，2009年6月30日，平安集团发出公告，筹划平安银行与"深发展"的资产重组。两行合并完成后，原平安银行全部资产、负债、证照、许可、业务以及人员均由"深发展"

依法承继，附着于其资产上的全部权利和义务也由"深发展"依法享有和承担。

4. 大婚篇

2012年8月2日，昔日深市A股银行第一股"000001深发展"正式退出深市，由"平安银行000001"接棒，续写A股传奇。2012年7月26日，"深发展"总行完成营业执照变更，正式更名为平安银行。同时，"深发展"股票简称自2012年8月2日起变更为"平安银行"，证券代码000001不变。"平深恋"修成正果后，新银行资产规模进一步扩大，拥有27个分行，覆盖中国平安约80%的客户群。未来更有实际意义的是，合并后的银行将依托中国平安强大的资源优势，结合"深发展"原有的全国性布局，拥有包括约7 000万个人客户和200万公司客户。平安集团在并购"深发展"后，银行板块资产占到57%，利润贡献也接近30%。至此，平安集团拥有了保险、银行、证券、信托、基金等全金融牌照，成为国内牌照齐全的集团。随着"平深恋"的顺利收官，平安集团综合金融帝国成形（见图2-1）。

图2-1　中国平安集团和深圳发展银行"大婚"

资料来源：www.zoom.com。

5. 婚后篇

从平安集团的数据上可以看出，2009年，平安集团的总资产仅为9 357.12亿元，2012年6月底已经达到了2.6万亿元。合并后的平安集团确定了发展方向：为客户提供一揽子金融服务。"就像一个金融超市，里面什么都有。"从长远看，随着经济发展和个人财富增加，消费者已不再满足单一形态的金融服务，而潜在的综合性理财需求，不同金融产品之间的互为代理和交叉销售，必定是一个大趋势。平安将这种模式定义为"一个客户、一个账户、多个产品、一站式服务"，力求改变当前客户办存贷款要到银行，买保险要找保险公司，买股票要到证券公司，买基金要找基金公司的现状。

对于平安集团而言，这种模式的核心是增强各版块之间的协同效应。平安集团目前有7 000万零售客户，200万中小企业客户，还有50多万人的销售大军，这种优势不是单个保险公司或是银行机构能比拟的。例如，在"深发展"时代，信用卡销售采用的是直销队伍。每张卡的佣金是200元，激活率仅有20%，算下来，每张活卡的成本是1 000元。现在平安银行利用集团的寿险和电销推销信用卡，每张卡的成本是40元，卡激活率是40%，活卡的成本降至100元。借助集团的资源，目前平安银行的发卡量和业务量增长迅猛，通过交叉销售实现的发卡量占比达到40%~50%，2012年一季度末发卡总量达到964万张。在其他业务方面，2011年，平安产险车险保费收入的51%来自交叉销售和电话销售，平安银行新发行的信用卡中有42.9%来自交叉销售渠道，新增零售存款中有34.8%来自交叉销售渠道；交叉销售对信托业务和平安银行新增公司日均存款贡献度亦有显著提升，分别达到14.1%和21.1%。2011年，平安信托计划的9.4%、平安银行新增零售存款中的42.9%和平安大华首只基金募集资金的63.3%均来自交叉销售。

"深发展"与平安银行的正式合并，使得银行板块顺利成为平安金融控股家族里的核心平台，一直以来"大保险，小银行"的业务格局得到改善。"深发展"与保险公司合作经营的方式，能够解决资本金不足等问题，将是银行发展新模式的重要探索。除了资本金的补充、业务模式的转变之外，"深发展"在客户市场方面也受益匪浅。"深发展"在中小企业融资方面具有明显优势，供应链金融也有独到之处，但是零售银行业务则先天不足。依靠平安集团的客户资源和综合金融服务，未来的"深发展"将能够提供更全面的一站式服务，具有非常大的发展潜力。一方面可以通过"深发展"的网络促进保险销售；另一方面通过参股、重组置换整合平安集团旗下的平安银行与"深发展"，从而有助于金融业创造出更丰富的产品、获得更广泛的客户基础、赢取交叉销售的机会、发挥银行与保险的协同效应。

二、案例分析

20世纪90年代前，中国的金融体制一直是混业经营的局面，1992年下半年开始出现金融秩序混乱、金融市场失控的局面。对此，国务院在1993年颁布了《关于金融体制改革的决定》，明确对银行业、证券业和保险业实行"分业经营、分业管理"的原则，到2003年银监会成立时分业经营、分业监管最终完善。

从"平深恋"的案例中我们可以看到，在现行的监管格局下，平安集团旗下子公司按业务性质分别接受银监会、证监会、保监会的监管。平安集团依据主要业务性质归属保监会监管。从商业的角度而言，这是一个双赢的选择：平安借此实现了获得一个全国范围经营银行的目标。并购完成后，平安是国内保险业内第一个拥有全国性银行控股权的公司。平安在拥有自己的资金结算体系，通过银行的平台交叉销售保险及其他理财产品等方面的优势也渐显。"深发展"通过换股的方式实现了分享保险业丰厚利润的机会。平安可凭借丰富的个人客户基础和管理银行的初步经验，助力"深发展"开拓其零售银行业务。尽管综合经营可能会带来可观的收益，但未来双方还需要面对不少棘手难题，尤其是如何进行有效的风险控制，更好地对"深发展"进行管理，还值得进一步观察和思考。特别值得关注的是，中国金融业分业监管却存在混业经营的局面是亟须研究的一个问题，由于分业监管，目前，金融业务交叉之处存在一些监管空白点，需要有一个专门监管金融控股公司的制度，对基本的管理做出规范，制定相应的监管体系标准，应该预先研究怎样的监管框架更合适。如今综合化经营再次成为大势所趋，已经对当前的监管模式提出了挑战：一方面，金融机构对混业经营有着强烈的内在需求，银行、证券、保险等金融业务之间的依存关系越来越强；不仅中信集团、光大银行集团和平安集团为代表的金控集团已渐成气候，各国有大行和资产管理公司也日益全牌照化，业务交叉的真空地带亟须更明晰的监管框架。另一方面，金融监管一再强调专业分工，监管职能一再被拆分，显然已经不符合当前金融体制的发展需求，因此如何建立起一行三会的协调监管机制迫在眉睫。

思考题

1. 不同类型银行的优劣势分析及对策。
2. 混业经营背景下中国银行业的战略选择。
3. 存款保险制度的道德风险问题研究。
4. 存款保险制度的费率问题研究。
5. 商业银行竞争环境及对策。
6. 商业银行同质化竞争及特色经营研究。
7. 国内商业银行"轻型银行"建设研究。
8. 商业银行事业部制改革研究。
9. 营改增对商业银行的影响及对策。
10. 如何看待银行高管离职潮、裁员和降薪？

11. 商业银行线上线下一体化业务模式研究。
12. 国际化对商业银行绩效的影响。
13. 外资银行开放度影响研究。
14. 银行股权结构对银行绩效的影响。
15. 银行业监管对银行业绩效的影响。
16. 商业银行跨区经营研究。
17. 银行公司治理结构与银行绩效。

第三章　商业银行负债业务

第一节　负债业务概述

一、负债业务简介

(一) 银行负债的概念

商业银行的负债作为银行的债务,是银行在经营活动中尚未偿还的经济义务,银行必须用自己的资产或提供的劳务去偿付。银行负债有广义和狭义之分。广义的负债是指除银行自有资本以外的一切资金来源,包括资本和长期债务资本等二级资本;狭义负债则指银行存款、借款等一切非资本性的债务,由存款负债、借入负债和结算中的负债构成。

(二) 银行负债的重要性

20世纪70年代以后,商业银行将关注的重点从资产的运作移向负债的管理。负债管理论认为,负债业务是商业银行吸收资金的主要来源,是银行经营的先决条件。银行负债是保持银行流动性的手段,构成社会流通中的货币量,同时负债业务是商业银行与社会各界建立广泛联系的主要渠道,因此,负债业务是银行业竞争的焦点。

二、银行负债的构成

商业银行的负债业务主要包括存款业务和借款业务,前者是被动负债,后者是主动负债。存款和借款还可以细分。

(一) 存款的构成和种类

在商业银行负债业务中，存款业务是其最基本、最主要的业务，是其他业务开展的前提和基础，存款负债业务经营管理的好坏对于商业银行的盈利水平和风险状况有着极大影响。

银行存款主要包括对公存款和储蓄存款两大类，对公存款中包括企业和单位的活期存款和定期存款等。储蓄存款主要是个人存款，包括的种类很多，主要是由活期和定期存款组成，还包括零存整取、存本取息等品种。此外，在中国还有协定存款、定活两便及通知存款等。在所有的存款中，强调核心存款的概念，核心存款是指相对于易变性存款，对市场利率变动和外部经济因素变化反应不敏感的存款，如银行的交易存款账户和不流通的定期存款账户。在美国，由于存款保险制度的存在（10万美元以下存款不受损失），有学者认为，金额比较大的存款（如10万美元以上）容易由于利率和风险的变动而分流，而金额相对较小的存款（如10万美元以下）相对稳定，属于核心存款。

(二) 借入负债及种类

借入负债即非存款性的资金来源，具有较大的流动性、灵活性和稳定性，因此自20世纪60年代以来，借入负债的比重不断上升，逐渐成为各国商业银行重要的资金来源。借入负债主要包括短期借入负债和长期借入负债两大类，短期借入负债又包括同业借款、证券回购、向中央银行借款等，长期借入负债主要指发行债券。

1. 同业借款

同业借款是指商业银行在同业拆借市场拆入资金。金融机构之间以货币借贷方式进行短期资金融通活动的市场就是同业拆借市场。同业拆借的资金主要用于弥补银行短期资金的不足，票据清算的差额以及解决临时性资金短缺需要。同业拆借市场是金融机构之间进行短期、临时性头寸调剂的市场。

中国同业拆借始于1984年。1996年1月3日，经过中国人民银行长时间的筹备，全国统一的银行间同业拆借市场正式建立。当时同业拆借中心的利率（中国同业拆借利率，CHIBOR）是全国银行间拆借中心每日营业终了发布的信用拆借各交易品种的加权平均利率。其生成机制如下：以每笔交易的成交量为权重，计算各交易品种的当天成交加权平均利率和当天的各交易品种的加权平均利率。CHIBOR目前由1天、7天、14天、21天、1个月、2个月、3个月、4个月等8个品种的利率指标组成。参与拆借的机构基本上是在中央银行开立存款账户，交易资金主要是该账户上的多余资金，用于调剂临时余缺，具有期限短、利率低、变化大的特点。2007年1月4日开始正式运行上海银行间同业拆借利率，被称为中国的LIBOR，是由信用等级较高的银行组成报价团自主报出的人民币同业拆出利率计算确定的算术平均利率，是单利、无担保、批发性利率。目前，对社会公布的Shibor品种包括隔夜、1周、2周、1个月、3个月、6个月、9个月及1年几种。同业拆借市场正式启动同业拆借基本上是信用拆借。同业拆借可以使商业银行在不用保持大量超额准备金的前提下，满足存款支付的需要。

2. 证券回购

证券回购是指商业银行以其持有的流动性强、安全性高的优质资产，以签订回购协议的方式融资。回购协议的一方暂时出售这些资产，同时约定在未来的某一日以协商的价格购回这些资产。回购协议利率较低，如果银行以此融资用于收益较高的投资，则会带来更高的盈利。回购协议通常是隔夜回购，但也可以是较长时期。回购协议的操作是签订协议后，由商业银行向购买方出售证券等金融资产以换取即时可用资金，协议期满后，再以即时可用资金做相反交易。交易方式一般有两种：一种是交易双方同意按相同的价格出售和回购，回购时其金额为本金加双方约定的利息金额；另一种是把回购价格定得高于原出售价格，其差额就是即时资金提供者的收益。证券回购还可以分为质押式回购和买断式回购，质押式回购在交易过程中所有权不发生转移，该券一般由第三方托管机构进行冻结托管，并在到期时予以解冻。买断式回购是指债券持有人（正回购方）将债券卖给债券购买方（逆回购方）的同时，与买方约定在未来某一日期，由卖方再以约定价格从买方买回相等数量同种债券的交易行为。回购协议无须提取存款准备金，企业、政府机构、境外金融同业与银行订立协议，以政府债券为交易对象。

截至2017年年末，银行间市场各类参与主体共计18 681家，较上年末增加3 437家。其中，境内法人类机构2 665家，较2016年年末增加235家；境内非法人类机构15 458家，较上年年末增加2 999家；境外机构投资者617家，较上年年末增加210家。2017年，银行间市场信用拆借、回购交易成交总量695.3万亿元，同比下降0.3%。其中，同业拆借累计成交79万亿元，同比下降17.7%；质押式回购累计成交588.3万亿元，同比增长3.5%；买断式回购累计成交28.1万亿元，同比下降14.9%。

3. 向中央银行借款

（1）再贴现是中央银行通过买进商业银行持有的已贴现但尚未到期的商业票据，向商业银行提供融资支持的行为。中央银行通过调整再贴现的利率调节商业银行准备金，以达到实施宏观货币政策的目的。如果中央银行调高再贴现率，则意味着中央银行将实施紧缩的货币政策；相反，贴现率的降低则意味着货币政策的放松。因此，通过调节中央银行的再贴现率，可以起到紧缩或放松银根的作用。

（2）再贷款是指中央银行为实现货币政策目标而对金融机构发放的贷款。再贷款方式一般为信用贷款。

2004年3月25日起实行再贷款浮息制度，即在国务院授权的范围内，中国人民银行根据宏观经济金融形势，在再贷款基准利率基础上，适时确定并公布中央银行对金融机构贷款利率加点幅度。

向中央银行借款，按期限划分有年度性借款、季节性借款和日拆性借款三种。

1）年度性借款是用于解决商业银行因经济合理增长而引起的年度性资金不足问题的借款，期限为1年，最长不超过2年。

2）季度性借款是主要解决商业银行资金先支后收或存款季节性下降、贷款季节性上升等因素引起的暂时资金不足问题的借款，期限为1个月，最长不超过4个月。

3）日拆性借款是主要解决商业银行因汇划款项未达等因素造成的临时性资金短缺问题的借款，其期限为10天，最长不超过20天。

其他短期借入负债的来源渠道是发行短期金融债券。商业银行可以通过在金融市场上发行短期金融债券筹资，其中大面额定期存单是主要形式。大面额存单兼有活期存款流动性和定期存款盈利性的优点，可以转让，具有较高的利率。

4. 短期借入负债的特征和意义

短期借入负债的主要特征：第一，对时间和金额上的流动性需要非常明确。第二，利率风险较高。第三，主要用于弥补短期头寸的不足。

短期借入负债对商业银行经营的意义：第一，短期借入负债为商业银行提供了非存款资金来源。第二，短期借入负债是满足商业银行周转金需要的重要手段。第三，短期借入负债提高了商业银行的资金管理效率。第四，短期借入负债既扩大了银行的经营规模，又加强了外部的联系和往来。

5. 长期借款——发行金融债券业务

（1）发行金融债券的意义。首先，金融债券突破了银行原有存贷关系的束缚，面向社会筹资，筹资范围广泛，既不受银行所在地区资金状况的限制，也不受银行自身网点和人员数量的束缚。其次，债券的高利率和流动性相结合，对客户有较强的吸引力，有利于银行提高筹资的数量和速度；同时，发行债券所筹的资金不用缴纳法定准备金，也有利于提高银行资金的利用率。最后，发行金融债券作为商业银行长期资金的主要途径，使银行能根据资金运用的项目需要，有针对性地筹集长期资金，使资金来源和资金运用在期限上保持对称，从而成为商业银行推行资产负债管理的重要工具。

（2）金融债券的分类。商业银行发行的金融债券有资本性金融债券、一般性金融债券和国际金融债券,下面主要介绍资本性金融债券和国际金融债券。

1) 资本性金融债券是商业银行为了弥补资本金的不足而发行的资本性债券,是一种介于存款负债和股票资本之间的债券,这种债券在《巴塞尔协议》中被统称为附属资本或次级长期债务。资本性金融债券对银行收益和资产分配的优先权,也同样介于存款负债和股票资本之间,在银行存款和其他负债之后,而在普通股和优先股之前。这些年来受到广泛认可的可转换债券也是资本性债券,这种债券有个附加的规定,允许债券的持有人在一定时间内以一定的价格向发行行换取该银行的股票,如果债券的拥有者不想转为股票,也可以继续保留债券,直至期满。可转换债券在银行利润上升、股息红利较高时,可按规定转换成股票;如果银行利润不高,股息红利不多,债券持有人也可不转换,而稳定地得到固定利润,因此而受到众多投资者的欢迎。对发行银行而言,因向投资者提供了优越的选择条件,可以把债券的利率定得比其他债券低些,以较低的成本获得长期资金,并可使其中的部分债券转换为股票,既能减轻还债压力,又可增加资本。

2) 国际金融债券主要包括外国金融债券和欧洲金融债券两种。外国金融债券指债券发行银行通过外国金融市场所在国的银行或金融机构,组织发行的以该国货币为面值的金融债券。欧洲金融债券是指债券发行银行通过其他银行或金融机构,在债券面值货币以外的国家发行并推销债券。其主要特点是:债券发行银行属于一个国家,债券在另一个国家或几个国家的金融市场上发行,而债券面值所使用的货币又属于第三国。此外,还有一种平行金融债券,是指发行银行为筹措一笔资金,在几个国家同时发行债券,债券分别以各投资国的货币标价,各国债券的筹资条件和利息基本相同。实际上这是一家银行同时在几个国家发行的几笔外国金融债券。

(3) 发行金融债券的经营管理要点。商业银行发行金融债券要遵守金融管理当局的管理规定。商业银行均可以发行金融债券,但需报中国人民银行批准。合理计划债券的发行与使用工作,提高资金的使用效率与效益。资金运用范围一般用于中长期放款,或用于专项投资。防范利率风险与汇率风险,注重利率和货币的选择。寻找最佳的发行时机。以客户为中心,以市场为导向,不断创新,满足投资者的需求,研究投资者的心理。

(三) 不同借入负债(非存款资金)来源的选择

1. 银行对借入负债规模的确定

虽然银行主要的资金来源是存款,但是现在所有的银行都在利用非存款性货币资金作为存款的补充。银行要合理利用借入负债,首先必须要估计出非存款性资金的规模。关于此可以用资金缺口来衡量,即:

银行的资金缺口=当前和预计未来的贷款与投资需求−当前和预计的存款量

2. 影响借入负债来源的因素

（1）相对成本因素。商业银行在选择借入负债的种类时，要充分考虑它们各自的筹资成本。从成本角度看，中国人民银行的贴现借款成本较低，而发行中长期金融债券成本则较高。但银行更应注重市场利率的变化，并充分考虑自身需求资金的期限，以求获得成本最低的资金。

（2）风险因素。商业银行在选择借入负债的种类时，必须要考虑两种风险。一是利率风险，即信贷成本的波动性。一般而言，采用固定利率融资方式的利率风险较大，而采用浮动利率的融资方式则利率风险较低。二是信用风险。任何信贷市场都不能保证贷款人愿意并且能够贷款给每个借款人。当中央银行实行紧缩银根政策时，借款银行就面临着难以从信贷市场上获得借款或必须支付较高的价格才能获得借款的风险。

（3）期限因素。银行应根据所需资金的期限选择适当的筹资方式，如果需要即时资金，可以通过银行同业拆借市场或从中国人民银行贴现获取；如果需要较长期限的资金，则可以考虑通过欧洲美元市场或发行金融债券获得。

（4）借款银行的规模和信誉。一般而言，银行的规模越大、信誉越好，信用评级就越高，筹资的方式就越多，并且可以筹集到的资金就越多。而对于一些规模较小的银行，筹资形式较少，而且所能筹集到的资金也少。

（5）政府的法规限制。各国中央银行都借助于货币市场实施货币政策，对宏观经济加以调节。中央银行对货币市场上借款方式的条件、借款数量、期限、资金的使用、甚至利率的浮动幅度都有规定（发展中国家居多）。这些都将改变借入负债的成本和风险，因此商业银行在选择筹资方式时，必须要注意银行所在国家或地区法律法规对借款金额、频率的规定。

第二节 中国商业银行的存款业务

在商业银行负债业务中，存款业务是最基本、最主要的业务，是其他业务开展的前提和基础，存款负债业务经营管理的好坏对于商业银行的盈利水平和风险状况有着极大的影响。

一、存款的种类

存款的种类很多，一般把存款分为活期存款、定期存款和储蓄存款三大类，活期存款是指由客户随时存取和转让的存款，没有确切的期限规定，银行也无权要求客户取款时做事先的书面通知。持有活期存款账户的存款者可以用各种方式提取存款，如开出支票、本票、汇票，电话转账，使用自动取款机或其他电传手段等。在国外又把活期存款称为交易账户，也称为支票存款。活期存款已经成为商业银行的主要资金来源，还是商业银行扩大信用，联系客户的重要渠道。定期存款是客户和银行预先约定存款期限的存款。存款期限在美国最短为7天，在中国通常为3个月、6个月和1年不等，期限最长为5年。定期存款的利率因期限长短而高低不等，但都要高于活期存款。定期存款是银行的稳定资金来源，营业成本低于活期存款。储蓄存款在中国专指居民个人在银行的存款，政府机关和企事业单位的所有存款都不能称为储蓄存款，公款私存被视为违法行为，储蓄存款也是中国商业银行重要的资金来源。

二、中国商业银行存款构成的特征

中国商业银行的存款构成以储蓄存款和单位存款为主，储蓄存款占存款总额的一半左右，说明中国商业银行资金来源是比较稳定的，2003年储蓄存款占总存款的比重为47.3%，但近年来有下降趋势，2019年6月末为42.74%（见图3-1）。占存款比重第二位的是活期存款，为1/3左右。而定期存款比重则较低，近年来上升较快，从2010年的19%上升到2019年6月的21%左右。中国商业银行体系内部存在较为严重的存款垄断现象，国有商业银行控制了存款的绝大部分。各项存款是支撑商业银行资产运作的极为重要的来源，越来越成为商业银行的重要资金渠道（见图3-2）。

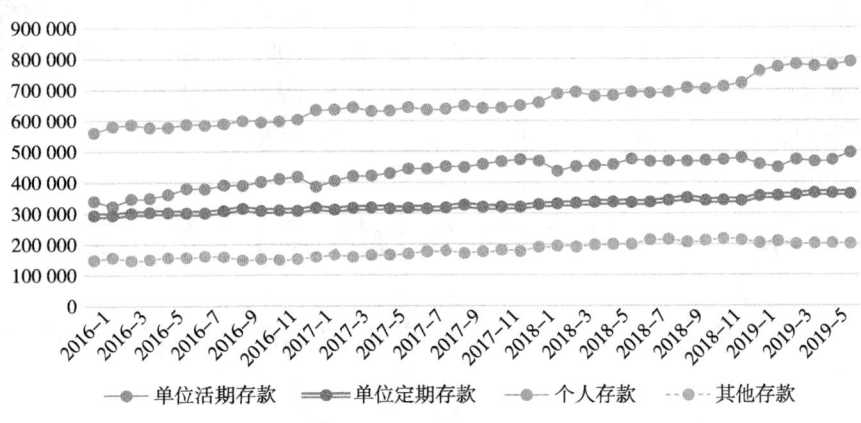

图3-1　存款类金融机构存款变化趋势（2016.1—2019.6）（亿元）

数据来源：中国人民银行网站。

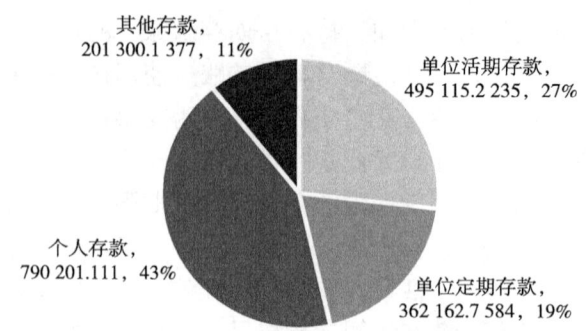

图 3-2　2019 年 6 月底银行类存款机构存款结构（亿元）

数据来源：中国人民银行网站。

从图 3-2 可以看到，单位存款占比 46.37%，超过个人储蓄存款（42.74%）。

三、存款竞争

在商业银行经营过程中，对存款的竞争即拉存款在中国的商业银行中越演越烈。存款立行一直是中国商业银行经营过程中的口号和经营理念，存款大战中各家商业银行手段百出，到了季末、月末和年末揽储大战纷纷打响。特别是在 2015 年 10 月，在取消金融机构贷款利率浮动下限的基础上，中国人民银行对商业银行和农村合作金融机构等不再设置存款利率浮动上限，利率市场化基本完成，存款竞争更加激烈。

四、存款创新不断升级

近年来，中国商业银行在存款账户方面不断推陈出新，在原有的存款种类基础上，通知存款、定活两便存款、协议存款等逐渐被广大客户所熟知，2015 年重新推出了大额可转让定期存单，2016 年对个人存款账户进行改革，推出了三类存款账户，2018 年结构性存款在存款市场又大热起来。

第三节　中国商业银行储蓄存款的走势

储蓄存款是商业银行竞争的焦点。近年来，中国商业银行的储蓄存款有三个发展趋势。

一、储蓄存款绝对数不断增长

在中国商业银行的存款结构中，近年来对公存款的比重有一定程度的变化。

改革开放以来,中国商业银行的储蓄存款一直呈上升趋势,从 1978 年的 210.6 亿元增长到 2018 年 12 月末的 72.44 万亿元,40 年增长了 3 000 多倍,中国的储蓄存款快速增长的原因主要有:

第一,经济高速增长,GDP 已经成为世界第二大强国,经济增长必然带动储蓄的增长。

第二,经济转型过程中投资渠道狭窄造成储蓄率高升。比如,资本市场不发达,无更多更好的投资渠道,所以银行储蓄成为必然选择。

第三,凯恩斯货币需求理论中的预防性动机需求造成储蓄率过高。在中国经济发展过程中,养老和医疗制度不够完善,子女教育需求等造成的储蓄率居高不下。

第四,社会阶层贫富差距增大,基尼系数过高(0.46),社会是一个两头大中间小的纺锤形社会结构,没有形成有消费能力的中产阶级,处于两端的穷人和富人都热衷于储蓄,从而推动了储蓄率的增高。

第五,东方传统文化和习惯造就了中国的高储蓄率。

中华民族传统上就有勤俭持家、量入为出的美德,从风俗习惯上也热衷于储蓄而不是消费。从表 3-1 可以看到,中国的储蓄率远高于世界平均水平,甚至是西方发达国家的 2~3 倍。

表 3-1 世界各国储蓄率对比(%)

	2000 年	2014 年
中国	36	49
世界平均	25	24
东亚和太平洋	31	35
欧洲和中亚	24	22
拉丁美洲和加勒比地区	17	18
中东及北非	29	29
北美	21	18
南亚	25	32
撒哈拉以南非洲	20	16
低收入国家	—	17
中低收入国家	25	29
上中等收入国家	28	32
高收入国家	23	21

资料来源:《中国人民银行货币政策执行报告(2014)》。

二、储蓄存款占存款负债的比重呈下降趋势

进入21世纪以来,中国商业银行的储蓄存款增长势头递减,特别是近几年来,储蓄存款的增长率有下降的趋势,根据人民银行公布的数据,从2009年的54%下降到2019年的42%左右,究其原因有:

第一,经济增长速度下滑,国民经济收入分配个人占比下降。

第二,投资渠道放宽,股市债券等资本市场越来越开放。

第三,银行理财产品对储蓄有替代效应。

第四,互联网金融(P2P和第三方支付)对银行储蓄存款形成竞争。

第五,房价高涨的背景下,投资房产买房成为储蓄分流的渠道之一。

第六,国家宏观政策引导消费兴起,居民消费观念的转变,消费信贷的发展导致储蓄率下降。

三、中国商业银行存款负债结构发生变化

存款负债结构的变化主要表现在:居民储蓄存款下降,政府和企业存款占比上升。从居民储蓄存款内部结构看,定期存款的比重下降,活期存款比重上升,国有大中型银行储蓄存款占有绝对垄断地位(见图3-3)。

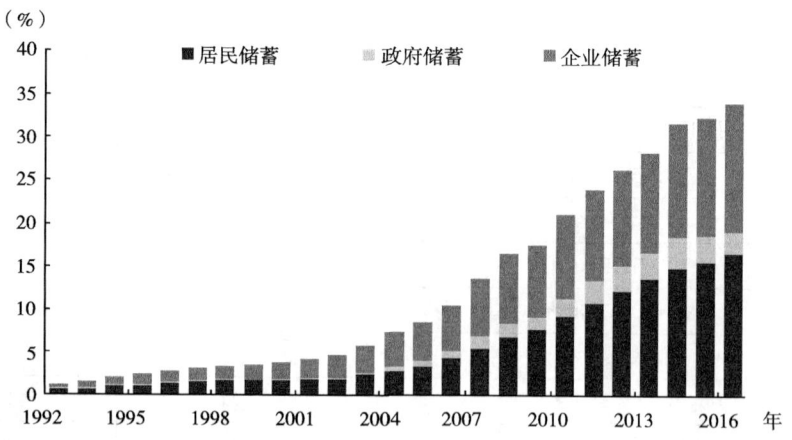

图3-3 中国商业银行存款负债结构(万亿元)

资料来源:Wind,海通证券研究所。

第四节 中国商业银行结构性存款问题研究

一、结构性存款的概念

结构性存款是指在普通存款的基础上嵌入期权等金融衍生工具，通过与黄金、汇率、股指等的波动性挂钩，从而使存款人拥有获得较高收益机会的产品。由于是存款和衍生品的组合，使得结构性存款既有确定的存款收益，又有衍生品投资的想象空间。在一款结构性存款产品当中，一般80%的资金用于存款，成为放贷资金，剩余20%的资金则投资衍生品。结构性存款到底是存款还是理财？大热又该如何看待？结构性存款不是单纯的普通存款，是商业银行在吸收客户普通存款的基础上加入一定的衍生品结构性的金融产品，具体可以分为两部分，一部分与普通存款一样，运用在银行信贷或固定收益类等低风险产品上；另一部分资金投资高收益、高风险的产品。对投资者来说，收益也有两部分，一部分是存款产生的固定收益，另一部分收益则与投资标的物挂钩。

结构性存款不同于一般意义上的银行理财。以之前的预期收益型银行理财产品为例，其一般根据资金池以往业绩，给投资者一个预期收益，到期后再以滚动方式刚性兑付，投资者对理财资金的投向一无所知。结构性存款则有明确的存款投向和风险提示，以及所挂钩的产品达到什么样的触发条件才能获得预期收益。投资者可以根据自己对未来行情的判断做出选择并承担相应的风险。从这个角度看，结构性存款对银行理财业务转型具有积极意义。

二、结构性存款大热

结构性存款并非全新的创新产品，不温不火了二十几年，直到最近才成为不少银行的主推对象。1995年和1996年就由外资银行引入国内，但长期以来，国内的老百姓更习惯于"期限+收益"模式的固收类保本理财产品。此前结构性存款的市场知晓度不高，但随着理财打破刚兑，结构性存款兼具安全性和收益性的特点，使它成为保守型投资者的优先选择对象。2017年年底银监会下发的《关于规范金融机构资产管理业务的指导意见（征求意见稿）》明确规定，金融机构开展资产管理业务时不得承诺保本保收益，出现兑付困难时，金融机构不得以任何形式垫资兑付，这会对银行表内理财，也就是保本理财业务形成冲击。对此，不少银行也开始未雨绸缪，为表内理财业务谋求转型。结构性存款同属表内业务，且产品设计上灵活多变，是一个不错的选择。随着保本理财产品的退出，结构性存款最有可能作为替代品，成为银行揽储的新利器。从 2017 年年末开始，不少银行热推结构性存款产品，其预期年化收益率大多在 4% 以上，看齐同期银行理财收益。中国人民银行数据显示，截至 2018 年 2 月，国有四大商业银行结构性存款规模达 1.81 万亿元，同比增长 38.84%。其中，个人结构性存款涨幅突出，同比涨幅达 85.60%。结构性存款还受到不少上市公司的青睐。据不完全统计，2018 年年初至 3 月，沪深两市有 300 多家公司选择结构性存款作为重要的理财工具。2018 年 3 月末中资银行结构性存款规模共计 87 958.84 亿元，比 2 月末增加 4 335.44 亿元，环比增幅 5.2%。2018 年 1 月至 3 月，中资银行结构性存款规模合计 251 346.12 亿元，而 2017 年 1 月至 3 月，这一数字为 175 349.14 亿元，同比增幅达 43.3%。结构性存款突然爆发，规模出现快速增长，主要是个人结构性存款增幅较猛。

值得注意的是，由于结构性存款涉及衍生品投资，但银行并不能直接配置衍生品等高风险资产，开展结构性存款业务，理论上也存在一定的合规风险。此外，由于各银行对结构性存款会计计量和统计口径也存在偏差，在销售流程、协议文本、投资者风险提示方面，并没有相关监管细则的规定，因此制约了结构性存款的进一步发展。当下，还需进一步完善相关制度细则，设置好合规边界，以使结构性存款业务在银行理财转型、深化利率市场化改革方面发挥更大的作用。

三、与汇率挂钩的结构性存款

根据自身对某种货币汇率波动的把握，通过期权组合，在承担一定利息损失风险的前提下，与招商银行签订结构性存款协议，以争取获得比定期存款利率更高的收益率。

与汇率挂钩的结构性存款

如：A 公司 2002 年 8 月 10 日与招商银行签订如下结构性存款协议
存款期限：3 个月（2002 年 8 月 10 日至 11 月 10 日）
汇率区间：人民币兑美元的基准价在 8.260 0~8.280 0 之间
约定利率：年息 2.4% 或年息 0.1%（即如果 2002 年 11 月 10 日人民币兑美元的基准价在 8.260 0~8.280 0 区间内，招商银行按年息 2.4% 支付 A 公司利息；如果 2002 年 11 月 10 日人民币兑美元的基准价在 8.260 0~8.280 0 之外，招商银行按年息 0.1% 支付 A 公司利息）。

2002 年 11 月 10 日，人民币兑美元的基准价是 8.277 1，招商银行按年息 2.4% 付给 A 公司利息。因此，A 公司获得比定期存款利率高出 1.237 5% 的利息收入。

四、结构性存款存在的主要风险

据银行业理财登记托管中心发布的《中国银行业理财市场报告（2017）》显示，截至 2017 年年末，全国银行业理财产品存续余额为 29.54 万亿元，同比保本产品的存续余额为 7.37 万亿元，占全部理财产品存续余额的 24.95%。银行保本理财产品目前尚未发生剧烈调整，但随着"新规"的逐步落地，银行保本理财产品逐渐退出市场，银行结构性存款产品最有可能成为替代品。结构性存款挂钩汇率、黄金、股指，购买"另类存款"也有风险，过去由于银行理财产品保本保收益的特点，投资者习惯把它视为与"存款"同等风险等级的理财方式，但实际上，虽然有银行作风险背书，但面对结构性存款类产品，投资者同样不能掉以轻心。例如，民生银行杭州分行推出的一款结构性存款产品中，风险等级为二级，属于较低风险。但结构性存款挂钩了黄金、汇率、股指等标的，而这些标的变化幅度大，具有一定的风险，所以投资者一定要选择自己熟悉的产品。特别是一些产品会给出一个预期收益率区间，有的最高预期收益可达到 10%，那么有可能是挂钩了股指，这样的产品风险系数也较高，因此投资者一定要认真识别其标的物，别被最高收益的数字诱惑。另外还要看清条款。虽然银行理财产品的条款不能提及"保本"的字样，但可关注条款中是否提及保证本金的相关说明。例如，如果提到本金最高风险为 0，则表示该产品的本金是安全的。目前各大银行推出的结构性存款有的保本、有的不保本，投资者不应将结构性存款视为与普通定期存款一样。如果它挂钩衍生品的比例较高，是有可能达不到预期收益，甚至是有可能亏损的。虽然从目前看本金风险不大，但是过往发行的结构性存款确实有部分未达到预期收益。

第五节　中国商业银行的存款定价

中国利率市场化的进程从 1994 年开始，自 2015 年 10 月 24 日起，中国人民银行决定对商业银行和农村合作金融机构等不再设置存款利率浮动上限，利率市场化基本完成。在利率市场化之前，商业银行的存款定价是受管制的，商业银行存款定价严格按照人民银行规定的基准利率执行存款定价。利率市场化后的商业银行如何进行存款定价呢？

从商业银行存款定价理论看，商业银行存款定价的方法主要有成本加利润存款定价法、存款边际成本定价法、市场渗透定价法和其他定价方法如关系定价法，等等，银行存款的定价要考虑获取存款的各种成本、存款的投资收益、银行和存款人的关系等因素。利率市场化之后，中国商业银行一般对存款的定价是在人民银行基准利率（见表3-2）的基础上上下浮动形成挂牌利率。

表3-2 金融机构人民币贷款基准利率调整表

	调整后利率（%）
一、城乡居民和单位存款	
（一）活期存款	0.35
（二）整存整取定期存款	
三个月	1.10
半年	1.30
一年	1.50
二年	2.10
三年	2.75
二、各项贷款	
一年以内（含一年）	4.35
一至五年（含五年）	4.75
五年以上	4.90
三、个人住房公积金贷款	
五年以下（含五年）	2.75
五年以上	3.25

资料来源：中国人民银行网站。

我们发现，存款利率市场化之后，银行类金融机构发布的各银行最新存款利率显示，银行各期存款利率上浮幅度有所提高，不过各家银行的存款利率差异仍较大，见表3-3。

表 3-3　各银行存款利率

银行/基准利率	活期（年利率%）	定期存款（年利率%）					
		三个月	半年	一年	二年	三年	五年
人民银行	0.35	1.1	1.3	1.5	2.1	2.75	—
工商银行	0.3	1.35	1.55	1.75	2.25	2.75	2.75
农业银行	0.3	1.35	1.55	1.75	2.25	2.75	2.75
建设银行	0.3	1.35	1.55	1.75	2.25	2.75	2.75
中国银行	0.3	1.35	1.55	1.75	2.25	2.75	2.75
交通银行	0.3	1.35	1.55	1.75	2.25	2.75	2.75
招商银行	0.35	1.35	1.55	1.75	2.25	2.75	2.75
浦发银行	0.3	1.5	1.75	2	2.4	2.8	2.8
上海银行	0.35	1.5	1.75	2	2.4	2.75	2.75
微商银行	0.35	1.43	1.69	1.95	2.73	3.33	4
邮政储蓄银行	0.35	1.35	1.31	2.03	2.5	3	3
兴业银行	0.3	1.5	1.75	2	2.75	3.2	3.2
泉州银行	0.42	1.944	2.232	2.52	3.055	3.9	4.225
厦门银行	0.385	1.21	1.43	1.8	2.52	3.3	3.3
中信银行	0.3	1.5	1.75	2	2.4	3	3
平安银行	0.3	1.5	1.75	2	2.5	2.8	2.8
华夏银行	0.3	1.5	1.75	2	2.4	3.1	3.2
北京银行	0.35	1.505	1.765	2.025	2.5	3.15	3.15
宁波银行	0.3	1.5	1.75	2.025	2.6	3.1	3.3
广发银行	0.3	1.5	1.75	2	2.4	3.1	3.2

资料来源：上市银行网站整理。

从利率市场化后商业银行的定价可以归纳出四个现象。

第一，各家商业银行的存款利率出现差异化，其中国有银行的存款利率普遍偏低，城商行的存款利率则通常都比较高；大银行的存款利率普遍低，小银行存款利率普遍比较高。这是因为大型国有银行因为产品、网点和信誉等优势，吸收存款的能力较强的缘故。随着利率市场化的进一步推进，存款利率定价的差距会更加凸显，目前同一期限的存款利率差距最高可达2%以上。

第二，存在活期存款利率下调，定期存款利率上调的现象。主要原因为活期存款为非易变性存款，受利率波动的影响比较小，即对利率的变化不敏感，所以下调活期存款利率并不会影响活期存款的变动。在西方很多国家，这部分存款是交易性存款，即用来应付日常交易的，大多没有利息。

第三，出现了利率倒挂现象。存款利率市场化之后，商业银行的存款利率定价逐步放开，银行存款利率定价过程中出现了倒挂现象。首先有存贷款利率倒挂现象，即银行吸收的存款利率高于发放的房贷利率。例如，某行五年期的存款利率为5.76%，而首套房贷发放的利率为5.15%。银行存款和公积金贷款利率出现倒挂，更能激起人们的购房欲望。其次是期限倒挂，即存款期限长利率反低。多年以来，银行利率受到政策管制，利率往往随着期限"水涨船高"，"期限越长，利率越高"几乎是银行存款的一条"铁律"。但如今，在利率管制几乎放开的当下，这条"铁律"也面临"失灵"，有的银行存款期限越长，给出的利率反倒越低，这在三年期与五年期定期存款中尤为明显。比如，某银行金融大厦分理处，三年、五年期利率分别为3.6%和3.05%，出现了五年期存款利率明显低于三年期，期限与利率倒置的特殊情况。在渤海银行太原分行，三年期定期存款利率为3.5%，五年期定期存款利率则为3.25%，再次出现了存款期限与利率倒置的情况。

第四，同一银行同一存款品种利率不同现象。一般来说，对金额比较大的存款超过一定起存点的存款利率可以向上浮动。另外，银行出现了挂牌利率和柜台利率，尤其是一年期以上存款利率放开限制之后，对于存款数额较大的客户，到柜台办理能获得更高的商议利率。而通过网银和自助机具或者自动转存的利率一般按挂牌利率，利率相对较低。

总之，中国的存款利率在利率市场化下出现诸多新的变化，随着市场化的进一步推进，商业银行推出了很多新型的存款，比如结构性存款等，利率的定价更加复杂化。

案例　负债业务案例——银行也会闹"钱荒"？

一、案例背景

2013年6月20日，中国金融业的"惊魂一日"，注定将载入中国银行间市场的史册。当日，代表中国货币市场基准利率的上海银行间同业拆借利率的隔夜拆借利率高达13%，7天拆借利率达到11%。其中，银行间隔夜回购利率最高达到从未有过的30%的高水平值，7天回购利率最高达到28%，均创下了历史纪录。要知道，在最近几年中，这两项数据通常低于3%。2013年10月21日，李克强总理在中国工会第十六次全国代表大会上作的经济形势报告中提及了这次事件,并指出:6月份的时候,银行间的隔夜拆借利率曾一下子达到了13%,那是高得不得了,平常也就是3%多一点。所以当时外界有说法,"中国银行间出现了债务违约,头寸紧张",这就是所谓的"钱荒"。而面对银行间市场如此高度紧张的"钱荒",政府和中国人民银行以前所未有的淡定,没有像以往那样及时向市场释放流动性,以缓解银行的饥渴,让人唏嘘不已。

二、发生"钱荒"的原因分析

(一)"钱荒"发生原因的理论剖析

对于"钱荒"为什么会出现,金融界以及学界都持有自己的见解,一种看法是"钱荒"就是货币不足,只要中国人民银行放松银根,问题便迎刃而解了;还有部分人认为,"钱荒"来源于银行的流动性管理疏忽,只要留有足够的备付金,"钱荒"就不会造成很大恐慌,但陆磊(2013)指出,这两种认识都比较肤浅,"钱荒"在一定程度上是银根过松所致[①]。这样就不难理解为什么中央银行在面对"钱荒"的时候并不急于向外直接发钞。

"钱荒"并不是银行真的缺钱,而是相对于资金需求的供给不足。萨伊定律中的供给会自行创造需求,在过去五年的中国金融界得到了验证。国家依靠发行货币推动经济增长造成了两大后果,一是市场中大量的流动性导致了资产价格的飞涨,使本应流入实体经济中的资金直接进入投资回报率较高的投资领域;二是货币量过多造成的货币贬值是人们承受的最大风险。尽可能持有贬值的负债、多增持升值的资产是人们此时最优的选择。于是,一个有趣的现象发生了:经济不振的同时人民币却相对其他货币升值了,人民币对内贬值、对外升值使人们更倾向于持有固定资产,一轮"紧张的流动性→发行货币→泡沫化→紧缩银根→钱荒"的恶性循环便形成了。

放入金融危机中分析,2008年11月至2009年7月为抵御金融危机的冲击,放松银根成为全球各国货币当局的统一行动,放松银根固然会导致流动性增加和企业融资成本降低,但也无法改变经济低迷造成的订单减少,以及企业自身产能严重过剩无法再融资扩大再生产的局势。那么多余的资金为了保值只能进入房地产市场,2009年5月出现的房地产价格飞涨就成为必然。接着,再分析2009年12月至2010年12月,影子银行的异军突起与金融脱媒成为资产价格上涨的原动力,此时无论是金融部门还是企业居民都为了获得资产增值而想尽办法,金融机

---
① 陆磊."钱荒"的本质是结构失衡[J]. 中国农村金融,2013(7):18-21.

构就设计出高回报的金融衍生品吸纳社会闲散资金,而市场其他主体则为了战胜货币增发导致的通货膨胀也纷纷迎合了影子银行。发展到2012年年底,影子银行的高回报彻底将社会资金脱离了实体部门。实体经济根本无法从货币增发中获得既得利益,反之,货币多而推高资产价格,资产价格的上升又会吸引更多的投资者进入资本市场,恶性循环下原本留给实体经济的资金就少了,表面看来融资成本是下降了,但实际上企业能获得的资金则越来越少。陆磊还分析了2013年初到钱荒事件爆发这段时间的经济形势,他指出,在2013年初日本开始印钞的时候,很多人呼吁中国也应该学习日本的做法,但殊不知所有这些问题的根源就是印钞票,因为印钞票使金融偏离实体经济,也使得能够负债的债务人愿意借入资金(比如各地区的铁路项目)等,银行此时发现任何交易,无论表内还是表外都具有跨期性。一旦资金链断裂就会造成击鼓传花的游戏终结,所以必须存在连续的资金投入,但金融机构的整体流动性已经无法满足这样的需求了。于是,"钱荒"事件最终还是难以避免。

学者冯科指出,"钱荒"在本质上是金融产品的较低流动性引起的,在大型商业银行争夺储蓄存款的战场上,大量发行理财产品,且这些理财产品的资产方多是房地产和地方融资平台的负债[1]。房地产业在泡沫膨胀过程中会造成高回报预期,且地方政府融资平台也对利率不敏感,最终造成相应理财产品收益率的直线飙升,也比一般银行储蓄率高100~150个基点。因此,如此高的收益率致使理财产品规模迅速扩张,截至2013年年底中国银行的理财规模已达到10万亿元,而银行实质上是短存长贷的,以发理财产品的方式吸收到存款,然后配置到房地产的高收益资产项目上,但房地产行业本身流动性差,加之中国目前缺少金融创新工具,相关金融产品流动性很差,进而造成了期限错配,因此,一旦发生外力冲击,"钱荒"就不可避免。冯科进一步总结出,经济增长带来金融资产价值的飞涨,而经济的非均衡性又把金融资产配置于流动性较低的房地产和地方债务中,使银行在遭受暂时性冲击时就会出现短期"钱荒"问题。

贺强和徐云松也追溯了此次"钱荒"的根源,认为"钱荒"的根源就在于中国的中小企业[2]。近几年货币超发现象异常严重,直接导致了产能过剩、房地产和地方债务泡沫,金融资源向垄断企业倾斜使中小企业很难获得资金支持,但中小企业从数量、解决就业人数,以及税收缴纳方面都已成为中国国民经济的重要组成部分,遗憾的是中国中小企业的自身经营能力、获利水平、竞

---

[1] 冯科. "钱荒"会否再度来袭?[J]. 新产经,2014(2): 49-50.
[2] 贺强,徐云松. "钱荒"溯源[J]. 价格理论与实践,2013(7): 26-29.

争能力与技术创新都相对较差，金融的逐利特性使资金根本不愿进入实体经济，最终导致虚拟经济流动性泛滥与实体经济严重缺钱共存，结构性矛盾凸显。"钱荒"使经济最为薄弱的中小企业在度过了全球金融危机后再次面临"生存危机"，资金链条跨过中小企业直接进入国有企业或上市公司，而大企业获得银行贷款后为了追求高额回报也转战信托市场，信托资金通过层层杠杆最终进入地方融资平台和房地产市场，因此在实体经济中真正需要资金的中小企业则得不到支持。

程卫红（2013）分析了"钱荒"爆发的深层次原因，认为目前给中国带来的最大挑战不是由于非效率和低收益所造成的信用危机，而是因为失去政府有效保护所引起的流动性危机，针对这次"钱荒"，中央银行选择"按兵不动"，于是银行间市场在半年末、年末就会出现松紧程度不同的"钱荒"，官方给出的说法是"季节性的、临时性的、期限错配导致的"，随着中国经济的逐步发展，结构失衡问题加剧了银行资金错配，且2013年上半年中国对外贸易顺差增速减缓，外汇占款下降迅速，美国市场回暖，外资回潮等因素的叠加，构成了此次"钱荒"爆发的原因[①]。

（二）从经济指标看"钱荒"发生的原因

除了理论分析，从经济指标中也可以看到"钱荒"发生的些许端倪，从资金期限错配、社会融资规模、外汇占款以及银行间市场短期交易利率四个宏观层面指标的变化情况进行剖析。

1. 资金期限错配

进一步分析商业银行的资金期限错配表现，我们发现商业银行在2005年6月至2013年中长期贷款占比较高（见表3-4），资金来源中短期资金来源占比也较高，所谓"长贷短借"就是期限错配的主要表现。2005年至2010年，全国金融机构中长期贷款余额占全部贷款余额的比重逐年上升，从2005年6月的43.9%增加到2010年12月的59.9%，同期，定期存款余额占全部存款余额的比重从44%下降到36.7%，活期存款占全部存款的比重从39.1%微升到39.7%。而2011年之后，人民银行信贷统计中对存款、贷款的各种科目都做了修正，存款科目的统计口径变动大于贷款科目，从具体数据看，中长期贷款的比重仍然在2011年之后高达50%以上，活期存款余额占全部存款的比重也有逐年下降的趋势，总体说明短借长贷现象明显，也暗含着银行体系存在着较大的流动性风险。

---

① 程卫红. 解读"钱荒"背后的流动性管理问题 [J]. 华北金融, 2013 (12): 14-19.

表 3-4　全国金融机构本外币存贷款占比（%）

时间（年）	活期存款占各项存款的比重	定期存款占各项存款的比重	短期贷款占各项贷款的比重	中长期贷款占各项贷款的比重
2005.06	39.1	44.0	45.8	43.9
2005.12	38.8	44.1	44.1	44.9
2006.06	38.0	43.4	43.3	45.4
2006.12	39.6	42.4	42.7	47.4
2007.06	39.5	40.0	42.8	47.9
2007.12	41.0	39.1	42.8	49.9
2008.06	37.7	40.9	42.2	51.0
2008.12	37.9	42.7	40.2	51.3
2009.06	37.1	41.4	36.8	51.4
2009.12	39.5	40.4	35.6	55.4
2010.06	38.7	37.8	33.7	59.3
2010.12	39.7	36.7	33.6	59.9
2011.06	34.2	45.7	39.1	58.7
2011.12	34.5	46.1	37.4	57.4
2012.06	31.7	48.0	38.2	55.3
2012.12	32.7	47.4	39.9	54.1
2013.06	30.3	48.9	40.2	53.5
2013.12	31.0	47.9	40.7	53.6

数据来源：2005年6月至2010年12月是程卫红（2013）整理得到，2011年6月—2013年12月是作者根据中国人民银行公布的数据整理得到的。

2011年年底，中央银行宣布下调存款类金融机构人民币存款准备金率0.5个百分点，2012年6月8日，中央银行再次宣布下调金融机构人民币存贷款基准利率0.25个百分点，整体中国市场利率进入下行通道，无论是存量还是增量的存贷款，商业银行的理性选择是负债方采取增加短期存款，以免长期存款将锁定较高利率减少银行收益；资产方则会增加中长期贷款锁定当期较高的利率收益，减少短期贷款以降低当期收益的损失。商业银行这样的行为会产生两方面经济后果，一方面贷款过于向中长期集中，让流动性储备不足的中小银行面临较大的资金压力；另一方面企业融资的主要途径——短期贷款也会相应减少，企业获取流动资金变得难上加难。因此，短期看金融机构短期贷款余额占比在下降，中长期贷款余额占比在增加，信贷资产错配格局已形成，进而会抑制宏观货币政策的顺利传导。

事实上，资金错配才是商业银行的理性选择，在同业市场上，商业银行利用这种资金错配进而实现收益的增长。2005年同业存款利率放开后，一些商业银行在贷款规模不足时，会通过购买政策性银行、其他商业银行等金融机构的同业存款增加贷款规模，或选择在同业拆借市场中通过预期利率走势购买月内短期同业存款或拆借资金，然后错配其他资产、锁定利息收益。比如，一家商业银行可在同业拆借市场上大规模买入一种半年期金融资产，固定其利率，同时再揽储更短期的同业存款来锁定最大化的收益。在同业市场上操作这样的资产错配业务显然已不属于"购买性存款"性质，由"调节商业银行流动性不足"的初衷演变为各银行资产经营获取利益的方式。

2. 社会融资规模降低幅度明显

近年来，银行业金融机构表外业务量迅猛增长，传统的新增贷款很难反映出当前实体经济的融资规模[1]，而中国中央银行编制的社会融资规模指标则更加详细地捕捉了社会融资情况，反映了一定时期内实体经济从金融体系获得资金的总额，是一个增量概念，涵盖人民币贷款增量、外币贷款增量、委托贷款增量、信托贷款增量、未贴现银行承兑汇票增量、企业债券增量、非金融企业境内股票融资增量等方面。从图3-4中可知，社会融资规模在2013年1—7月的社会融资规模整体下降趋势明显，7月份社会融资规模为8 191亿元，人民币贷款增量为6 997亿元，占社会融资规模的85.4%，是实体经济从金融体系获得资金的主要路径。其他指标中，未贴现银行承兑汇票增量下降幅度最大，7月份为负数-1 777亿元，较1月份下降7 575亿元；企业债券增量为476亿元，较1月份的增量2 249亿元大幅下降；外币贷款增量在7月份也降到负数，极差值为2 952亿元。社会融资规模的各组成部分从2013年3月开始逐渐下滑，下滑趋势也比较接近。这与2013年上半年众多银行类金融机构参与银行承兑票据进行转贴现赚取利差密不可分，由于银行承兑票据具有安全性较高、周期短、资金额度大等特点，这种盈利模式成为一些地方性银行利润的重要来源渠道之一，同时也对银行间市场的流动性造成一定冲击，众多金融机构将大量的资金从市场抽离，转投向场外票据业务市场。

3. 外汇占款下降

在中国中央银行投放基础货币的渠道中，外汇占款所占的比例最大。但进入2013年以来受到国内外市场综合因素影响，中国外汇占款增长趋势放缓，甚至出现了负增长。5月外汇占款增加额较4月环比下降，到6月末，中国金融机构

---

[1] 张慧智，翟舒毅. 我国"钱荒"现象发生因素及其对银行业发展的启示 [J]. 东疆学刊，2014（2）：38-47.

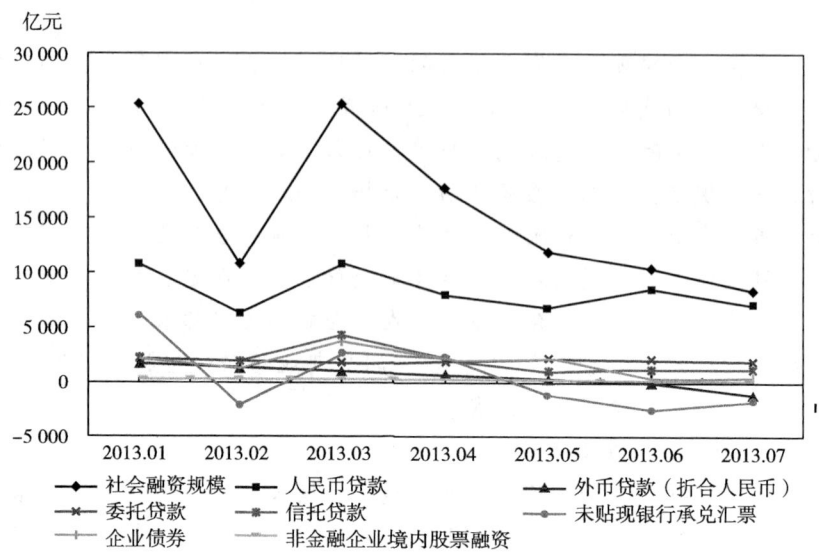

图 3-4 2013 年 1—7 月社会融资规模

数据来源：人民银行网站。

外汇占款余额为 273 887 亿元，较 5 月进一步减少 412 亿元，是连续 6 个月以来首次出现的负增长[①]。凯恩斯货币需求理论指出，利率是一种由货币供求决定的货币现象，外汇占款下降会导致货币供应量的变化，进而影响到利率水平，利率波动会直接影响到市场上资金的流动。

4. 银行间市场短期交易利率升高

从全国银行间同业拆借市场交易情况看（见表 3-5），6 月的隔夜拆借利率的加权平均利率环比增长 130%，7 天拆借利率环比增长 88.1%，14 天拆借利率环比增长 91.6%，1 个月拆借利率环比增长 75.0%；从交易量看，6 月资金需要主要集中在短期，但由于高利率影响，交易量负增长较大。对比隔夜利率，7 天和 14 天拆借利率虽然也有所升高，但交易量环比下降不明显。相对而言，中长期利率无明显上升，但是需求有所增长。由此可见，短期资金需求非常高。而且金融机构无视可能面临严重的流动性风险，继续加大金融资本的扩张，形成严重的道德风险。而中国人民银行却在 6 月初市场资金全面紧张时持续发行央票回收资金，同时并未启用公开市场短期流动性调节工具，令市场预期转向悲观，最终在 6 月 20 日迎来所谓的"钱荒"高峰。"钱荒"事件发生 1 个月后，即 2013 年 7 月 20 日，中央银行才决定全面放开金融机构贷款利率管制。这是继 2012 年两次调整存贷款利率，扩大存款上浮区间、贷款下浮区间之后的又一重大的推进利

[①] 数据来源于中国人民银行调查统计司关于货币供应量的相关数据。

率市场化改革的措施。从中央银行在 6 月"钱荒"时所表现的态度可以推测出，中央银行故意考验商业银行的流动性管理能力和风险控制能力，目的是更好地让商业银行适应利率市场化，也倾向于在市场化的竞争中让经营差、竞争意识落后的银行面临淘汰的危机。

表 3-5　全国银行间同业拆借市场交易期限分类统计

	1 天		7 天		14 天		30 天		60 天	
	交易量（亿元）	加权平均利率（%）	交易量（亿元）	加权平均利率（%）	交易量（亿元）	加权平均利率（%）	交易量（亿元）	加权平均利率（%）	交易量（亿元）	加权平均利率（%）
2012 年累计	402 814		41 934		12 068		4 476		1 626	
2013-01	33 896	2.13	3 047	3.27	719	3.14	234	3.89	69	4.17
2013-02	23 010	2.59	3 102	3.44	1 140	3.67	337	4.16	70	3.75
2013-03	30 720	2.31	4 302	3.22	564	3.47	767	3.41	38	3.87
2013-04	37 911	2.38	3 160	3.37	738	3.50	588	3.66	53	3.52
2013-05	38 622	2.80	3 953	3.71	864	3.69	748	3.57	69	3.57
2013-06	11 324	6.43	3 125	6.98	805	7.07	161	6.79	57	6.44

数据来源：中国人民银行网站。

三、"钱荒"背后的反思

2013 年学者陆霄反思"钱荒"产生的原因后认为，必须加快调整银行的发展模式。第一，银行要调整资产负债表，在流动性、安全性与盈利性合理匹配的基础上大力发展中间业务，重心应放在支付结算类、银行卡、代理和咨询顾问等业务，减少对信托理财类等表外业务的过分追逐。第二，要加强对金融机构的监管、理财产品的清理、加快利率和汇率市场化的步伐等[1]。在当前经济存在下行风险压力背景下，通过市场化机制解决"金融热、实体冷"的问题，通过盘活货币信贷存量，支持实体经济发展，优化金融资源配置，盘活存量、用好增量，通过扩张性的财政政策与稳健性的货币政策相结合，在金融体系里把影子银行相关的虚高部分挤下去，让信贷流向实体经济，比如，"三农"、小微企业或是政府鼓励支持的行业产业，培育新的增长动力和竞争优势[2]。

还有一个问题值得思考，中央银行为什么会"冷眼旁观"这次"钱荒"呢？

---

[1] 陆霄. "钱荒"引发的思考 [J]. 浙江经济, 2013 (8)：53.
[2] 宗良. 用好增量、盘活存量支持经济结构调整与升级 [N]. 金融时报, 2013-07-18.

通常情况下，当市场资金比较紧张时，中央银行会及时伸出援手，通过各种方式释放流动性，但奇怪的是这次"钱荒"持续了一段时间，中央银行却表现得很淡定，一直没有出手缓解局势，中央银行为何一夜从"央妈"变成了"后妈"？原因何在？准确地说，中央银行的这种做法是对此不重视流动性管理的银行的一种惩戒，因为现在市场上总有一部分银行平时流动性管理不当，资金总是处于偏紧状态，可一旦缺乏资金就抱银行间市场大腿，向银行间市场拆入，给市场带来了巨大压力，最后倒逼中央银行"放水"。这次中央银行在发生"钱荒"事件后没有出手相救，就是想给某些商业银行一些教训，让这些商业银行能够按照审慎经营的思路加强管理，保持充足的流动性，打消部分中小银行依赖银行间市场借入短期同业资金的念头，让其提升银行的流动性风险管理能力。中央银行的冷眼旁观就是为了实现这样一个目的①②。

针对这次突如其来的考验，中央银行进一步要求商业银行必须加强流动性和资产负债管理，对贷款符合国家产业政策和宏观审慎要求、有利于支持实体经济的稳健金融机构，如果资金配置出现临时性头寸缺口，中央银行会提供流动性支持，对流动性出现问题的机构，也要采取及时的补救措施，维持货币市场的整体稳定，更要谨慎控制信贷等资产扩张偏快引起的流动性风险，进而加强同业业务期限错配风险防范。而对于银行的金融创新，中央银行指出虽然要鼓励，不能扼杀，但是必须在严密监管和风险可控的状态下执行，规避金融风险的意识更加突出。

"钱荒"的根本问题是商业银行资金期限错配和经济结构不合理所引起的③，因此，商业银行要做到以下两点：第一，要规范商业银行同业业务发展，规范银行理财业务，调整资产结构，强化流动性风险管理，改变商业银行存贷资金期限错配问题；第二，规范银行理财业务，理财产品的短期负债与长期资产的错配，使得商业银行需要经常在货币市场筹措资金偿还投资者，再加上银行同业业务规模快速增长导致流动性缺口放大，尤其是一些中型股份制银行严重依赖在银行间市场借入短期资金，缺乏长期稳定的负债来源引起流动性紧张。冯科指出，短期性"钱荒"有可能演变为周期性现象，因为现行的金融抑制政策固化了非均衡的产业结构，并降低了金融产品的流动性④。因此，制度设计者既要改革金融体制，放开民间资本，推行利率市场化，鼓励金融创新等，以便为海量的货币供给

---

① 韦静强，吴金希，贾甫. 中国金融业"钱荒"原因分析及对策建议 [J]. 工业技术经济，2014 (5)．

② 朱孟楠，侯哲. 中国商业银行资金错配问题研究——基于"钱荒"背景下的思考 [J]. 国际金融研究，2014 (4)：62-69．

③ 程卫红. 解读"钱荒"背后的流动性管理问题 [J]. 华北金融，2013 (12)．

④ 冯科，"钱荒"会否再度来袭？[J]. 新产经，2014 (2)．

提供竞争性的投资渠道；又要调整经济结构，加快产业升级，为金融产品的高流动性打下坚实的经济基础，进而实质性地解决周期性的"钱荒"现象。因此，"钱荒"表象是商业银行的资金错配和逐利行为，实质上反映了中国金融改革的滞后和政府长久以来的投资拉动模式，因此要在尊重经济运行规律的基础上进行全面的金融机构改革，政府也需果断有力地转变职能，处理好政府与市场的关系，在经济领域更多发挥市场配置资源的基础性作用。

除从金融机构方面研判"钱荒"背后的逻辑关系外，陆磊还从货币政策与金融稳定政策的角度对"钱荒"进行了反思。他认为，流动性不应该继续扩张，应进行逐步紧缩。因为2013年5月底，广义货币供应量增长率高达15.8%，狭义货币供应量增长率也在11.3%的水平。两个指标都好于2012年同期，说明市场并不缺乏流动性[1]。但从金融稳定出发，银行支付出现问题，中央银行为了防止资金短缺在整个银行体系内传染，造成挤兑现象，给予适当的短期流动性支持势必是合理的，但从中长期看，对于系统重要性银行的短期流动性支持，也要考虑到相应的问责制问题。同时，货币当局也要考虑人民币汇率的稳定性问题，因为一旦人民币出现较大幅度的贬值，将会导致大面积的资本外逃和以房产为标的的资产价格泡沫破裂，银行业的不良资产就会急剧上升，可以说，流动性危机并不可怕，中央银行发行货币就能减少冲击，但信用危机一旦爆发后果将不堪设想。

四、案例启示

经过此次"钱荒"，中国商业银行开始意识到流动性风险管理的重要性。商业银行在未来要加强流动性管理，在业务发展方面要增强自我平衡和自我约束的能力，通过合理安排资产负债总量和期限结构，把握一般贷款、同业业务、票据融资等业务的配置结构和投放进度，有效避免流动性风险。

(一) 商业银行要统筹兼顾流动性与盈利性等经营目标

当前，大规模信贷投放已难以为继，美联储退出量化宽松政策的预期也在改变热钱流向，银行体系流动性过度宽松的时代已经过去，在这种背景下，商业银行应转变思路，稳健经营，而不能在过度追求规模和效益的同时，将流动性的命脉交给银行间市场或银行间借贷。商业银行应按宏观审慎要求，合理安排资产负债总量和期限结构，合理把握一般贷款、票据融资等的配置结构和投放进度，谨慎控制信贷等资产扩张偏快可能导致的流动性风险，加强同业业务期限错配风险

---

[1] 陆磊. "钱荒"的本质是结构失衡[J]. 中国农村金融, 2013 (7).

防范。

(二) 合理运营同业业务

合理运营同业业务不会直接造成"钱荒"。商业银行开展同业业务应定期关注期限错配程度、投资组合久期、杠杆倍数是否合理，是否存在刚性风险缺口等影响流动性问题的指标。资金安排上避免短配长、高杠杆等方式获取高收益，以免扩大流动性风险的长尾效应，降低流动性风险。

(三) 加强行业自律与风险内控

银行与信托、证券、保险、资产管理公司等机构的业务中复杂的交易结构化设计，容易造成信用风险积累、飘移和政策信号的失真。例如，前些年的票据融资空转和跨境贸易虚增等业务，在一定程度上积累了信用风险，造成相关经济数据失真。另外，在交易安全上，大量创新同业业务都是场外交易，交易定价的公允性、风险收益是否匹配、是否存在利益输送，信息披露是否合理，是否存在庞式骗局隐藏风险等，需要通过加强市场规范、行业自律和内部控制加以规范。

(四) 建立先进的流动性管理体系及预警机制

对于流动性管理来说，主要应做好两方面的工作：一是对流动性缺口进行科学的预测；二是寻找合适的策略弥补缺口，因此需要选择一个较为先进且系统化的流动性管理方法。目前主流的流动性管理方法有4种：流动性缺口法、线性规划法、期限阶梯法、L-VaR方法。这4种方法的出发点不同，各有优势和缺点，可以根据商业银行自身的特点进行选择。除了管理方法，建立流动性预警机制对于流动性管理也很重要。因为中国商业银行目前使用的流动性监控指标，不能准确掌握流动性的供给、需求及缺口的变化，而流动性风险在不断地动态变化中，因此对于流动性风险进行管理时，应该与动态变化的情况相适应。

(五) 关注宏观经济以及金融市场形势

关注宏观经济以及金融市场形势，实施动态流动性风险管理模式。商业银行在进行流动性风险的管理时，不仅要结合本行的特点，实施对症下药的流动性管理，还需重点考虑国家宏观经济政策因素的影响。流动性是货币政策实施和传导的直接对象，因此对宏观政策的分析在流动性风险管理中显得尤为重要。商业银行要加强对宏观经济形势的分析，准确估计中国人民银行货币政策操作取向；加强分析宏观政策调整和金融市场变化对流动性的影响，做好流动性安排，并建立动态的流动性监管体系。

思考题

1. 中国商业银行储蓄存款相对比下降和绝对比上升的原因?
2. 提高核心存款的主要途径。
3. 不同类型商业银行的存款结构（负债或付息成本）变动趋势分析及管理对策。
4. 存款考核的变革。
5. 商业银行同业业务研究。
6. 影响存款的因素有哪些?
7. 负债结构对流动性（融资效率 DEA/风险/EVA 价值）的影响。
8. 同业业务对流动性风险（经营绩效/风险/金融脆弱性）的影响。

第四章 现金资产管理

第一节 商业银行的现金资产

一、现金资产构成

现金资产是银行持有的库存现金,以及与现金等同的可随时用于支付的银行资产。商业银行的现金资产包括两类。

(一) 库存现金

库存现金是指商业银行保存在金库中的现钞和硬币。库存现金的主要作用是银行用来应付客户提取现金和银行本身的日常零星开支。

(二) 中央银行存款

中央银行存款是指商业银行存放在中央银行的资金,即存款准备金。中央银行存款由两部分构成,一是法定存款准备金,二是超额准备金。也被称为限制性与非限制性存放中央银行的款项。法定存款准备金是按照法定准备金率向中央银行缴存的存款准备金。规定缴存存款准备金的最初目的,是为了银行备有足够的资金以应付存款人的提取,避免流动性不足而产生流动性危机,导致银行破产。存款准备金制度已经演变成为中央银行调节信用的政策手段,在正常情况下一般不得动用,具有强制性。

超额准备金有两种含义:广义的超额准备金是指商业银行吸收的存款扣除法定存款准备金以后的余额,即商业银行可用资金;狭义的超额准备金是指在存款准备金账户中,超过了法定存款准备金的那部分存款。

二、现金资产的特点

第一,流动性好,收益性差。毫无疑问现金是流动性最好的资产,但是由于其不会产生任何利息,所以收益性最差。

第二,现金无收益、需要保管费。现金是零息资产,不但需要金库保管,常设值班人员,还需要承担与上一金库之间或人民银行金库之间的往来出库入库费用。

第三,法定存款准备金利率为 1.62%,超额存款准备金利率为 0.72%。这在世界上很多国家是少见的,美国没有存款准备金利息。

三、现金资产的作用

现金资产具有以下作用:
第一,满足法定存款准备金的要求。
第二,保持清偿力。
第三,保持流动性。
第四,满足同业清算及同业支付。

四、现金资产管理原则

现金资产是商业银行流动性最强的资产,银行现金资产管理的任务,就是要在保证经营过程中,在流动性需要的前提下,将持有现金资产的机会成本降到最低。在现金资产管理中,要坚持以下三个原则。

第一,总量适度原则。现金资产管理的总量适度原则是指银行现金资产的总量必须保持在一个适当的规模上。适当的规模是指由银行现金资产的功能和特点决定的,在保证银行经营过程的流动性需要的前提下,银行为保持现金资产所付出的机会成本最低时的现金资产数量。总量适度原则是商业银行现金资产管理的最重要原则。

第二,适时调节原则。银行要根据业务过程中的现金流量变化,及时调节资金短缺头寸,确保现金资产的规模适度。

第三,安全保障原则。库存现金是商业银行业务经营过程中必要的支付周转金,分布于银行的各个营业网点。银行在现金资产特别是库存现金的管理中,必然健全安全保卫制度,严格业务操作规程,确保资金的安全无损。

第二节 中国的存款准备金制度

存款准备金,是指金融机构为保证客户提取存款和资金清算需要而准备的在中央银行的存款,中央银行要求的存款准备金占其存款总额的比例就是存款准备金率。存款准备金制度的初始意义在于保证商业银行的支付和清算,之后逐渐演变成中央银行调控货币供应量的政策工具。存款准备金制度是在中央银行体制下建立起来的,美国最早以法律形式规定商业银行向中央银行缴存存款准备金。中央银行通过调整存款准备金率,影响金融机构的信贷资金供应能力,从而间接调控货币供应量。

中国的存款准备金制度经过了多次改革,准备金的存款利率和超额准备金的存款利率也经过了多次下调,从1998年3月21日起,将原各金融机构在人民银行的"准备金存款"和"备付金存款"两个账户合并,称为"准备金存款"账户。从2001年1月1日起,各金融机构法人每日应将汇总的全系统一般存款余额表和日计表,报送人民银行。金融机构按法人统一存入人民银行的准备金存款低于上旬末一般存款余额的8%,人民银行对其不足部分按每日万分之六的利率处以罚息。金融分支机构在人民银行准备金存款账户出现透支,人民银行按有关规定予以处罚。金融机构不按时报送旬末一般存款余额表和按月报送月末日计表的,依据《中华人民共和国商业银行法》第七十八条予以处罚。上述处罚可以并处。与国外相比中国存款准备金制度有三个特点。

第一,法定存款准备金经常变动调整,成为中国经常使用的货币政策工具。自20世纪90年代以来,许多国家的中央银行,如美国、加拿大、瑞士、新西兰、澳大利亚等,都降低或取消了法定准备金率,零准备金率正成为一种趋势。以美国为例,按美联储规定的2011年存款类金融机构的准备金率标准,对交易账户分为三个等级,1 070万美元以下部分(包括1 070万美元)的准备金率为0,1 070万美元至5 880万美元部分(包括5 880万美元)的准备金率为3%,5 880万美元以上部分的准备金率为10%;对非个人定期存款,准备金率为0;对欧洲美元借款,准备金率为0。因此,从以上分析可以看出,西方国家很少使用存款准备金率。但中国频繁使用这项货币政策对经济运行进行调整。2018年中国人民银行在4月、6月、10月三次下调法定存款准备金,2019年1月和5月两次下调法定存款准备金。图4-1可以看到近年来存款准备金调整的频繁程度。

20世纪80年代以来,主要西方国家由于公开市场业务的广泛运用等原因,存款准备金货币政策已经开始呈现弱化趋势。存款准备金虽然能够起到立竿见影的效果,但是可能会引起经济的剧烈波动。之所以在中国成为货币政策日常操作

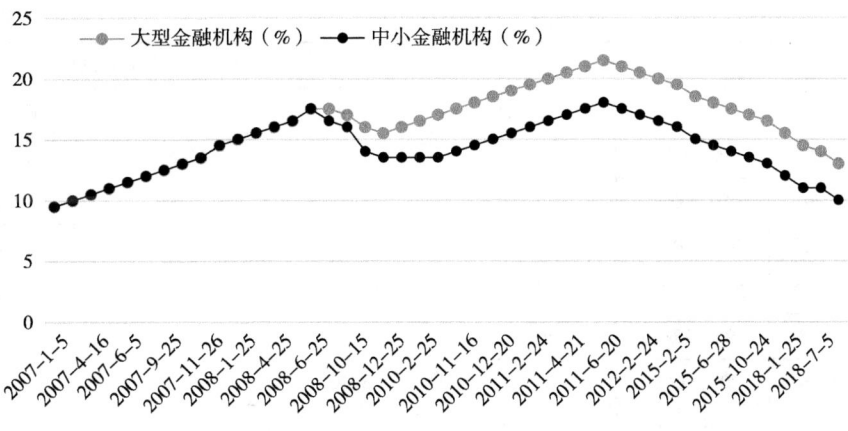

图 4-1　2007—2018 年中国商业银行的法定存款准备率（%）

工具，究其原因，中国在利率市场化没有完全实现的背景下，资本市场不甚完善，选择该项货币政策工具对经济进行调整的过程中，不但可以起到很好的效果，同时对经济的影响波动并不大。

第二，定向降准对商业银行的信贷政策起到了积极引导作用。定向降准是中国人民银行货币政策之一，是针对某金融领域或金融行业进行的货币政策调整，主要是降低存款准备金率。降低存款准备金率，商业银行提供放款的能力就增强了，这样市场上的货币供应量就会增加，投资和社会支出都会相应增加。近年来，定向降准的目标是加大对普惠金融的支持力度，中国的存款准备金率大银行要高于中小银行，同时当商业银行对小微企业贷款和三农贷款等普惠金融贷款达到一定比例可以降低存款准备率。

第三，中国人民银行对商业银行的存款准备金付息。目前中国的法定存款准备金利率为 1.62%，超额存款准备金利率为 0.72%。因为数量庞大的存款准备金如果中国人民银行不付利息的话，会直接影响商业银行的盈利能力（见表 4-1）。

表 4-1　商业银行存款准备金率历年调整表

公布时间	生效日期	大型金融机构（%）		中小金融机构（%）	
		调整前	调整后	调整前	调整后
2007/1/5	2007/1/15	9.00	9.50	9.00	9.50
2007/2/16	2007/2/25	9.50	10.00	9.50	10.00
2007/4/5	2007/4/16	10.00	10.50	10.00	10.50
2007/4/29	2007/5/15	10.50	11.00	10.50	11.00
2007/5/18	2007/6/5	11.00	11.50	11.00	11.50

续表

公布时间	生效日期	大型金融机构（%）		中小金融机构（%）	
		调整前	调整后	调整前	调整后
2007/7/30	2007/8/15	11.50	12.00	11.50	12.00
2007/9/6	2007/9/25	12.00	12.50	12.00	12.50
2007/10/13	2007/10/25	12.50	13.00	12.50	13.00
2007/11/10	2007/11/26	13.00	13.50	13.00	13.50
2007/12/8	2007/12/25	13.50	14.50	13.50	14.50
2008/1/16	2008/1/25	14.50	15.00	14.50	15.00
2008/3/18	2008/3/25	15.00	15.50	15.00	15.50
2008/4/16	2008/4/25	15.50	16.00	15.50	16.00
2008/5/12	2008/5/20	16.00	16.50	16.00	16.50
2008/6/7	2008/6/25	16.50	17.50	16.50	17.50
2008/9/15	2008/9/25	17.50	17.50	17.50	16.50
2008/10/8	2008/10/15	17.50	17.00	16.50	16.00
2008/11/26	2008/12/5	17.00	16.00	16.00	14.00
2008/12/22	2008/12/25	16.00	15.50	14.00	13.50
2010/1/12	2010/1/18	15.50	16.00	13.50	13.50
2010/2/12	2010/2/25	16.00	16.50	13.50	13.50
2010/5/2	2010/5/10	16.50	17.00	13.50	13.50
2010/11/9	2010/11/16	17.00	17.50	13.50	14.00
2010/11/19	2010/11/29	17.50	18.00	14.00	14.50
2010/12/10	2010/12/20	18.00	18.50	14.50	15.00%
2011/1/14	2011/1/20	18.50	19.00	15.00	15.50
2011/2/18	2011/2/24	19.00	19.50	15.50	16.00
2011/3/18	2011/3/25	19.50	20.00	16.00	16.50
2011/4/17	2011/4/21	20.00	20.50	16.50	17.00
2011/5/12	2011/5/18	20.50	21.00	17.00	17.50
2011/6/14	2011/6/20	21.00	21.50	17.50	18.00
2011/11/30	2011/12/5	21.50	21.00	18.00	17.50
2012/2/18	2012/2/24	21.00	20.50	17.50	17.00
2012/5/12	2012/5/18	20.50	20.00	17.00	16.50

续表

公布时间	生效日期	大型金融机构（%）		中小金融机构（%）	
		调整前	调整后	调整前	调整后
2015/2/4	2015/2/5	20.00	19.50	16.50	16.00
2015/4/19	2015/4/20	19.50	18.50	16.00	15.00
2015/6/27	2015/6/28	18.50	18.00	15.00	14.50
2015/8/26	2015/9/6	18.00	17.50	14.50	14.00
2015/10/23	2015/10/24	17.50	17.00	14.00	13.50
2016/2/29	2016/3/1	17.00	16.50	13.50	13.00
2017/9/30	2018/1/25	17.00	15.50	13.00	12.00
2018/4/17	2018/4/25	15.50	14.50	12.00	11.00
2018/6/24	2018/7/5	14.50	14.00	11.00	11.00
2018/10/7	2018/10/25	14.00	13.00	11.00	10.00

数据来源：根据中国人民银行网站整理。

第三节　中国的存款准备金计算及改革

存款准备金是商业银行现金资产的主要构成部分。存款准备金包括两个部分：一是按照中央银行规定的比例上交的法定存款准备金，二是准备金账户中超过了法定存款准备金的超额准备金。因此，存款准备金的管理，包括满足中央银行法定存款准备金要求和超额准备金的适度规模控制两个方面。法定存款准备金是根据商业银行存款余额，按照法定的比率向中央银行交存的准备金。法定存款准备金管理，主要是准确计算法定存款准备金的需要量和及时上交的准备金。西方国家的商业银行，计算法定存款准备金需要量的方法有两种，一种是滞后准备金计算法，主要适用于对非交易性账户存款的准备金计算；另一种是同步准备金计算法，主要适用于对交易性账户存款的准备金计算。

滞后准备金计算法是根据前期存款负债的余额，确定本期准备金需要量的方法。按照这种方法，银行应以两周前的 7 天作为基期，以基期的实际存款余额为基础，计算准备金持有周应持有的准备金的平均数。如某银行在某年 2 月 6 日（星期四）至 12 日（星期三）期间的非交易性存款平均余额为 50 000 万元，按照 8% 的存款准备金率，该行在该年 2 月 20 日到 26 日一周中，应保持的准备金平均余额为 4 000 万元。

同步准备金计算法是指以本期的存款余额为基础计算本期的准备金需要量的方法。通常的做法是：确定两周为一个计算期，如从某年 2 月 4 日（星期二）到 2 月 17 日（星期一）为一个计算期，计算在 14 天中银行交易性账户存款的日平均余额。准备金的保持期从该年 2 月 6 日（星期四）开始，到 2 月 19 日（星期三）结束。在这 14 天中的准备金平均余额以 2 月 4 日到 17 日的存款平均余额为基础计算。

一、中国存款准备金计算改革

（一）时点法考核向平均法考核的过渡改革

2015 年 9 月，中国人民银行发布公告称，改革存款准备金考核制度，由时点法改为平均法。平均法是指在维持期内，金融机构按法人存入的存款准备金日终余额算术平均值与准备金考核基数之比，不得低于法定存款准备金率。同时，为促进金融机构稳健经营，存款准备金考核设每日下限。即维持期内每日营业终了时，金融机构按法人存入的存款准备金日终余额与准备金考核基数之比，可以低于法定存款准备金率，但幅度应在 1 个（含）百分点以内。

例如，一般银行都是每旬（10 天）上缴一次存款准备金。未改革之前，银行根据每旬末时点的存款总额计算需至少缴纳的准备金金额 A（=法定存款准备金率×每旬末存款总额），然后在 5 日后向中国人民银行足额缴纳存款准备金 A，且在此后新的一旬内，存款准备金日终余额都不得低于 A。2015 年改革之后，银行不需每日都保证存款准备金不低于 A，只要在新的一旬内，日均达到 A 即可，允许存在某一日存款准备金不足 A 的情况。但同时，中国人民银行又要求，某一日存款准备金不足的下限，是低于法定存款准备金率 1 个百分点之内。

（二）考核基数的改革

从 2016 年 7 月 15 日起，中国人民银行调整中国存款准备金考核办法。中国人民银行发布公告称，为进一步完善平均法考核存款准备金，增强金融机构流动性管理的灵活性，平滑货币市场波动，自 2016 年 7 月 15 日起，人民币存款准备金的考核基数由考核期末一般存款时点数，调整为考核期内一般存款日终余额的算术平均值。同时，按季交纳存款准备金的境外人民币业务参加行存放境内代理行人民币存款，其缴存基数也调整为上季度境外参加行人民币存放日终余额的算术平均值。根据改革要求，2015 年改革后的存款基数仍是时点概念，即以"每旬末这一时点的存款总额"确定下一旬需缴纳的存款准备金。本次改革后，存款基数也由时点法变为平均法，即每旬内一般存款日余额的算数平均数。时点法改为平均法最大的好处就是可以提高金融机构流动性管理的灵活性，平滑货币市场的波动。

二、改革的目的和意义

对存款准备金实施平均法考核的同时，辅以日终透支上限管理，目的主要是提高金融机构管理流动性的灵活性和便利性，而不是增强透支能力。改革后的考核制度有助于金融机构平衡好资金运用效率与流动性安全的关系，督促其不断提高流动性管理的主动性和科学性，也有利于平滑货币市场波动。

对于本次改革的升级版，考核基数改为平均法后，尤其是对境外人民币业务参加行存放境内代理行人民币存款准备金的考核基数也实施平均法，这有利于防止银行在考核期末的异常资金波动。存款准备金基数的调整有助于银行降低资金备付率、提高超额准备金的利率效率。

案例　银行库存现金资产管理

一、邯郸农业银行 5 100 万元被盗案背景

2007 年 9 月 19 日上午 9 时，邯郸市中级人民法院。法槌响处，中院院长、邯郸金库被盗案审判长许广为庄严宣布任晓峰、马向景判处死刑，至此，这起新中国成立以来涉案金额最大的银行金库监守自盗案有了初步结果。邯郸中院根据邯郸农业银行四位金库守护人的表现，一审法院做出判决：对任晓峰数罪并罚，决定执行死刑，剥夺政治权利终身，并处没收个人全部财产；马向景死刑，剥夺政治权利终身，并处没收个人全部财产；赵学楠判处有期徒刑五年。唯有老库管员张强，因为很快退出，补交库款并及时自首，被从宽处理，判处有期徒刑二年，缓刑二年。

2006 年 10 月，当任晓峰第一次将手伸向金库时，跟他一起的还有涉案人张强（被判缓刑）。那时，任晓峰还是调度员，张强和赵学楠（有期徒刑五年）做管库员，银行内部规定，两个管库员一起才能够打开金库的门。任晓峰和赵学楠谋划偷金库现金买彩票获利的"暴富"之路后，劝导张强一起加入。面对金钱的诱惑，考虑到朋友义气，张强同意了。三人于 2006 年 10 月 13 日窃取金库现金 10 万元，任晓峰到彩票投注站购买彩票，他的手气似乎很好，投入 2 万多元中奖 10 万元。但是，当任晓峰把中奖款和剩余库款再去买彩票时，却没有那么

幸运了。为了填平亏空，几天后，三人再次从金库中窃取10万元，结果又是血本无归。这时，张强害怕了，决意退出，并表示自愿补平库款。此后，任晓峰、赵学楠继续购买彩票中奖21万元，他俩对张强隐瞒了中奖的事。2006年10月23日，任晓峰从所中彩金中拿出18万元，张强则个人筹资2万元，将20万元归还金库。张强从此收手，看上去是吃了亏。但尝到甜头的任晓峰却一发不可收拾，因为银行很快就调整了岗位，他和马向景掌握了金库的钥匙，他说服马，俩人打开金库大门，从此肆意作为，任晓峰买彩票，马向景在单位守库。从偷盗5万元下注开始，到10万元、20万元、上百万元……从2007年3月中旬至4月14日，任晓峰、马向景二人几乎每天从农业银行金库拿钱，其中，4 500余万元用于购买彩票。但只有两次中奖，一次中8.5万元，一次中1.8万元。任晓峰只分给马向景1万元，又把剩下的钱继续购买彩票。直到4月14日晚上9时许，最后中奖的希望落空，两人分头潜逃，但随即落网。

二、案例分析

邯郸农业银行金库的4 500万元现金如何变成废彩票，管库员的选择很重要。任晓峰好赌，马向景则嗜酒贪玩，单位却不经考察而把关键岗位的金库钥匙交到两个人手里。行里居然做出让"老鼠看粮仓"的决定，本来就手痒难耐的任晓峰和对他非常信任的马向景成了管库员。任晓峰掌握主钥匙和密码，马向景掌握副钥匙，俩人一起便可以打开金库，监守自盗就无法避免了。此外，邯郸农业银行的金库管理制度没有很好的落实和执行，是这桩案件透露出来的最大漏洞。在邯郸农业银行金库案案发后，各地银行也将这一点提到了重要工作日程。

第一，银行规定的定期查库制度形同虚设，只在作案初期遇到过一次查库，也没查出问题。此后，存放国家巨款的金库便任两个人为所欲为了。人们注意到，在任、马作案之初，他们还有所顾忌，盗出库款后通过少记账、虚开调拨单的方法防备查库。但随着几次轻易得手，他们的胆子越来越大，在光天化日之下就从金库往外搬运巨款，而作案的工具是普通的塑料袋、挎包。到后来，任晓峰直接用提包装款。

第二，监控录像失灵。其间现金库内连规定安装的监控录像设备都没有，金库门口的监控录像系统从2007年4月2日就已经损坏，却直到4月10日才维修，而且由于设备老化，电脑主板和硬盘损坏，回放录像都无法观看。直到案发后，当工作人员打开由任、马二人管理的金库时，发现5 100万元现金不见了，出现在他们面前的，竟是装满成捆未中奖彩票的塑料袋。

第三，上级监管部门应付了事，缴库制度形同虚设。在案发前，河北省银监局在对邯郸农业银行业务操作风险管理现场检查后就曾提出意见书，指出"查库登记不完善"，"现金出入库交接手续不全"等问题，而在 2007 年 3 月 5 日，邯郸银监分局意见书指出"查库制度流于形式"。如果这些问题早点发现，可以减少国家损失。按照银行现金保管规定，每天上午须将大额库存款送交人民银行。由于任、马二人盗款，连续多日无法正常向人民银行送交，对此，邯郸农业银行现金管理中心竟无一人过问。

三、案例启示

该案带给我们的反思，归根究底是因为金库管理流于形式。这些流于形式、层层失守的管理和监督，最终成就了这些荒唐的金库大盗。因此，商业银行在现金管理过程中，必须坚守原则，完善落实各项规章制度，监察到位，并按有关规定严格管理金库。

思考题

1. 中国存款准备金制度是如何变迁的？
2. 中国存款准备金政策应用及效应分析。
3. 定向存款准备金率对信贷投向的影响研究。
4. 法定存款准备金如何计算？
5. 中国为什么频繁调整存款准备金率。
6. 现金/收入比与第三方支付的关系。
7. 存款准备金率对银行绩效的影响。
8. 现金与第三方支付的关系研究。
9. 第三方支付视角下电子货币对现金替代作用的实证研究。
10. 第三方互联网支付对货币流通速度（货币供应量/货币政策）影响的实证分析。

第五章　商业银行企业贷款业务

第一节　贷款业务概述

一、贷款及其种类

银行贷款是商业银行作为贷款人按照一定的贷款原则和政策，以还本付息为条件，将一定数量的货币资金提供给借款人使用的借款行为。这种借款行为由贷款的对象、条件、用途、期限、利率和方式等因素构成。这些因素的不同组合形成了不同的贷款种类。

从银行经营管理的需要出发，可以对银行贷款按照不同的标准进行分类。

（一）按贷款期限分类

商业银行具有固定偿还期限的贷款，按期限分类可分为短期贷款、中期贷款和长期贷款三类。短期贷款是指期限在一年以内（含一年）的各项贷款；中期贷款是指期限在一年（不含一年）以上五年（含五年）以内的各项贷款；长期贷款指期限在五年（不含五年）以上的各项贷款。

以贷款期限为标准划分贷款种类，一方面有利于监控贷款的流动性和资金周转状况，使银行长短期贷款保持适当的比例；另一方面，也有利于银行按资金偿还的长短安排贷款顺序，保证银行信贷资金的安全。

（二）按贷款的保障条件分类

按银行贷款的保障条件分类，可以分为信用贷款、担保贷款和票据贴现。

信用贷款是指银行完全凭借客户的信誉而无须提供抵押物或第三方保证而发放的贷款，这类贷款从理论上讲风险较大，因此，银行要收取较高的利息，且一般只向银行熟悉的较大公司借款人提供,对借款人的条件要求较高。

担保贷款是指具有一定的财产或信用作还款保证的贷款。根据还款保证的不同,可分为抵押贷款、质押贷款和保证贷款。抵押贷款是指按《中华人民共和国担保法》规定的抵押方式,以借款人或第三者的财产作为抵押发放的贷款;质押贷款是指按《中华人民共和国担保法》规定的质押方式以借款人或第三者的动产或权利作为质物发放的贷款;保证贷款是指按《中华人民共和国担保法》规定的保证方式,以第三人承诺在借款人不能偿还贷款时,按约定承担一般保证责任或者连带责任而发放的贷款。

票据贴现是贷款的一种特殊方式,是指银行应客户的要求,以现款或活期存款买进客户持有的未到期商业票据的方式发放的贷款。票据贴现实行预扣利息,票据到期后,银行可向票据载明的付款人收取票款。如果票据合格,且有信誉良好的承兑人承兑,这种贷款的安全性和流动性都比较好。

依据提供的保障程度划分贷款种类,可以使银行依据借款人的财务状况和经营发展业绩选择不同的贷款方式,以提高贷款的安全系数。

(三) 按贷款的用途分类

按照中国的习惯做法,通常有两种分类方法。

第一,按照贷款对象的部门分类为:工业贷款、商业贷款、农业贷款、科技贷款和消费贷款。

第二,按照贷款的具体用途划分,一般分为流动资金贷款和固定资金贷款。

按照贷款方用途分类,首先,有利于银行根据资金的不同使用性质安排贷款顺序。一般说来,银行贷款首先应当满足企业生产性流动资金的需要,然后安排用于企业固定资产投资资金的需要。其次,有利于银行监控贷款的部门分布结构,以便银行合理安排贷款结构,防范贷款风险。

(四) 按贷款的偿还方式分类

银行贷款按照其偿还方式不同,可以划分为一次性偿还和分期偿还两种方式。

一次性偿还是指借款人在贷款到期日一次性还清贷款,其利息可以分期支付,也可以在归还本金时一次性付清。

分期偿还贷款是指借款人按规定的期限分次偿还本金和支付利息的贷款。

按贷款偿还方式划分贷款种类,一方面有利于银行监测贷款到期和贷款收回情况,准确预测银行头寸的变动趋势;另一方面,也有利于银行考核利息率,加强对应收利息的管理。

(五) 按贷款的质量 (或风险程度) 分类

按照贷款的质量和风险程度划分,银行贷款可以分为正常贷款、关注贷款、次级贷款、可疑贷款和损失贷款五类。

(1) 正常贷款是指借款人能够履行借款合同,有充分把握按时足额偿还本息的贷款。这类贷款的借款人财务状况无懈可击,没有任何理由怀疑贷款的本息偿还会发生任何问题。

(2) 关注贷款是指贷款的本息偿还仍然正常,但是发生了一些可能会影响贷款偿还的不利因素。如果这些因素继续下去,则有可能影响贷款的偿还,因此,需要对其进行关注,或对其进行监控。

(3) 次级贷款是指借款人依靠其正常的经营收入已经无法偿还贷款的本息,而不得不通过重新融资或拆东墙补西墙的办法归还贷款,表明借款人的还款能力出现了明显的问题。

(4) 可疑贷款是指借款人无法足额偿还贷款本息,即使执行抵押或担保,也肯定要造成一部分损失。这类贷款具备了次级贷款的所有特征,但是程度更加严重。

(5) 损失贷款是指在采取了所有可能的措施和一切必要的法律程序之后,本息仍无法收回,或只能收回极少部分。银行已没有意义将这类贷款继续保留在资产账面上,应当在履行必要的内部程序之后,立即冲销。

按照贷款的质量或风险程度划分的意义在于:首先,有利于加强贷款的风险管理,提高贷款质量。按贷款质量或风险程度科学合理地划分贷款种类,不仅可以帮助识别贷款的内在风险,还有助于发现信贷管理、内部控制和信贷文化中存在的问题,从而有利于银行提高信贷管理水平,帮助银行的稳健运行。其次,有利于金融监管部门对商业银行进行连续有效的监管。没有按贷款质量的分类,监管部门的并表监管、关于资本充足率的要求、对流动性的监控等,都将失去基础。

(六) 按银行发放贷款的自主程度分类

按银行发放贷款的自主程度划分,银行贷款可以分为自营贷款、委托贷款和特定贷款三种。

自营贷款是指银行以合法方式筹集资金自主发放的贷款,这是商业银行最主要的贷款。由于是自主发放,因此,贷款风险及贷款本金和利息的回收责任都由银行承担。

委托贷款是指由政府部门、企业单位及个人委托人提供资金,由银行(受托人）根据委托人确定的贷款对象、用途、金额、期限、利率等代为发放、监督使用并协助收回的贷款。这类贷款银行不承担风险，通常只收取委托人付给的手续费。

特定贷款是指经国务院批准并对可能造成的损失采取相应的补救措施后，责成国有独资商业银行发放的贷款。这类贷款由于事先已经确定了风险损失的补偿，银行也不承担风险。

按照银行发放贷款的自主程度划分贷款种类，有利于银行根据不同的贷款性质实行不同的管理办法；同时，也有利于考核银行信贷人员的工作质量，加强信贷人员的责任心。

（七）其他分类方法

除以上分类外，商业银行的贷款分类还可以按利率进行划分，分为固定利率贷款和浮动利率贷款；按借款的企业规模分类，分为大型企业贷款和中小企业贷款；按照币种进行划分，分为本币贷款与外币贷款等。

二、贷款流程

商业银行的贷款流程主要包括七个方面。

（1）贷款申请。包括开立账户，借款提交申请书，提供借款人基础资料。

（2）贷款调查和信用评估。银行信贷部门调查岗信贷人员根据借款申请人的资料，按照5C原则，对借款人的信用进行评估，并实地走访，评价贷款的可行性，形成信用评估调查报告。

（3）贷款审批。银行信贷部门审查岗信贷人员把调查形成的申请报批书，及申请材料按照《贷款通则》及《三办法一指引》（《流动资金贷款管理暂行办法》《个人贷款管理暂行办法》《固定资产贷款管理暂行办法》《项目融资业务指引》），对该笔借款的合规性进行审查，并提交审贷委员会进行信贷决策。

（4）签订合同。经过审批的贷款，借款人与银行签订借款合同，同时有抵押的要签订抵押合同，有保证担保的要签订保证合同，银行信贷人员要随同借款人去公证处做公证和抵押登记手续。

（5）贷款发放。银行工作人员根据合同内容填写借据，将贷款发放到企业或个人的银行账户中。

（6）贷款检查和回收。贷款后管理监管贷款的使用，确保资金的流向按照借款的需求进行，按季收取利息，在贷款到期前确保贷款的回收。

(7) 信贷档案管理。贷款档案是银行贷款管理过程的详细记录,体现银行经营管理水平和信贷人员的素质,可反映贷款的质量,在一些情况下,甚至可以决定贷款的质量。一套完整的贷款档案管理制度通常应包括以下内容:

1) 贷款档案的结构及其应包括的文件。
2) 贷款档案的保管责任人。
3) 明确贷款档案的保管地点,对法律文件要单独保管,应保存在防火、防水、防损的地方。
4) 明确贷款档案存档、借阅和检查制度。

在贷款过程中,商业银行除了以上流程必须遵守外,还应该坚持审贷分离制、贷款分级审批制度、贷款比率控制制度、贷款的日常管理和催收制度、不良贷款的管理制度,等等。

三、贷款定价

商业银行的贷款定价基本上是在中国人民银行公布的基准利率基础上进行浮动。2013 年中国基本实现了贷款利率市场化,商业银行掌握了贷款定价的自主权,表 5-1 为 2015 年 10 月 24 日利率调整后中国人民银行公布的贷款基准利率。

表 5-1 金融机构贷款基准利率表

利率项目	年利率(%)
六个月以内(含 6 个月)	4.35
六个月至一年(含 1 年)	4.35
一至三年(含 3 年)	4.75
三至五年(含 5 年)	4.75
五年以上贷款	4.90

数据来源:中国人民银行网站。

(一)贷款定价原则

贷款定价有四个原则。

(1) 利润最大化原则。存贷利差是商业银行利润的主要来源,也是商业银行生存的基础。

(2) 扩大市场份额原则。商业银行追求利润最大化目标,必须建立在市场份额不断扩大的基础上。

(3) 保证贷款安全原则。贷款定价最基本的要求是使贷款收益能够足以弥补贷款的各项成本。贷款的风险越大，贷款成本就越高，贷款价格也就越高。

(4) 维护银行形象原则。银行严格遵循国家有关法律、法规和货币政策、利率政策的要求，不能利用贷款价格搞恶性竞争，破坏金融秩序的稳定，损害社会整体利益。

(二) 影响贷款定价的因素

对贷款定价犹如确定普通商品的销售价格，其目的是保证银行可取得预期收益。贷款定价的核心是确定贷款利率的高低。

从理论上讲，在一个竞争的借贷市场中，尽管银行是产品生产者和销售者，但银行并不能漫天要价，贷款利率高低是由借（需）、贷（供）双方决定的，供给曲线与需求曲线的交点即是双方可接受的价格，一旦其中任何一方的力量发生变化，借贷供给曲线将随之移动，贷款利率将随之变化。在供给不变的情况下，当贷款需求增加时，需求曲线将向右移动，贷款利率上升；而在需求不变的情况下，当贷款能力增加时，供给曲线向右移动，供给曲线的交点随之移动，从而贷款利率下降。具体来说，影响贷款定价的因素主要有10个方面。

1. 存款及其他资金来源的成本

银行贷款是依靠存款等资金来源支撑的，银行通过负债形成资金来源（资本可看作是银行对自己的特殊负债），再通过贷款形成资金运用，从这个意义讲，银行是一个销售商，其"进货"成本是决定其"出货"价格的主要因素。负债成本低，贷款价格就低；反之，负债成本高，贷款价格就高。因此，银行贷款定价实行的是"高进高出，低进低出"策略。

2. 非利息手续费收入

非利息手续费收入有四项。

(1) 开户费，即银行对借入最高借款人开立账户收取的费用。

(2) 承诺费，在循环信贷方式中，银行对借入人最高借款限额内可使用而没使用的贷款额要收取一定比例的费用，称为承诺费。

(3) 补偿余额，即银行要求借入人在贷款前或贷款后，存入一定的资金，作为取得贷款的前提条件，对借入人而言，并不能全额使用资金；对银行来讲，在贷款同时，又获得可运用的资金来源，可以获得盈利。补偿性余额是银行要求借款人在银行中保持按贷款限额或实际借用额一定百分比（一般为10%至20%）计算的最低存款余额。补偿性余额有助于银行降低贷款风险，补偿其可能遭受的风险；对借款企业来说，补偿性余额则提高了借款的实际利率，加重了企业的利息负担。

补偿性余额贷款实际利率＝名义利率／（1-补偿性余额）

例如：企业采用补偿性余额借款 1 000 万元，名义利率为 12%，补偿性余额比率为 10%。那么企业实际可以利用的借款额为 1 000×（1-10%）= 900 万元，实际利率 = 年利息/实际可用借款 = 名义利率/（1-补偿性余额比率）= 12%÷（1-10%）= 13.33%

（4）其他费用。如信用评估，抵押物评估、保管，收贷等费用。在贷款收益目标一定的情况下，贷款利率高，贷款非利息收入就低；反之，则升高。

3. 业务费用

业务费用指银行为贷款而筹集的资金，以及贷款本身所投入的人力、物力、财力等消耗进行的补偿，包括与开展业务有关的所有开支，如员工工资、办公用品、交通、通信等费用。

4. 管理政策

对借款利率进行管制，如确定贷款利率上限，是许多国家在经济恢复时期的通行做法，商业银行贷款利率只能在上限以下浮动，上限便成为贷款的最高限价。

5. 借款人的信用等级

借款人信用高低是影响每笔贷款的具体因素。一般来讲，对于同一类借款，借款人信用等级高，贷款人的风险就小，从而利率（或定价）就低；反之，借款人信用等级低，意味着贷款人风险高，因此，银行要收取更高的利率作为补偿。

6. 贷款期限及方式

贷款期限短，流动性强；风险小，利率一般就低；反之，则高。贷款方式也是决定贷款风险高低的重要因素，一般来讲，担保贷款风险低，贷款利率就低；信用贷款风险高，利率也就高。这反映了收益与风险互补的关系。

7. 通货膨胀

贷款合同所定利率实际上只是名义利率，合同利率高，并不意味着银行的贷款收入就高，关键还看当期通货膨胀率。三者之间的关系是：

$$实际贷款利率 = 名义贷款利率 - 当期通货膨胀率$$

当通货膨胀率高时，银行为保证目标收益，贷款利率就高；反之，则可低些。

8. 中央银行基准利率

中央银行基准利率变化将直接引起商业银行融资成本的变化，从而使商业银行贷款定价发生变动。

9. 银行目标收益率

一般来说，目标收益率越高，定价越高。

10. 借款人和银行的关系

借款人与银行保持良好的关系，能够获得优惠利率。

(三) 贷款定价法

商业银行的定价方法很多，主要的定价方法有四种。

1. 差额定价法

差额定价法是指以借入资金成本加目标收益决定贷款利率的方法。即：每单位贷款利率＝每单位资金成本＋每单位目标收益，在实际工作中，通常采用以存款利差为目标收益，根据存款利率确定贷款利率的定价方法。

2. 成本加成贷款定价法

成本加成贷款定价法是根据银行贷款的成本确定贷款价格的方法。成本加成贷款定价认为，任何商业性贷款均应包括四个部分。

（1）银行筹集可贷资金的成本。

（2）银行的非资金性经营成本（包括贷款人员的工资以及发放和管理贷款时使用的设备、工具等成本）。

（3）对银行由于贷款可能发生的违约风险做出必要的补偿。

（4）为银行股东提供一定的资本收益率所必需的每一贷款项目的预期利润水平。

成本加成贷款定价法的公式为：

$$贷款利率＝筹集放贷资金的边际成本＋非资金性银行经营成本＋预计补偿违约风险的边际成本＋银行预计利润水平$$

例如：某钢铁制造公司要求银行给予 500 万美元的银行贷款，如果银行为了筹款必须在货币市场上以 10% 的利率卖出大额可转让存单，筹集资金的边际成本就是 10%。银行分析、发放及监管这项贷款的非资金性经营成本约为 500 万美元的 2%，银行信贷部门建议为了补偿贷款不能及时全额偿付的风险再加上 500 万美元的 2%。最后，银行要求在该项贷款的财务、经营和风险成本之上再加上 1% 的利润水平，这样，这家银行就以 15% 的利率水平（10%＋2%＋2%＋1%＝15%）发放这笔贷款。

3. 优惠加数与优惠乘数定价法

优惠加数与优惠乘数定价法又称价格领导模型，即贷款利率＝优惠利率＋违约风险溢价＋期限风险溢价。

对银行来讲，信用等级不同，贷款风险也不同。信用等级高，贷款风险低，从而利率低；反之，则高。银行贷款定价的一种做法是，首先确定对银行信用等级最高企业的贷款利率，即优惠利率，然后对不同信用等级的借款人在优惠利率基础上向上浮动。浮动的方式有两种，一是用加数，二是用乘数。两种方法求出的贷款利率有一定差异。前者是用优惠利率加上一个比率构成贷款利率，后者是用优惠利率乘以一个数值得到贷款利率。举例如表 5-2 所示。

表 5-2 优惠加数与优惠乘数定价法

优惠利率（%）	加数利率（优惠利率+2%）	乘数利率（优惠率×1.2）
10	12	12
11	13	13.2
12	14	14.4
13	15	15.6
14	16	16.8
15	17	18

4. 交易利率定价法

交易利率定价法是以交易利率，如同业拆借利率、国库券利率、大额存单利率为基础，再加上利息确定贷款利率。由于交易利息是可变的，所以在加息率一定的情况下，贷款利率随交易利率变化而变化。按交易利率定价的贷款具有利率可变、分段期限可变的特点。按交易利率定价的贷款是一种可变贷款利率，既给借款人按市场利率变动的自由选择权，又能保证银行得到稳定的利差，较好地克服了固定利率给借贷双方带来的利率风险。

例如：20 世纪 70 年代以伦敦银行同业拆借利率计算贷款利率的方法，表 5-3 显示的是 1997 年 12 月 16 日星期三，伦敦同业银行拆借利率的年利率报价。

表 5-3 伦敦银行同业拆借利率报价表

期限	利率（年利率%）
一个月	5.96
3 个月	5.91
6 个月	5.91
1 年	6.00

假如某大公司欲借数百万美元的贷款，期限为三个月，那么以伦敦银行同业拆借利率为基准的贷款利率＝伦敦银行同业拆借利率＋违约风险溢价＋利润＝5.91%+0.125%+0.125%＝6.16% 为这笔贷款的利率报价。

按交易利率定价的贷款与浮动贷款利率相比，两者的共同点是：分段计息，利率可变。不同之处在于：第一，分段不同。浮动利率贷款的分段期限是合同中载明的，而交易利率定价法中的分段期限由借款人选择。第二，计息基础不同。浮动利率贷款的计息基础是事先在合同中规定的，是唯一的；而交易利率种类不唯一，时而以国库券利率为基础，时而以同业拆借或大额存单利率为基础。

四、中国商业银行贷款定价分析

中国商业银行的贷款定价在利率市场化之前主要是按照中国人民银行的基准利率进行定价，随着贷款利率上限的放开，进一步放开下浮的比率，商业银行的贷款定价越来越具有主动权。2013年7月20日起全面放开金融机构贷款利率管制，取消金融机构贷款利率0.7倍的下限，由金融机构根据商业原则自主确定贷款利率水平。因此，商业银行的定价方式趋于灵活，但传统定价方式仍居于主导地位。

目前，中国商业银行的贷款定价中，基准利率浮动（或加点）法在贷款定价中处于主导地位。中国人民银行进行的80家样本银行的调查显示，70家银行贷款定价采用基准利率浮动法，占样本总量的87.5%。实际操作中，主要以中国人民银行公布的同期限贷款利率为基准利率，结合自身实际情况选择若干个贷款定价影响因素并分别赋予一定的权重，在此基础上加权计算得出浮动系数。在计算浮动系数时，65家银行考虑了客户信用评级和贷款担保方式，48家银行考虑了合作紧密度、日均存贷比、中间业务收入贡献度等客户综合贡献情况，28家银行考虑了贷款客户所处的行业类型，25家银行考虑了所在地区的市场竞争程度以及市场利率水平。此外，还有少数银行考虑了宏观经济金融环境、贷款品种、贷款金额等因素。

成本加成（或目标利润）定价法在贷款定价中也有一定运用。调查显示，10家银行贷款定价采用成本加成定价法，占样本总量的12.5%。实际操作中，普遍以付出的资金成本、分摊的经营费用、预期的风险损失、计划的目标利润为基础确定指导利率，并根据市场利率水平、同业竞争程度、经营发展战略等进行灵活调整。在计算贷款成本时，10家银行考虑了付出的资金成本和预期的风险损失，5家银行同时考虑了贷款业务类型及其经济资本耗用水平。在选择调整因素时，7家银行考虑了客户综合贡献情况，5家银行考虑了所在地区的同业利率水平。

总体来看，各样本银行贷款定价基本体现了成本、风险与收益相匹配的原则。随着商业银行管理会计信息系统和经济资本管理系统建设的逐步推进，客户综合回报定价法、风险调整资本收益率定价法等，更加精细化的贷款定价方式受到高度重视，大多数银行已将其提上定价机制建设日程（见表5-4）。

表 5-4　2018 年 1—12 月金融机构人民币贷款利率区间占比（%）

月份	下浮	基准	上浮					
			小计	(1, 1.1]	(1.1, 1.3]	(1.3, 1.5]	(1.5, 2.0]	2.0 以上
1 月	11.89	20.31	67.80	16.45	19.67	12.32	12.11	7.26
2 月	12.50	18.83	68.67	15.98	18.66	12.88	12.65	8.50
3 月	9.61	16.04	74.35	15.86	21.29	14.00	14.53	8.68
4 月	10.38	15.15	74.47	15.77	21.12	14.13	14.72	8.73
5 月	9.03	14.36	76.61	16.60	20.85	14.39	15.65	9.12
6 月	9.93	14.83	75.24	15.19	21.36	14.10	16.32	8.27
7 月	9.59	14.08	76.33	14.96	21.08	14.07	16.63	9.59
8 月	11.87	13.33	74.81	13.20	20.53	14.23	16.31	10.55
9 月	12.60	13.64	73.76	12.79	21.26	13.87	16.06	9.78
10 月	12.91	14.40	72.69	12.15	19.73	13.22	16.49	11.10
11 月	14.92	14.87	70.21	12.39	19.71	13.12	15.28	9.70
12 月	16.27	18.47	65.26	13.59	17.81	11.52	13.89	8.45

资料来源：《中国人民银行货币政策执行报告》。

从表 5-4 中 2018 年的实际利率定价看，上浮利率占到 70% 以上，其中又以上浮 10%~30% 比例较多。

第二节　中国商业银行主要的贷款风险

近年来，中国的商业银行不良贷款呈上升趋势。中国商业银行不良贷款率变化趋势如表 5-5、图 5-1 所示。

表 5-5　商业银行不良贷款率及其比率（2006—2015）

年	2006	2007	2008	2009	2010	2011	2012	2013	2014	2015
不良贷款余额（亿元）	12 550	12 685	5 602	4 973	4 336	4 279	4 929	5 921	8 426	12 700
不良贷款率（%）	7.1	6.2	2.4	1.6	1.13	0.96	0.95	1.00	1.25	1.67

资料来源：根据银监会年报资料整理。

从表 5-5 中可以看出，2011 年前不良贷款余额和不良贷款率均呈现明显的下降趋势，这主要是由于四大资产管理公司的成立和银监会的监管作用。其中，政策性剥离不良贷款对不良贷款率的降低起到了很大的作用，以中国农业银行为

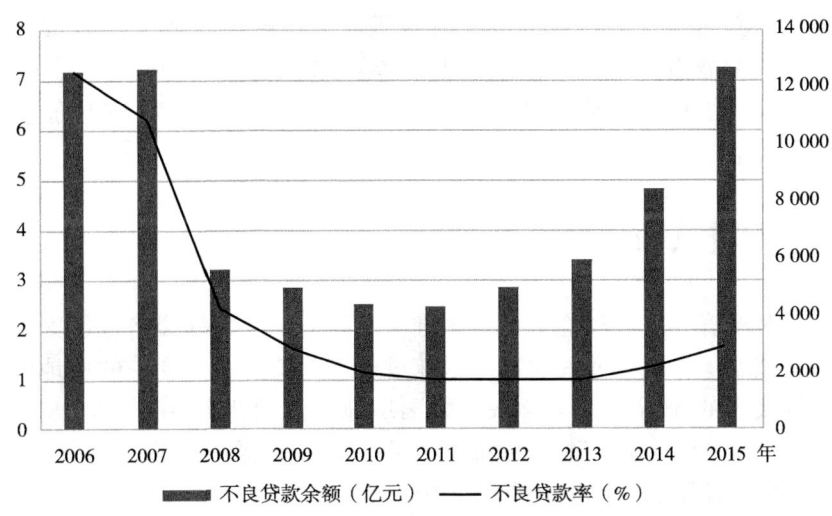

图 5-1 不良贷款额和不良贷款率
资料来源：根据银监会年报资料整理。

例，2008 年，中国农业银行将账面价值 8 156.95 亿元的不良贷款剥离，使得中国农业银行不良贷款率有了明显的降低，由上一年的 23.57% 降至 4.32%。

2011 年至 2015 年，不良贷款余额和不良贷款率呈现上升趋势，尤其是不良贷款余额，上升趋势明显，主要原因是 2008 年全球性金融危机的爆发，尽管中国政府及时采取了一系列激励政策，然而随着国际贸易额的下降，经济下滑的事实，以及房地产市场的冲击和利率市场化的影响，"供给侧改革"要求去除僵尸企业、去产能，导致不良贷款率和不良贷款余额的增加。除了地方政府融资平台贷款外，中国的贷款风险集中在三个方面。

一、"僵尸企业"及其风险

"僵尸企业"大多都是规模比较大的国有企业。这些企业规模大、员工多，在地方经济中占有比较重要的地位，政府出于维稳等各种考虑，既不让这些企业破产，也难以使其获得新生，只能通过银行或政府的不断输血维持现状。"僵尸企业"所在的行业多是产能过剩行业，从经济效益而言已没有任何存在的必要，但地方出于就业和 GDP 的考虑，不让这些企业破产重组；从产业看，基本属于比较低端的制造业领域，属于一低（低附加值）和"三高"行业；"僵尸企业"大多占有很多政策和信贷资源，债务负担沉重，资产负债表严重恶化。

去产能、清退"僵尸企业"可以总结为五大路径：一是从解决"僵尸企业"入手，关停并转，用产权转让、关闭破产方式加快清理退出；二是剥离、重组，重新配置资源，通过并购重组，可以有效缓解去产能的阵痛，同时重塑企业活力；三是用"腾笼换鸟"的思路换产品、换技术、换新的运营方式，提供有效供给；四是扩大出口，开辟新的市场，从需求端加快去产能；五是加快产能输出，在供给端消化产能。

二、房地产贷款及风险

房地产对经济的发展和稳定都很关键，实际上全世界的经济危机大都起源于房地产泡沫破裂。中国也面临房地产泡沫过于严重的问题，现在的房地产已经引起中国经济太多的滞碍。近十年来，中国房地产涨价大约 10 倍到 15 倍。前几年，银行业推出所谓"房抵贷"的金融商品，就是借款人以房产抵押作为担保，向银行申请的流动资金贷款，诱使许多家庭在名下房贷还未结清的情况下又去购买第二套房。从住房数量看，平均而言，全国家庭自有住房套数平均为 1.044 套，而家庭财富增长也主要来自房产。从 2016 年看，中国居民的房产净值增长达 17.95%，房产净值的增长额已占到家庭人均财富增长额的 68.24%。2016 年 7 月，深圳、南京、上海新房价格同比分别上涨 41.4%、35%、33.1%。不过，家庭债务也因此变得突出。2016 年 7 月人民币贷款增量达 4 636 亿元，其中标明居民房贷的中长期贷款增量高达 4 773 亿元，占信贷总额的比重已经超过 100%。据统计，中国家庭的"负债率"是 58%，即家庭资产超过一半是应用来偿债的。而根据 2017 年中国人民银行《城镇储户问卷调查报告》，"个人房贷每年增速都在 20% 以上"。除房抵贷之外，消费贷、首付贷、个人经营性贷款等产品，都成为房市杠杆资金的来源。中国的房价在高位是不可持续的，除人口结构转变之外，还有一个重要因素是，房价成本转嫁造成的商品普遍昂贵，但政府基于金融风险释放的考虑，有意控制房价的下跌速度和幅度，因此下跌是一个必然、隐形、缓慢的过程；另一方面，中国家庭债务目前已超过 40 万亿元。14 亿人坐拥 450 万亿元存量房产，而净存款只有 26 万亿元，2015 年 11 万亿元新增贷款，主要流向个人住房按揭贷款、基础设施、房地产行业。

另外，房价收入比是国际上衡量房地产是否出现泡沫的通用标准。世界银行提出一个国家比较合理的房价收入比为 4~6，意即住房总价是家庭一年可支配收入的 4~6 倍才算合理。北京的房价收入比是 21.4、厦门是 24.5，位居榜首的是深圳，比例高达 31.7。从该项指标看，中国房地产业的风险不容小觑。

三、股票质押贷款风险

2018 年以来，股票质押风险持续受到关注。Wind 数据显示，截至 2018 年 6

月 22 日，A 股市场仍有 3 349 家公司股票质押尚未解押，占 A 股总数量的 94.93%，股票质押总体规模达 5.36 万亿元；其中质押比例超过 50% 的公司有 128 家，藏格控股、银亿股份、美锦能源等 9 家公司质押比例超过 70%。多股集体拉响质押警报，随着股指剧烈调整，民盛金科、豫金刚石、迪威迅和邦讯技术等公司公告了相关股东质押股票遭遇平仓风险（见图 5-2）。

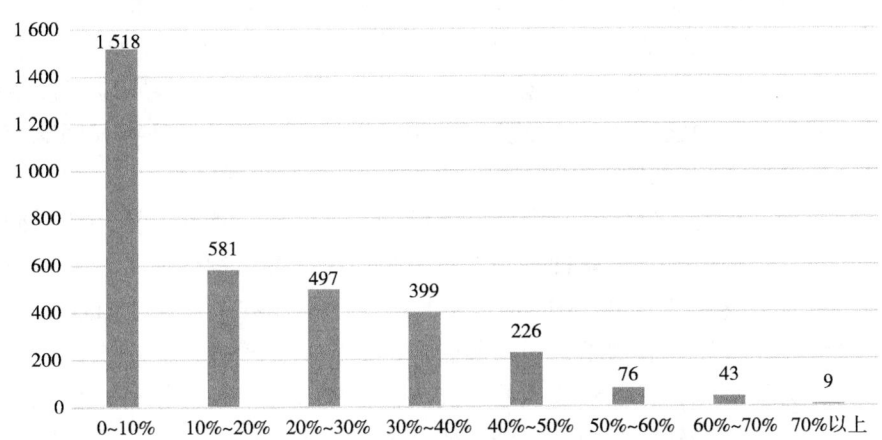

图 5-2　A 股上市公司股权质押分布

资料来源：万德数据库。

其中质押比例（未解押股数占总股本的比例）低于 50% 的有 3 221 只，占比 96.18%，质押比例在 0~10%、10%~20%、20%~30%、30%~40%、40%~50% 的比例，依次为 45.33%、17.35%、14.84%、11.92%、6.75%，质押比例超过 50% 的公司有 128 家，占比不足 4%。质押比例超过 60% 的公司有 52 家，占比为 1.55%，藏格控股、银亿股份、美锦能源、供销大集、茂业商业、海德股份、印纪传媒、天夏智慧、赫美集团 9 家质押比例超过 70%。

股权质押行为带来的风险在两个方面。一是二级市场股票价格下跌带来的风险，追加保证金等操作将直接冲击股东的短期流动性；平仓风险也会损害公司整体的利益以及股权的稳定性，并且影响债券市场对于上市公司发债资质、大股东现金流情况的预期。二是解押期的流动性压力，控股股东如果是母公司或者同为发债企业，对持有股权进行了高比例的质押，那么在进入解押期时，大规模的现金流需求会造成上市公司或者股东的信用压力，甚至出现违约风险。

股权质押达到警戒线甚至平仓线的时候，质押股东一般不会坐视质押股权被强制平仓而不顾。特别是大股东有能力影响上市公司行为时，通常会采取一定措施防止自己遭受财富和公司控制权的双重损失，措施包括：补充质押股权和追加保证金、主动解除质押、停牌重组、释放利好信息等。如果投资者相信上市公司大股东的自救能力，那么在股权质押平仓线等关键价位上，存在着重大的博弈与支撑，可能成为公司股价中短期的底部区间，因此可以买入，等待"大股东自救"带来的投资机会。当然，不可忽视的风险在于，若上市公司大股东无法追缴保证金，则面临被强制平仓和被市场抛售的风险。

随着监管政策持续收紧，对股票质押贷款风险带来的压力凸显。2017年以来，股票质押式回购业务频频拉响警报，部分业务存在脱实向虚的情况，引发了监管部门的关注，相关的监管政策也一直在收紧之中。2018年1月12日，中国证券业协会发布修订后的《证券公司参与股票质押式回购交易风险管理指引》，上海证券交易所与中国证券登记结算有限责任公司发布《股票质押式回购交易及登记结算业务办法（2018年修订）》，自3月12日起正式实施。

股票质押新规的主要修订内容有：限制融入方资质，提高融资门槛，限制融入资金用途，限制单只股票质押集中度，严控质押率等。2018年5月底，中国证券业协会下发的《关于证券公司办理场外股权质押交易有关事项的通知》明确提出，证券公司、证券公司子公司及其管理的集合资产管理计划或定向资产管理客户不得作为融出方参与场外股权质押交易。证券公司不得为银行、信托等其他机构或个人，通过场外市场为上市公司股票质押融资提供盯市、平仓等第三方中介服务；通知自发布之日起实施，发布前已存续合约无须提前了结，已存续合约约定可以延期赎回的，延期期限累计不超过1年。

第三节　绿色信贷在中国的实践

一、绿色信贷的内涵

绿色信贷，就是商业银行要对鼓励类投资项目从简化贷款手续、完善金融服务的角度，积极给予信贷支持。鼓励类投资项目一般是指符合国家产业政策、经济效益好、对环境不产生污染的项目，同时严控对高能耗、高水耗、高污染企业的资金投入，在保护生态环境的同时，确保信贷资金的安全。贯彻落实环境保护等宏观调控政策，促进商业银行以绿色信贷为方向，积极调整信贷结构。中国银监会在2012年出台的《绿色信贷指引》中对绿色信贷的六个方面进行详细的规定，主要为适用主体、绿色信贷组织管理、政策制度及能力建设、绿色信贷流程管理、内控管理与信息披露和监督检查等。指引中绿色信贷政策的提出，为商业银行有效防范法律风险和环境风险指明了道路。商业银行积极响应政策，落实开展相关业务，目前很多商业银行已经在绿色信贷的实施上取得了一定的成果。在具体实施绿色信贷过程中，商业银行为贯彻落实国家节能减排的宏观调控政策，按照"突出重点、区别对待"的信贷政策，构建"绿色贷款"通道，强化对节能环保企业的信贷支持，遏制了高耗能、高污染企业的盲目扩张，收到较好的经济效益和社会效益。

绿色信贷和传统信贷有不同之处，大多数情况下，绿色信贷是以项目为主要的放贷对象，而不像传统信贷是以企业为主要的放贷对象，因此两者的风险评估方式和考量标准也有差异。而且，绿色行业的主要特点是技术变化快，与电子信息产业的情况相似，给商业银行的经营管理带来了技术风险。

二、商业银行开展绿色信贷业务的必要性

（一）绿色信贷在经济发展中发挥重要作用

商业银行开展绿色信贷在中国实现经济可持续发展战略中发挥着重要的作用。近几十年，中国的经济发展严重依赖资源的过度开采和消耗，生态环境呈现不容乐观的趋势，环境保护与经济增长的矛盾日益突出。由于环境资源属于公共物品，产权不清晰，市场机制对环境污染的调控能力是无效的，同时环境污染具有外部不经济性，商业银行实施"绿色信贷"，可以在资金方面把控污染企业的生产经营活动，直接或间接切断资金来源，使得社会资金流向绿色环保产业。由此可见，"绿色信贷"政策能很好地改善环境保护中市场失灵和政府低效的情况，进而促进中国经济可持续发展。

长期以来，中国节能环保产业的发展一直面临着许多问题，其中最突出的问题就是资金匮乏。商业银行可以为环保行业巨大的投资需求提供融资帮助。同时，商业银行实施"绿色信贷"，能极大地督促企业进行生产污染处理，提高企业的环境保护意识，增强企业的社会责任感，规避相应的环境风险和法律风险。商业银行也因此在市场上树立良好的企业形象，从而获得潜在的声誉和绩效。因此，实施"绿色信贷"对商业银行和企业而言都会产生良好的效益。

（二）绿色信贷对产业结构调整具有重要意义

近年来，国内外很多学者对绿色信贷与产业结构的关系进行了深入的研究。其中，有学者认为，商业银行能通过社会闲置资金配置对产业结构调整起到促进的作用，而绿色信贷能在源头上控制污染企业的资金来源，迫使其进行绿色转型或退出市场。对于节能环保型企业，商业银行将为其开通融资的绿色通道，企业

因为能得到更多的资金支持而获得更好地发展。我们可以把商业银行促进产业结构调整的作用机制理解为，商业银行通过负债等活动获得社会闲置资金，再通过投资手段影响各行业的资金流量结构，进而影响到生产要素的分配结构和资金存量结构，潜移默化地影响着产业结构的调整。在中国，企业的资金来源主要为银行贷款，因为银行贷款筹资相对于债券融资、股票融资有很多的优势，例如，筹资速度快、资金成本低、弹性好等。且近几年企业资金来源中银行贷款所占的比例仍为上升趋势，因此通过绿色信贷促进产业结构的调整颇为有效。近年来，很多商业银行不断开展相关方面的培训和学习，强化社会责任意识，坚持以绿色环保科学发展为理念，对信贷精细化管理，规避相关风险，并充分发挥绿色信贷的杠杆作用来推进实体经济转型。

（三）绿色信贷是建立生态补偿机制的内在要求

2005年，党的十六届五中全会首次提出健全资源有偿使用制度，要求按照谁开发谁保护、谁受益谁补偿的原则，加快中国建立生态补偿机制的步伐。目前，中国在生态主体功能区建设上有很多问题亟待解决，突出的是生态补偿机制的不健全。生态补偿机制主要通过对生态保护项目的实施对其进行财政转移支付，但中国一直未在以生态主体功能区为实施主体的建设上出台财政补助政策或建立补贴专项资金，这就造成了生态主体功能区建设财政转移支付的力度和应用范围不匹配。因此，中国必须以制定完善的生态补偿机制为目标，以市场进行调控为必要补充，增加商业银行绿色信贷的投放力度。随着经济的发展和文化的融合，世界发展潮流逐步趋于一体化，各国的交流越来越频繁，联系也越来越紧密。环境问题关系到每个国家的利益，保护环境是每个国家的义务，关于此各国已经达成共识。中国的经济发展已提升到了一个新的层次，得益于此，人民生活水平有了很大的提高。但追溯历史，经济的发展一直是以牺牲环境为代价的，环境保护已上升到民生话题。近几年来，商业银行对绿色产业的投资力度加大。党的十七大对推行绿色信贷机制的建立明确了相关要求，提到要逐渐建立和完善绿色信贷的管理机制，给绿色信贷的实施创造良好环境，加强环保意识的宣传，从人们的思想上灌输环境保护的意识。

三、中国绿色信贷发展现状

中国绿色信贷政策正式启动于2007年7月，目前已被国内商业银行广泛接受，并逐步开展相关业务。绿色信贷的功能多样化，主要是能通过引导资金的流动，制止企业在生产过程中忽略环境保护的行为，因为环境问题对企业而言是负外部性的因素，企业的污染行为并没有让其有任何的损失，但是这种行为却对外界产生了一定的负面影响。由于双方利益的不对称，使得企业不愿花精力和资金去解决生产过程中产生的环境污染问题。中国大多数企业的正常经营运转都离不开商业银行资金的支持，如果控制对其资金上的支持，将使企业不得不采取相应措施，使自己的条件达到贷款的条件。因此，商业银行实施绿色信贷很有必要，也很有现实意义。绿色信贷能引导社会资金流向节能减排产业，促进绿色产业的发展。

中国绿色信贷政策主要分为鼓励政策和处罚政策两种。通常在贷款品种、期限、利率和额度等方面，对环保项目的贷款提供优惠，支持绿色产业的发展。同时对不愿遵守或不能遵守社会和环境政策的企业，银行将拒绝为其提供信贷。

据银监会相关部门统计，截至 2016 年 6 月底，中国 21 家商业银行绿色信贷余额高达 7.26 万亿元，占贷款总额的 9%。同时，这 21 家商业银行在环保项目上的不良贷款余额为 226.25 亿元，不良贷款率为 0.41%，比同期各项贷款不良率低 1.35%（见图 5-3）。

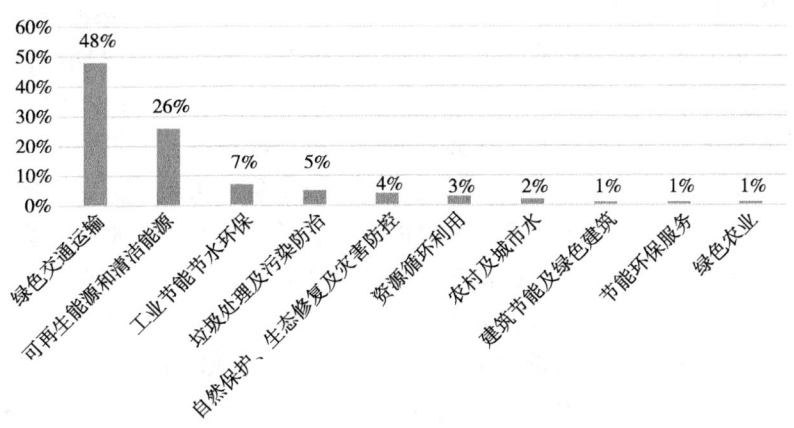

图 5-3　截至 2016 年 6 月底中国 21 家商业银行绿色信贷

数据来源于：银监会数据统计。

目前，中国商业银行在绿色信贷业务方面逐渐与国际银行趋于一致，除不断借鉴国外银行开展绿色信贷业务的成功经验外，还积极创新，较为突出的商业银行有兴业银行、工商银行、建设银行、浦发银行等，下面着重介绍兴业银行开展绿色信贷业务的现状和成效。

兴业银行是国内践行绿色信贷的银行之一，于 2006 年开始探索绿色信贷业务。随着银行业的竞争日趋激烈，兴业银行抓住先机，在绿色信贷领域脱颖而出，成为中国最早加入"赤道原则"的商业银行。作为中国银行业开展绿色信贷业务的领先者，兴业银行借鉴国际先进模式，对环境和社会风险进行管理，大力推进经济的可持续发展。兴业银行认真履行社会责任，在实践中很好地将环境经济制度中的经济激励与法律规则相结合。兴业银行对存在环境风险的行业的授信政策中明确提出了绿色信贷原则和要求，如设备制造、水泥制造、汽车制造、化工产业等，如果没有达到相关标准，将拒绝为其提供信贷服务。兴业银行在内部构建了环境与社会风险管理组织框架、管理政策和管理手段。该组织框架中，董事会在环境和社会风险管理中起着统领全局的作用，委派和监督高级管理层、社会责任工作领导小组、环保官员和相关职能部门的风险管理工作。兴业银行坚持"追求经济效益与履行企业社会责任并重"的管理理念，持续关注授信业务中的环境和社会问题，以有利于环境与社会的方式拓展自身业务。目前，兴业银行已经在国内创造了绿色金融品牌，在竞争市场上占有品牌优势。

2015年，兴业银行绿色信贷余额为8 046亿元，5年内增长近10倍。截至2016年6月，绿色信贷余额超过4 300亿元，余额累计达到9 000亿元，服务超过6 000家客户，绿色信贷余额占各项贷款总额度的14%以上。在开展绿色信贷业务时适用赤道原则，绿色信贷部分的不良贷款率只有0.47%，远低于兴业银行各项总贷款不良率1.63%的水平。2016年1月，首期100亿元绿色金融债成功发行，票面利率为2.95%，期限3年。为境内首单绿色金融债，该期绿债一经发行便受到追捧，获得了2倍的认购；2016年7月和12月第2、第3期绿绩成功发行。到目前为止，兴业银行500亿元的发行目标已经完成。与此同时，兴业银行把碳排放权作为一种有价商品，对其进行现货及期货的买卖。兴业银行率先与国内7个碳排放交易试点地区实现全方位的合作，并成为其中大部分地区的主要清算和服务银行，为碳交易试点提供包括交易框架和制度设计、资金存管清算等一体化的碳金融服务。在个人客户方面，兴业银行推出国内首款低碳主题信用卡，该卡采用消费满3万元送自愿碳减排量1吨的方式，鼓励持卡客户参与绿色消费。2016年9月，兴业银行发行"万利宝——绿色金融"理财产品，投资方向为绿色环保项目和绿色债券，投资资产均属于中国人民银行重点支持的绿色资产，产品期限5年，参考年收益率为4.3%。该理财产品拥有良好的预期收益，并具有绿色环保概念，在一周以内就募集到了100多亿元资金。2016年12月28日，兴业银行的绿色金融专业支持系统正式上线（见图5-4）。

四、发展绿色信贷的建议和对策

（一）组建专业队伍

尽管绿色信贷在中国开展了很多年，也取得了一定的成效，但这些成效对于

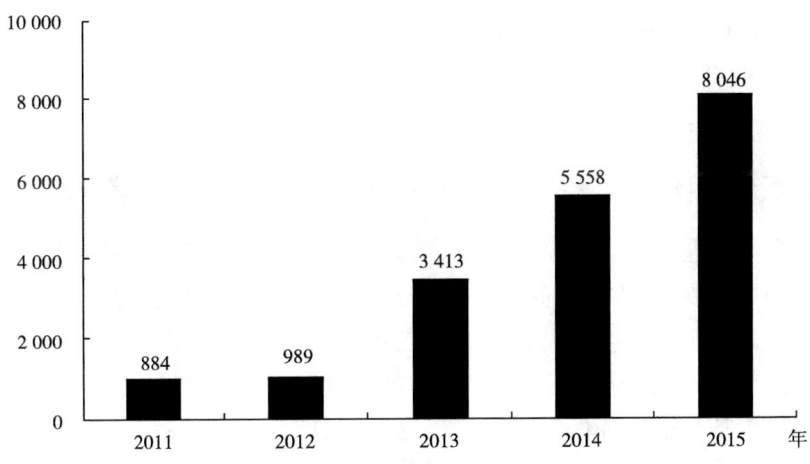

图 5-4 兴业银行绿色信贷余额（亿元）
数据来源：根据兴业银行年报整理。

目前环境污染的严重性是微不足道的。很多企业仍然缺乏绿色环保意识，在发展战略中并没有对环保减排给予重视。很多商业银行虽然在自己所建立的绿色信贷体系中明确了相关要求，对于环境污染型企业或项目不给予贷款，但在实际生活中，由于各种原因使这些政策没有执行到位。商业银行缺乏绿色信贷专业人员是原因之一。目前，商业银行绿色信贷的发展仍停留在探索阶段，尽管中国政府在绿色信贷领域给予了明确的政策指导，但商业银行在实施过程中，缺乏专业人员，导致每家商业银行都按照自己对绿色信贷的理解来实施。对绿色信贷流程中的各种评估和审核，不同的商业银行都按自己对绿色信贷的理解去判定项目的环境风险，有的商业银行对绿色评估实施紧的政策，有的实施松的政策，导致全国绿色信贷业务的开展口径不统一。商业银行加快培养具有专业素质的绿色信贷人才队伍成为目前的紧迫任务。

（二）加快地方绿色金融体系建设的步伐

近年来，发展绿色金融越来越受到政府、金融业和社会各界的高度重视，并对其进行理论研究和实践。在绿色信贷实践中，绿色金融体系的完善最终靠自下而上、因地制宜地落实到各地方。各地方要结合当地的经济结构和发展趋势，根据产业结构调整，围绕当地的产业发展来推动绿色金融的发展。同时，各地政府要为政府和企业的沟通搭建平台，重点扶持绿色产业，对相关企业提供金融政策上的支持。对绿色信贷开展情况进行全面调研和专业规划，梳理出适合该地方绿色信贷发展的战略和具体实施方案。充分利用大数据的优势对市场资源进行整合，促进政府、企业和金融机构的信息及时流动；建立金融资产管理机制，开启商业银行绿色信贷专业化模式。目前，各地方政府积极领会党的精神，开展支持绿色产业的业务，充分、合理利用地方绿色资源，促进地方经济向绿色经济转型。

（三）制定企业环境信息和商业银行绿色信贷信息定期披露制度

企业在向商业银行申请贷款时，商业银行需要对项目的环境风险进行评估。在这个过程中，商业银行和企业存在信息不对称，导致商业银行决策失误。因此，中国可以在企业环境信息披露方面制定相关的法律，规定企业定期公开环保信息。环保部门作为企业和金融机构信息沟通的桥梁，应建立企业环境信息系统，及时收集各企业的环保信息，并将这些信息纳入征信系统，公开透明地向商业银行提供企业环保信息，将信息不对称的负面影响降低，提高商业银行决策的正确性。

（四）运用财政税收政策支持商业银行绿色信贷发展

目前，中国政府一直在不断加强环保工作力度，制定了数十项的激励政策，但政府在绿色信贷的发展上所采取的优惠政策主要集中在财政支出上，财政补贴力度相对较小，可开拓空间很大。因为财政补贴力度越大，越能撬动民间闲置资金，引导资金流向绿色产业。因此，中国可将财政政策和税收政策相结合，激励商业银行扩大绿色信贷规模，促进绿色信贷的快速发展。

（五）大力发展绿色债券市场

商业银行作为特殊的盈利主体，开展绿色信贷业务的直接动力为项目的盈利性。对于需要高投入、周期长的环保项目，商业银行采取的是拒绝放贷的态度，使得绿色产业的发展步伐放缓。而绿色债券的出现，能很好地解决这个问题。相关研究数据显示，中国在未来的绿色投资中，资金需求存在很大的缺口，因此中国绿色信贷的市场潜力巨大。

（六）推动商业银行充分利用压力测试工具，量化环境风险

商业银行在开展绿色信贷时，面临的风险多样化，仅靠现有的风控知识对风险进行识别和评估远远不够。在这种经济环境下，压力测试已成为风险控制手段的主要方式，成为推动绿色信贷发展的重要工具。压力测试在商业银行的经营管理中发挥着重要的功效。首先，压力测试可以用于稳定性评估。1998年，亚洲金融危机给世界各国的经济造成很沉重的损失，世界各国从这次危机中吸取了教

训，纷纷采取了防范措施应对金融风险。1995年5月，国际货币基金组织和世界银行合作，联合推出了"金融部门评估计划"，旨在通过利用压力测试、金融稳健指标、标准评估与准则评估三个分析工具，对各国的金融系统进行全面评估和监测。在三个分析工具中，压力测试为核心的评估和监测工具。

第四节　商业银行信贷资产证券化业务

资产证券化是指融通资金的一种创新金融工具，即重新组合流动性差却还能在将来的某个时间段产生一定可以知晓的、较为稳定的现金流资产组成资产池，并且能够在市场上流通的过程。从广义角度讲，资产证券化有四种形式：现金、实体、信贷和证券；从狭义讲，资产证券化就是信贷资产证券化。信贷资产证券化指的是，作为发起机构的银行业金融机构，把那些流动性差的却依然能在将来时间产生一定可以预见的较为稳定的现金流的资产组成信贷资产，并将这些资产转让出售给受托机构，之后再由该机构向投资机构使用资产支持证券的方式发行不同层级的证券，这种方式产生的现金用来支付资产支持证券收益的融通资金的过程。

资产证券化曾被誉为20世纪以来最成功的金融创新技术，是中国金融市场发展到当前阶段的必然产物。资产证券化可以解决中国商业银行目前面临的信贷资产存短贷、长期限错配导致的流动性和不良贷款率持续上升的困境，提高资本充足率，有效分散金融市场的风险，提升银行的业务创新能力。同时有利于中国构建多层次的资本市场，推动金融市场的发展与完善。中国资产证券化的发展可谓一波三折，回首2005年中国的资产证券化开始萌芽，国家批准了建设银行、国家开发银行尝试推行资产证券化业务；到2007年工商银行、浦发银行、兴业银行陆续加入试点行列；2011年后随着饱受危机的经济恢复，资产证券化渐渐走出阴霾，一度飞速发展。据统计，截至2017年年末共有89家商业银行取得从事资产证券化的资质，并以发起机构的身份发行了自己的证券化产品，资产证券化的市场容量得以扩大。如图5-5所示，2017年发行量第一次超过1万亿元，证券化市场发展态势良好。

从信贷资产证券化产品存量看（见图5-6），2017年，信贷资产证券化依旧保持着较高占比。尽管企业资产支持证券后来居上，但依旧无法无视信贷资产支持证券在金融市场上的重要性。

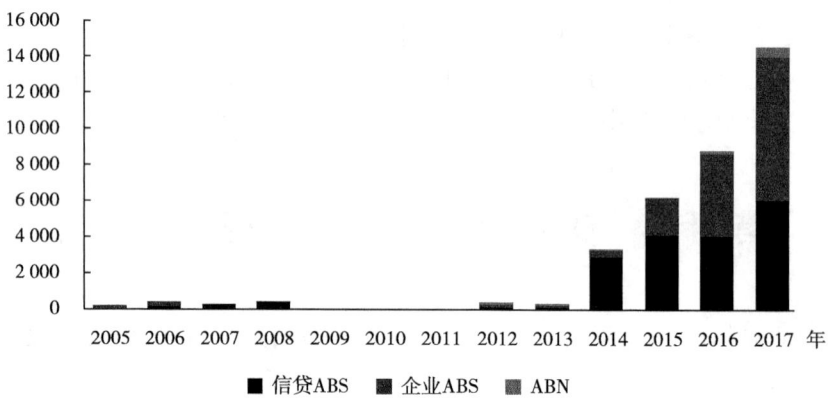

图 5-5　2005—2017 年资产证券化市场发行量（亿元）

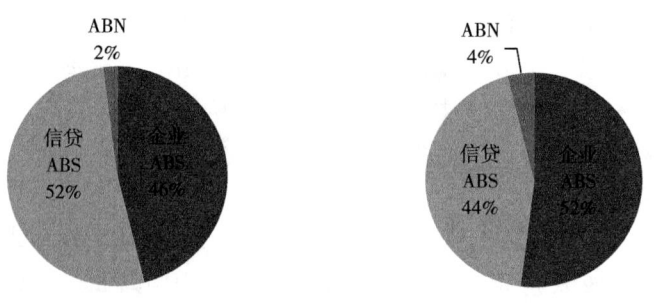

（a）2016年资产证券化市场存量结构　　（b）2017年年底资产证券化市场存量结构

图 5-6　2016—2017 年资产证券化市场存量结构

一、信贷资产证券化的运作流程

（一）信贷资产证券化的基本结构

资产证券化过程中有较多机构及主要关系人，从图 5-7 中，我们可以看到信贷资产证券化参与方的相互关系，其中主要关系人有原始债务人、发起人、发行人（SPV）、投资者、增信机构、评级机构、服务机构以及中介机构。可以发现，发行人是实施证券化操作的主体；发起人是证券化意向的提出者，也是资产的原始受益人；评级机构是基于可能会引起信用风险变化的现象对发行人及高等级份额实施评级并提供相应的增级改进建议，使得发行的证券能够达到市场中大家愿意接受的信用等级；同时，可靠的服务商和法律顾问对证券化产品的成功是十分重要的。

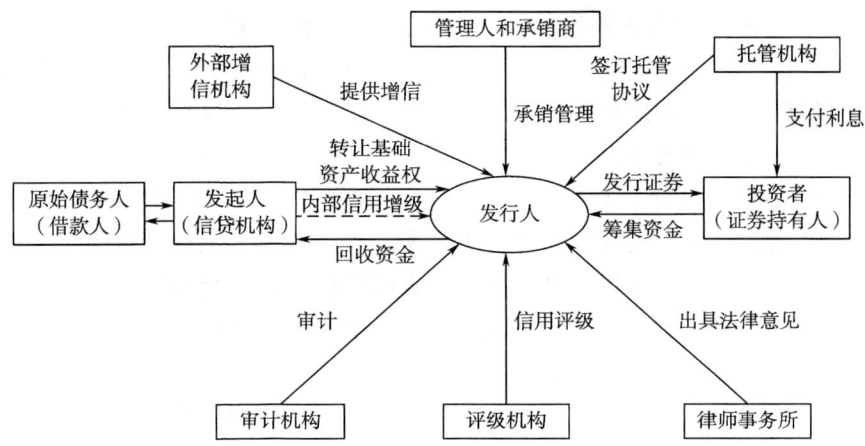

图 5-7 信贷资产证券化参与方的相互关系

（二）信贷资产证券化的运作流程

资产证券化涉及两个过程，即构造与转变的相辅相成。图 5-8 说明的是资产证券化产品的基本构成，左栏是基础资产类别，右栏是由其生成的资产支持证券的分层结构。中间栏是特殊目的载体。参与方围绕着三栏形成交易和法律关系。

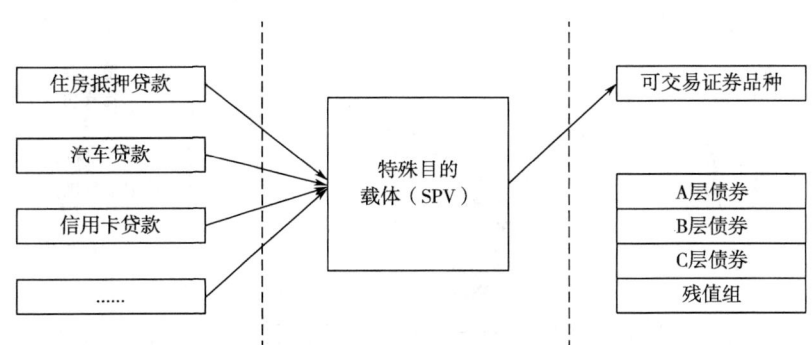

图 5-8 资产证券化的基本结构

资产证券化的操作流程可以概括为三点。

（1）原始债务人和债权人是资产证券化中的两个关键人物，在他们之间存有一种债权债务模式。债权人作为证券化发起人，通过把自身所持有资产重新组合包装，成为全新的资产池转让销售给发行人，使资产真正被转移销售，兑现收益。

（2）身为发行人的特殊目的载体，在取得这项基础资产后要想取得发行收入，就要对该项资产进行包装设计，之后再把设计好的资产支持证券卖给投资者，从而得到收益。这部分收益会转移到发起人手里，在这个过程中，还要构架和信用增级、信用评级等。

（3）服务商为发行人与投资者扮演着服务的角色，服务商接受发行人的托管要求对基础资产进行托管，同时向原始债务人收取由基础资产池带来的本金以及利息现金流，在拿到这些后再经由发行人或受托管理人转给投资者。服务商在资产证券化过程中还要对借款人是否逾期、逾期状况进行监督管理，以及出具实时精确的现金流报告报送给投资者。

信贷资产证券化的基本过程包含设立资产池、布置相关的交易过程、发行证券化产品，以及管理发行后的相关工作。证券化发起人考虑自身实际状况，决定需要被证券化的资产数量，然后将被证券化的资产组成资产池子；之后再组建资产证券化的发行人，然后把资产池中的资产卖给发行人，达到真正把资产转让出去的目的；再之后发行人可使用增级手段进行证券信用水平的提升，使得交易结构更加完美，评级机构给予评级后，投资者可以购买由发行人发行的有担保的证券；由此，发行人便可以将发行证券获取的收益转给发起人，同时还会向投资者返还利息和本金（见图5-9）。

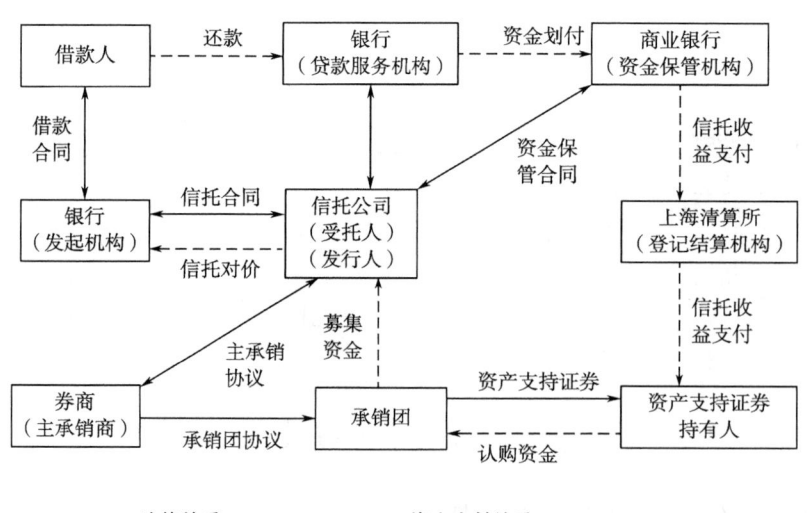

图5-9 信贷资产证券化的交易结构

二、中国信贷资产证券化市场发展现状及问题分析

(一) 中国信贷资产证券化发展现状

2012年中国信贷资产证券化重新启动以来至2017年年末,各类型信贷资产支持证券共发行了425个,发行规模约17 112亿元,呈现爆发式增长趋势(见图5-10)。随着中国金融证券化市场的逐步完善与强势发展,资产证券化市场的产品类型、产品规模与参与主体的类型丰富了许多。

图5-10 2012年试点重启后信贷资产支持证券发行规模季度统计

资料来源:Wind数据库。

商业银行作为中国金融界的重要主体,2014年信贷资产化的蓬勃发展得益于参与银行不断上涨的热情与积极性。到2017年年末,市场上已有425笔资产证券化。这要归功于89家银行的积极参与。除政策性银行以外,发行项目数位列前十的银行发行状况见表5-6所示。

表5-6 发行项目数位列前十的银行发行状况

发起机构	发行项目数	发行总额(万元)
招商银行股份有限公司	24	13 819 231.00
中国建设银行股份有限公司	23	14 437 803.36
中国工商银行股份有限公司	17	10 184 366.66
中国银行股份有限公司	16	8 690 665.98
兴业银行股份有限公司	14	7 034 423.51
中国民生银行股份有限公司	13	5 046 824.07
交通银行股份有限公司	11	6 619 628.80

续表

发起机构	发行项目数	发行总额（万元）
上海浦东发展银行股份有限公司	9	3 480 977.30
华夏银行股份有限公司	9	3 258 528.40
宁波银行股份有限公司	9	2 641 990.08

数据来源：Wind 数据库。

2017 年，纵观资产证券化市场，可以看到，资产证券化规模延续 2016 年的趋势，依旧得到了迅猛扩张，具体表现为年发行量第一次达到一万亿元，市场存量第一次达到两万亿元。具体看信贷资产支持证券的发行状况，2017 年共发行近 6 000 亿元，占所有证券化发行总量的 2/5，是上年同期的 1.5 倍；至 2017 年年末，市场存量达到了 9 000 多亿元，比 2016 年同期增长了近 48%，占市场总量的 45% 左右。可以看出，市场规模的日益庞大，信贷资产证券化发展越来越成熟。

2017 年，信贷资产证券化的发行结构比以往更加均衡，市场成熟度上升，资产支持证券的基础资产类型大大丰富。值得注意的是，基础资产类型不同的产品的发展也不同，2017 年以前公司信贷类资产支持证券（CLO）一直是发行规模最大的，但 2017 年之后，公司信贷类资产支持证券的发行规模出现了下降趋势，而个人住房抵押贷款支持证券（RMBS）快速的市场化、规模化发展，成为占比最大的。个人住房抵押贷款支持证券比公司信贷类资产支持证券多发行了 500 亿元左右，占总量的比例也多出了 8%。至于其他的产品类型，消费性贷款资产支持证券在 2017 年有着爆发式的上升，比 2016 年同期增长了 1 000 多倍，增长速度惊人。增速较快的还有信用卡贷款资产支持证券同比增长了 366.42%。这两类产品得到了较好发展。但不良贷款资产支持证券的比重依旧较小，仅占到总量的 2%，在将来有很大的进步空间。具体发行结构如图 5-11 所示。

从信用等级看，尽管 2017 年基础资产类型和信用层次越来越丰富，但产品中大部分仍然是高信用等级——3A 级和 2A+级。信贷资产证券化发行总量中有 89% 的产品评级达到 2A 级以上。抛开次级档产品外，被评为 A 以上的信贷资产支持证券就有 268 个。不止如此，2017 年发行的不良贷款类的信贷资产支持证券尽管占到 2%，有 19 单，但这些产品严格了对如何选择基础资产，如何进行产品结构设计，以及改善增信方式的管控，优先档全部拿到了 3A 级评级（见图 5-12）。

（二） 商业银行信贷资产证券化过程中出现的问题

结合前文的分析，当前中国银行信贷资产证券化实践表现出四个问题。

（1）银行证券化程度依旧处于较低水平。在 2017 年一年中，银行资产证券化发行规模达到了历史最高，第一次超越了 1 万亿元，但这也仅占商业银行全年

第五章　商业银行企业贷款业务

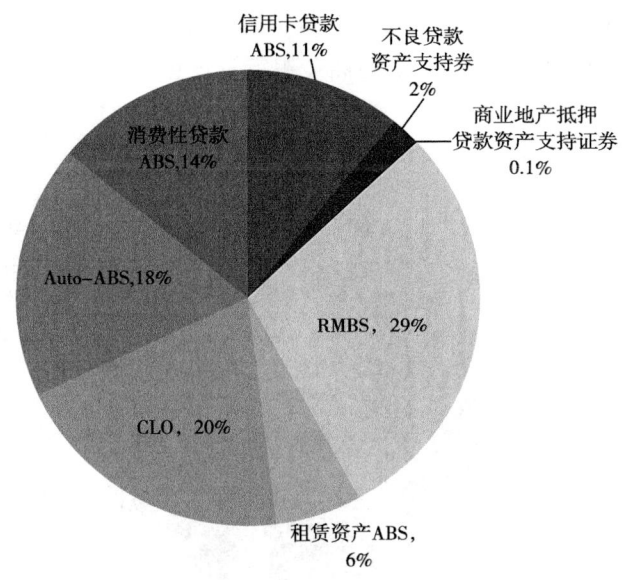

图 5-11　2017 年信贷资产支持证券产品发行结构

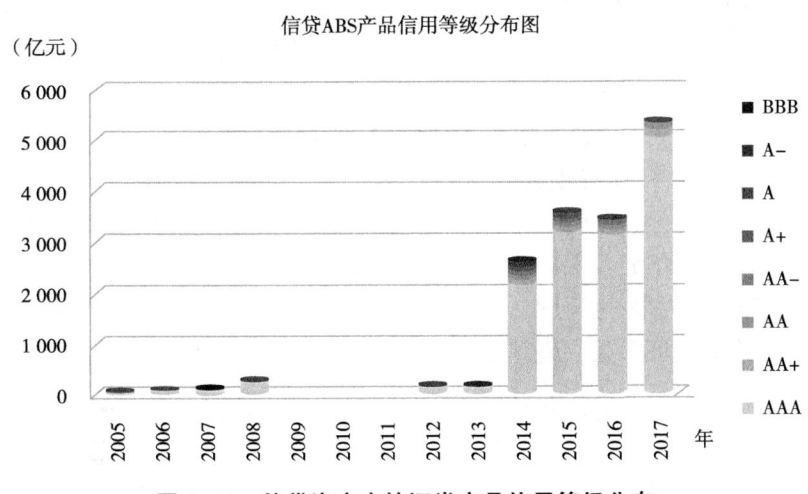

图 5-12　信贷资产支持证券产品信用等级分布

贷款总额 129 万亿元的 0.77%，占债券市场发行债券总规模 18.96 万亿元的 5.27%。从信贷资产证券化看，该业务在近几年发展不错，但是尽管 2017 年信贷资产证券化业务发行规模高达 0.60 万亿元，与 2016 年同比增长了 67.68%，增幅较大，但也仅占债券市场发行总量的 3%（见图 5-13）。这些数据反映出不论是从何种角度看，中国信贷资产证券化水平很低。究其缘由，我们可以知道造成这种局面是因为中国资产证券化发展较晚，资本市场发育不成熟，监管不到位以及法律基础薄弱等。有相关文献也强调，资产证券化还受到影子银行的威胁。但这也透露着一个信号，那就是中国商业银行资产证券化发展市场前景很广。

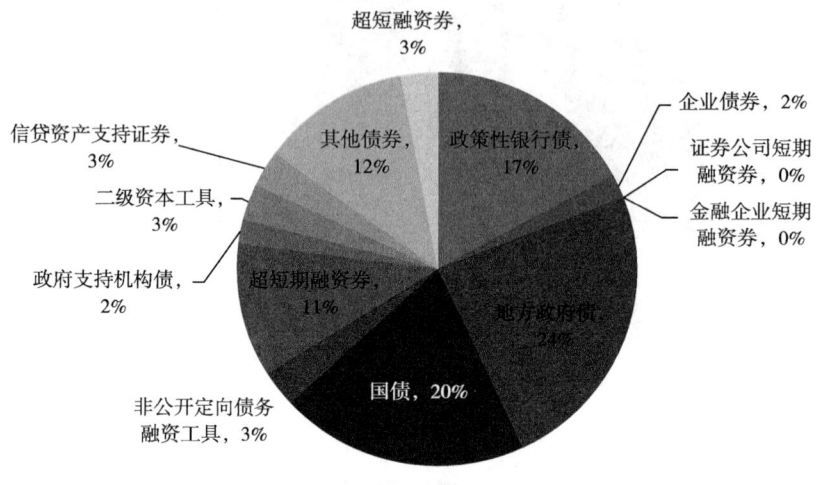

图 5-13　债券市场发行状况

（2）基础资产类型逐渐丰富，但形成较大差异的是大部分资产局限于对公优质资产。伴随着监管体系的完善，政策上越来越少的约束，可以进行证券化产品的基础资产类型已没有那么多的限制，市场上出现了多种多样的不同基础资产的产品（见表5-7），可以看出，在所有已发行的信贷资产证券化产品中，以企业贷款为基础资产的发行规模达 8 000 多亿元，占比 47.76%，占据主导地位。然而，在 2017 年个人住房抵押贷款支持证券第一次超过公司信贷类资产支持证券，多发行了 500 亿元左右，占总量的比例也多出了 8%。这个现象主要是由于 2016 年楼市升温造成公积金个人住房抵押贷款支持证券发行量迅速上升，个人住房抵押贷款支持证券发展越来越迅猛，形成市场化、规模化的发展局势。

表 5-7　2012—2017 年年末各类型信贷资产支持证券发行情况

类型	发行数量（个）	发行金额（万元）
个人住房抵押贷款	50	35 016 402.36
汽车贷款	72	21 084 726.61
信用卡贷款	21	16 870 647.54
企业贷款	204	81 731 246.74
不良贷款	33	2 857 161.43

续表

类型	发行数量（个）	发行金额（万元）
工程机械贷款	1	146 612.70
铁路专项贷款	5	4 523 620.00
消费性贷款	17	3 287 206.94
租赁资产	21	5 550 040.86
REITs	1	55 350
总计	425	171 123 015.17

资料来源：Wind。

（3）证券化基础资产中多为优质资产。2012年证券化试点重新启动后，相关的监管部门极力推动银行业进行不良资产证券化活动，但从市场的表现看，2012年到2015年银行发起的证券化项目基础资产全部为正常类贷款，即是优质贷款。并且，每笔贷款项目的债务人在发行前三年均没有不还贷款的行为，也没有出现破产或无力偿还贷款的现象。尽管2017年基础资产类型和信用层次越来越丰富，但产品中大部分仍然是高信用等级——3A级和2A+级。信贷资产证券化发行总量中有89%的产品是评级达到2A级以上的高等级产品。不止如此，2017年发行的仅有的19单不良贷款类的信贷资产支持证券尽管只占到2%，但优先档全部拿到了3A级评级。从目前来看，中国银行业证券化项目中大多选择优质资产做基础资产的理由有两点：第一，实践方面的经验、人才以及技术不足。国内资产证券化发展较落后，正常类贷款的证券化尚有经验可循，但不良贷款证券化的实施需要更高技术要求，如现金流重组技术和交易结构设计等方面，这些非主观的条件对不良贷款资产支持证券的发展约束较大。第二，监管部门政策限制。为避免出现像美国2008年危机引发的金融不稳定现象，推动中国证券化发展良好运行，相关监管部门在试点重启后对银行不良资产证券化采取不鼓励的态度，并且对资产池的选择有着超高限制。同时，不良贷款证券化试点是在2016年才又被推到证券化发展的舞台上，但这并没有刺激不良贷款资产支持证券大规模显现，是因为进行试点的银行规模小又普遍少。

（4）商业银行为主要投资者，投资者主体类型较少，二级市场缺乏流动性和吸引力。尽管资产支持证券投资者结构相较于起步阶段已经丰富了不少，基金机构、保险公司、券商已经参与其中，但是参与度依旧不够。中国的证券化市场与国外证券化市场有很大的不同，有70%的资产证券化业务主要在商业银行间流转，商业银行发起后最终也只是由其他商业银行购买，因为优质基础资产的产品收益水平还未能有足够吸引力使得机构投资者购入，证券化产品的回报率也相对较低,从而导致二级市场流动性和活跃度的提升空间巨大。这一现象必然产生的问题是商业银行打算以资产证券化的方式,将信用风险转移到其他市场和机构以此分散风险的目的无法有效实现,信贷资产证券化未实现市场化。同时,由于信息披露不足,投资者很难掌握证券化产品的发行和持有信息,信息的不对称影响到二级市场的流动性。

从证券化实践中表现出的四个问题可以看出,在2017年严监管、去杠杆的背景下,资产证券化市场的流动性相对下降,债券市场上的流动性也偏紧。在《2017年资产证券化发展报告》的数据统计中找到依据,以中债登托管的信贷资产支持证券为例,2017年,信贷资产支持证券的现券结算量为近1 400亿元,与2016年同时段相比,减少了3.1个百分点;换手率为15.95%,与2016年同期比减少近9个百分点,更不用说与债券市场高达102.48%的整体换手率相比。一系列现象说明当下资产证券化市场流动性偏低,在某种程度上造成对证券化市场的约束,不利于金融市场的稳步前进,迫切需要解决和打破这一局面。

(三) 推进信贷资产证券化的政策建议

1. 丰富基础资产的种类

第一,要加强个人贷款进行证券化的力度。由于中国商业银行个人贷款审核严格,大多数贷款者信用良好,属于优质贷款,违约率比较低。所以可以考虑从政策和制度方面对个人贷款证券化进行扶持,增强发起机构选择个贷入池的积极性。同时,增加个人贷款入池的范围,可以选择信用记录优良的信用卡应收账款进行证券化。

第二,选择具有稳定现金流的不良资产进行证券化。中国虽然也进行过不良资产证券化试点,但是范围很小。不良资产虽然存在一定的违约风险,但不能否定它能带来较为稳定的现金流的事实。我们要打破思维偏见,通过科学、准确地测算不良资产池的预期违约率,扩大不良资产证券化试点,可以给投资者更多的选择,同时也能降低银行的不良贷款率,提高资产质量。

第三,提高中小企业贷款的入池占比。在中国信贷资产证券化发行比例中,中小企业贷款证券化占比很小。在确保资产质量的前提下加大这一比例,可以解决当前中小企业面临的融资难问题。加大三农贷款、节能减排项目贷款保障性住房和经济适用房贷款等涉及民生工程贷款的入池比例。在支持实体经济的同时,还能带来很大的社会效应。在加大入池比例的同时,要注意防范风险,减少信用贷款,分散借款人的集中度和行业集中度。

2. 完善资本市场,培育市场参与主体

市场是基础,完善的资本市场对于资产证券化的发展是至关重要的。资产证券化能在美国得到快速发展与美国成熟的市场环境是分不开的,次贷危机之后,美国的监管部门进行了很大的调整,完善了相关制度,机构设置更合理,市场的投资者变得更加理性化。在中国,信贷资产证券化的发展也会受到资本市场的影响,发达的市场会促进其发展,市场和制度不完善则会起到阻碍作用。中国的现实情况是银行间市场和证券市场是分开的,两个市场相互没有联通,也没有合理的市场庄家制度,市场上产品的流动性和交易的活跃程度会受到很大影响。针对这些情况,可以考虑转变交易模式,通过构建统一、规范的新型交易市场,增强市场的流动性和活跃性。此外,信贷资产证券化交易过程中涉及很多的参与机构,这些中介机构通过发挥自己的作用来识别产品的风险并做出信用评级,还要确保交易过程符合法律,准确识别并保护原始权益人、服务者以及投资者的切身利益。所以我们要培育更好的市场参与主体,提高参与主体专业性,让其服务于资产证券化。

在中国信贷资产证券化的投资者主要是商业银行,要改变这一现状,在保障资产池的质量、提升监管水平、完善信息公开披露、增强评级能力的基础上,从监管层面着手,允许更多的机构投资者投资信贷资产证券化产品。向合格的投资者宣传资产支持证券的风险和收益,以及内在价值,努力引导社保基金、保险公司、企业年金成为主要持有者。

3. 增强信用评级机构的公信力,加强监管

信用评级机构出具的评级报告对于投资者是非常重要的参考指标,所以信用评级机构的公信力至关重要。目前中国的评级机构实力比较弱,首先,我们要引进信用评级专业方面的高级人才,在现有评级机构独立性的基础上,学习和采纳国外先进评级技术和方法。根据中国国情,设计出符合中国金融市场环境的技术和方法。其次,由于各评级机构在协调和沟通方面比较困难,有关主管部门要发挥积极作用,带头组织国内主要评级机构针对问题及时沟通,互通有无,相互借鉴,建立起历史数据库。由于中国资产证券化试点时间较短,很多评级机构缺乏相关的历史数据。政府也要出台人才引进政策,吸引更多的国际化专业评级人才加入,带来先进的技术和管理理念。

要提高信用评级机构的公信力,除了提高自身评级能力外,还要从监管层面上下功夫,加强对评级机构的监管力度。一方面采取问责制,出具信用评级结果并不代表任务的完成,还要求评级机构对报告结果的真实性和可靠性承担证券有效期内的相应责任,提高责任意识。同时还要建立评级机构的信用档案,实行优胜劣汰机制,增强危机意识,这样才能提高评级机构的业务能力。另一方面,要加强事前监管,完善准入和退出机制,设置严格的准入标准,大力发展投资人支付模式的非营利性的评级机构,在税收政策方面给予倾斜和优惠。

4. 在税收费用等方面实行优惠政策

要扩大证券化产品的投资群体，就需要降低资产证券化过程的费用，从而提高产品的收益，给投资者带来更多实惠。证券化交易结构与一般的债券融资结构相比，要复杂得多，交易过程中涉及很多机构，所需费用也相对较高。各国政府为鼓励证券化业务的发展，采取了减免交易环节中部分税收的做法。在中国的资产证券化试点过程中，有关部门也采取了减免税收的政策，但都是临时性的举措。伴随着证券化业务的不断壮大，要通过总结，将减免税收变为长久性制度并实施下去。当前在交易过程中有些环节还存在重复征税的问题，比如，向贷款服务机构的服务费征收营业税，实际上就属于重复征税，因为，已经对银行贷款的收入征收了营业税，而贷款服务机构的收入只是贷款收入中的一部分，这些问题需要通过研究加以解决。

5. 建立监管协调机制、完善审批制度

由于中国的特殊国情，金融市场实行的是分业监管，信贷资产证券化由中国人民银行和银监会共同监管。在这种情况下会存在监管协调问题，两个主管监管部门在协调的同时，与在信贷资产证券化运行过程中涉及的部门之间也要进行协调，保障彼此之间沟通的顺畅。有必要在中国人民银行和银监会部门之间设立彼此的常驻科室，提高审批效率。

针对项目的审批，要明确审批内容和审查办法。在中国实行银监会和中国人民银行双重审批的情况下，要明确双方审批的具体内容。中国人民银行的审批侧重于审查项目的发行条件；银监会的审批侧重看该机构是否具备开展业务的资格，如果做过此业务就无须审批。如今中国资产证券化已由审批制改为备案制，备案制可以减少项目审批时间，有利于资产证券化常态发展。同时要明确审批责任，审批机关审批是把关，是为了防范证券化过程中的风险，而不是让审批机关承担确保发行成功的责任。如果这样，就会对市场投资者造成一种误导，会认为只要是审批通过的产品就是无风险的，就不需要再进行产品的风险分析和判断，这样不利于提高投资者的风险意识，也不利于资产证券化业务的健康发展。

6. 完善法律体系，健全实施细则

从资产证券化试点以来，尽管监管部门发布了很多相关的条文和实施细则，但是并没有一部专门针对资产证券化的法律。而且针对试点过程中暴露出来的一些问题，现有规章制度未解释或者解释不清，有的还与现存的其他法律法规相互冲突。在此基础上，建议结合中国现有的《合同法》《信托法》，立足国情，从信贷资产证券化发展的实际出发，制定相应的专门法律，提供法律保障。在制定法律的同时，还要完善相关的具体实施细则，实现资产证券化项目的每个流程都能做到有法可依，有章可循，从而提高发行的效率，减少发行过程中的摩擦。

案例　商业银行小微企业贷款业务的创新

一、案例背景

(一) 小微企业贷款难问题的成因分析

在信息不对称的现实世界中，信贷配给是商业银行贷款业务必然出现的现象。背后的逻辑是，由于银行面对众多的贷款人，不可能对贷款人的贷前和贷后的所有信息完全掌握，因此银行的预期利润不仅取决于贷款利率的大小，而且取决于贷款风险的大小。如果贷款利率与贷款风险是完全独立的，那么通过提高贷款利率银行可以提高利润。但实际上二者具有相关性：较高的贷款利率会排挤低风险的借款人，剩下的风险较高的借款人可能会降低银行的利润。因此银行在超过一定的贷款利率之上会出现惜贷行为，使得那些具有较高贷款风险的借款人不能从银行获取资金，而上述现象也正是造成中国小微企业贷款困难的主要原因之一。

如果从商业银行经营管理以及小微企业自身贷款需求的角度出发，造成中国小微企业贷款难的原因，除了信贷配给和自身的高风险之外，还有两个原因。

第一，对小微企业贷款的管理成本较高。首先对借款人相应的信息搜集、处理和监督等的成本相对较高，因为无论一笔贷款的金额是多少，其成本都是固定不变的，而小微企业贷款的资金总量较小，就决定了发放贷款的成本率较高；其次，需要大量的人员和经营场所，由于小微企业贷款的特点是笔数多而金额小，因此对小微企业的贷款业务兼具劳动密集型和资本密集型的特征。

第二，小微企业对贷款效率的要求较高。按照以销定产的经营模式，多是在合同签订之后，小微企业对贷款资金就有急迫的需求，用以购进原材料进行生产，而一般商业银行的贷款流程都有较长的调查审批期，由此会影响小微企业的合同期限。

在上述多方面原因的共同影响下，小微企业贷款难问题一直是影响中国实体经济快速、健康发展的瓶颈。从2005年开始，银监会陆续出台了一系列文件，鼓励银行开展小微企业融资，比如，《银行开展小企业贷款业务指导意见》《商业银行小企业授信工作尽职指引（试行）》，以及与之相关的《关于银行业金融机构与担保机构开展合作的风险提示》和《农村信用社小企业信用贷款和联保贷款指引》。一系列文件不仅确定了对小微企业贷款的支持与鼓励的政策基调，更重要的是对商业银行的小微企业贷款业务进行了具体的指引和指导,具有现实的操作意义。

(二) 小微企业贷款业务案例

小微企业贷款打分卡标准[①]

根据财务和非财务因素,将小微企业的信用等级从高到低分为A,B,C,D四级,其中A,B,C级是目标客户,D级客户不予授信。在信用评级指标体系之外,首先考虑的是客户的销售收入水平(见表5-8)。其次考虑信用评级指标体系,所有的指标分为两类,一类是首要标准,若客户不符合其中任何一项便直接评为D级;另一类是次要标准,侧重对客户的财务状况和业务上下游进行分析(见表5-9)。单一客户的最高授信额度是由该客户的销售等级和客户等级所共同决定的(见表5-10)。

表5-8 客户销售收入等级划分

销售等级	销售收入
销售等级0	年销售收入在××万元以下
销售等级1	年销售收入在××万元(含)到××万元之间
销售等级2	年销售收入在××万元(含)到××万元之间
销售等级3	年销售收入在××万元(含)到××万元之间

表5-9 销售等级的客户选择标准

客户选择标准	在目标市场名单中所有可接受的行业		
	客户等级A	客户等级B	客户等级C
首要标准			
1. 核心管理层经验:行业从业年限	≥×年	≥×年	≥×年
公司成立年限	≥×年	≥×年	≥×年
2. 在本行无不良贷款和结算记录(对现有客户)	符合	符合	符合
3. 银行对账单分析	符合	符合	符合
4. 银行同业查询	符合	符合	符合
5. 还款能力:偿债保障比率(DSCR)	≥×倍	≥×倍	≥×倍

---

① 屈建国,龙小宝. 新信贷——银行客户经理业务手册[M]. 北京:北京大学出版社,2009.

续表

客户选择标准	在目标市场名单中所有可接受的行业		
	客户等级 A	客户等级 B	客户等级 C
次要标准			
6. 销售收入增长情况			
6.1 制造业	%	%	%
6.2 批发、零售及服务业	%	%	%
7. (营业利润) 盈利年限			
8. 贸易上下游客户查询	通过	通过	通过
9. 应收款周转天数较年初增加	≤×天	≤×天	≤×天
10. 买方集中度风险	≤×%	>×%	>×%
次要标准的特别项			
11. 财务杠杆率（总负债/总资产）			
11.1 批发、零售及服务业	≤×倍	≤×倍	≤×倍
11.2 制造业	≤×倍	≤×倍	≤×倍
12. 杠杆比率（总贷款/净资产）			
12.1 批发、零售及服务业	≤×倍	≤×倍	≤×倍
12.2 制造业	≤×倍	≤×倍	≤×倍

表 5-10 客户授信额度

客户等级		最高授信额度	
		按销售收入计算	按抵押覆盖率计算
客户等级 A	销售等级 1		
	销售等级 2		
	销售等级 3		
客户等级 B	销售等级 1		
	销售等级 2		
	销售等级 3		
客户等级 C	销售等级 1		
	销售等级 2		
	销售等级 3		

上述最高授信额度的计算有两种方法，按销售收入计算的方法依据的是表5-9所示的指标体系，而其中并未涉及抵押物的相关信息；如果考虑抵押物的价值，则还可以通过抵质押覆盖率计算最高授信额度，其思想是对依据表5-9所确定的不同等级的客户规定不同的抵质押覆盖率，进而将经过抵质押率折价后的抵质押物的价值代入，反算出最高信贷额度。通过这种打分卡的信贷审核模式，商业银行可以很快确定是否应该对小微企业进行授信，以及其最高授信额度，极大地提高了贷款审批的效率。

二、案例分析

从业务形式看，目前商业银行提供的小微企业贷款主要有四种。

第一，资产支持型贷款，这也是商业银行在对大中型企业贷款时所采取的一种主要方式，一般来说，小微企业能够提供的抵质押资产主要有房地产、应收账款和存货等。

第二，新型担保贷款主要包括担保公司担保、信用保险和联保联贷三种形式，通过贷款担保，小微企业都可以对自身进行信用增级，而商业银行也可以进行风险转移，减少其对小微企业贷款的风险。

第三，具有核心企业的供应链融资。一般来说，供应链的组织形式可以分为有核心和无核心两种，二者的区别在于在供应链中是否有一家或数家大企业。如果存在大企业，那么供应链中小微企业的现金流会非常稳定，信用风险会得到极大的降低，因此在这种贷款模式下，商业银行更为关注的是核心企业的财务状况。

第四，信用评级贷款，由于小微企业对贷款发放的效率要求较高，为简化贷款审批流程，一些银行开始实行"打分卡"式的贷款审批方法。即搜集企业的各项财务和非财务信息，将其与各自的计分标准进行对比，得到单项得分，然后加总得到总得分，最后根据总得分所对应的贷款额度对小微企业进行授信。

上述针对小微企业贷款业务主要围绕的是风险控制和提高效率两个方面，除此之外，通过政府牵头的小微企业创新贷款模式"政银保"，以及积累了大量交易数据的互联网金融企业贷款或信息服务，都是解决小微企业贷款难问题的有效手段。

"政银保"模式是政府通过财政拨款设立基金对小微企业进行担保，银行对接受担保的小微企业提供贷款，保险公司对贷款进行保险，通过政府的介入，可以有效地降低小微企业的贷款风险。

互联网金融企业在对小微企业的长期服务中，积累了大量的生产、运输、销售方面的交易数据,而这些数据对于评判小微企业的信用风险,以及对小微企业授信有着巨大的指导作用。

思考题

1. 贷款利率市场化对商业银行的影响。
2. 规范贷款业务收费的思考。
3. 中国商业银行贷款定价研究。
4. 贷款资产证券化业务及在中国的发展。
5. 商业银行贷款结构和企业规模(所有制)的关系。
6. 城市商业银行与地方政府的关系研究。
7. 商业银行房地产贷款风险及对策。
8. 商业银行贷款流程再造问题研究。
9. 商业银行发展中票据贴现业务功能定位研究。
10. 当前票据贴现市场存在的主要风险及其防范。
11. 融资利率双轨制问题研究。
12. 绿色信贷评价体系研究。
13. 僵尸企业贷款的解决对策。
14. 不良贷款形成的原因及处理渠道。
15. 商业银行投贷联动问题研究。
16. 中小企业贷款问题研究。
17. 供应链金融问题研究。

第六章　商业银行个人消费贷款业务

第一节　商业银行个人消费贷款业务概述

一、个人消费信贷的概念

商业银行的个人消费信贷业务是银行等金融机构为满足个人特定的消费目的而发放贷款的业务。广义上可以认为是所有与个人物质生活消费相关的贷款，例如，住房、汽车、信用卡、助学等。消费信用产生有三个理论基础，包括杜森贝里的相对收入假说、弗里德曼持久性收入假说和莫迪利亚尼的储蓄生命周期假设。其中莫迪利亚尼认为，消费者要使效应能够达到极大化，必须均匀地消费其一生的财富，消费信贷可以提升青年时期的消费水平。

中国的消费信贷起步较晚，20世纪90年代末，随着中国经济的持续稳定增长，买方市场形成，加上东南亚金融危机后国家宏观经济政策对消费信贷的支持，银行业发达，资金充裕，消费信贷在中国蓬勃开展起来。发展消费信贷，可以改善银行资产结构，降低经营风险，使消费信贷成为银行新的利润增长点，从而提高银行的竞争力。

二、个人消费信贷的种类

消费信贷一般分为居民住宅抵押贷款、非住宅贷款和信用卡贷款三大类，其中非住宅贷款包括汽车贷款、耐用消费品贷款、教育贷款和旅游贷款等。中国消费信贷的种类越来越丰富，具体可以划分为以下几类。

（1）住房按揭贷款，包括个人住房公积金贷款、住房组合贷款、二手房按揭贷款、住房装修贷款、个人商用房贷款等。

(2) 汽车消费贷款，包括直客式和间客式汽车消费贷款等。

(3) 教育类消费贷款，包括国家助学贷款、再学习贷款（在校硕博士生）、经营性（商业）助学贷款和留学贷款等。

(4) 其他类，包括信用卡，个人大额耐用消费品贷款，个人综合消费贷款，旅游贷款，助业贷款，农用物资、农机贷款等。

三、个人消费信贷的特点

第一，个人消费信贷与储蓄相对应。储蓄是把今天的钱留到明天使用，消费信贷是花明天的钱办今天的事。

第二，个人消费信贷是自然人用于家庭生活消费目的的信贷。

第三，95%以上的个人信用消费在当地发生。这一点与企业信贷不同，在中国很多银行发放给个人的贷款要求具有本地户口，稳定的居住场所也是发放个人信贷的重要条件。

第四，客户的数量非常大，但平均的单笔授信、赊销额度并不大。与企业贷款相比，平均每笔个人贷款的授信额度要远小于企业贷款。

第五，个人消费信贷周期长、风险相对低。美国次贷危机中的个人信贷风险比较大，但中国的个人信贷风险相对企业贷款处于比较低的水平。工商银行2018年年报显示，公司类贷款的不良率为2.07%，个人贷款的不良率为0.71%。

四、中国主要的消费信贷及风险

（一）住宅抵押贷款

住宅抵押贷款是中国商业银行消费信贷的主体，是对个人购买住房提供的贷款。个人住房贷款通常要求一定比例的首付金额，中国规定比例为30%。利率高低通常与期限长短成正相关关系。常见的还款方式有等额本息还款法和等额本金还款法。借款人可以根据自身经济能力申请提前还贷。

住宅抵押贷款风险主要有信用风险、流动性风险（资金错配风险）、利率风险（固定利率房贷）和提前还款风险等。

（二）汽车贷款

汽车贷款供给方式包括间客模式和直客模式。间客模式指银行通过汽车经销商向客户开展业务活动并形成借贷关系，汽车信贷业务的大部分环节是由经销商完成的。直客模式指银行直接面对客户开展汽车信贷业务。汽车贷款风险相对较大，主要集中在操作风险上，具体来说，就是汽车经销商和借款申请人之间使用虚假材料骗取银行贷款的风险比较突出。

(三) 信用卡贷款

信用卡是指具有循环信贷、转账结算、存取现金等功能和"先消费，后还款"、无须担保人和保证金、可按最低还款额分期还款等特点的个人信用和支付工具。根据中国人民银行颁布的《银行卡业务管理办法》，将银行卡按是否向发卡银行交存备用金分为贷记卡、准贷记卡两类。贷记卡是指发卡银行给予持卡人一定的信用额度，持卡人可在信用额度内先消费、后还款的信用卡。准贷记卡是指持卡人须先按发卡银行要求交存一定金额的备用金，当备用金账户余额不足支付时，可在发卡银行规定的信用额度内透支的信用卡。信用卡具有免息期、最低还款额、循环使用授信额度等特点。

信用卡有自己的特殊风险，除了信用风险和操作风险外，还具有伪冒风险和套现风险两大类特殊的风险。

第二节 个人信用评价技术

防范消费信贷的主要方法是使用个人信用评价技术衡量个人信用情况，一般是在5C1S理论基础上进行的。品德（character）、能力（capacity）、资本（capital）、担保品（collateral）、条件（condition）和稳定性（stability）六个方面简称5C1S，其中工作和居所的稳定性尤为重要。具体的评价技术包括个人信用报告和个人信用评分两种。

一、个人信用报告

(一) 个人信用报告及种类

个人信用报告被称为个人的第二张身份证。个人信用报告是个人征信系统提供的基本产品，是一份客观的个人信用历史记录，主要应用于个人求职招聘、商业机构信用管理、金融机构信用卡发放、信贷管理等领域，通过查询个人信用报告，机构或个人可以快速了解被查询者的教育背景、工作经历、历史信用记录等信息，从而有效防范和化解个人信用风险。

个人信用报告种类很多,以美国为例,三大个人征信机构亿百利、爱克非、全联的个人征信产品和服务多达二三十种,其中几种常见的个人信用报告为:

(1) 普通版征信报告,主要应用于信用卡。
(2) 购房信贷信用报告。
(3) 消费贷款征信报告。
(4) 商务征信报告,主要应用于个体工商户。
(5) 人事报告,又称"雇主报告"或就业报告。

(二) 个人信用报告的内容

一份普通版的个人信用报告包括 6 部分内容。

(1) 消费者的基本信息,如姓名、身份证号、年龄、家庭住址、婚姻状况、工作单位、学历背景等。

(2) 银行记录,如有几笔贷款、贷款日期、每个月的协议还款额、有无逾期还款的情况、有几张信用卡、每张信用卡透支以后还款的情况、开卡日期、销卡日期等。

(3) 非银行记录,目前包括移动和联通入网协议用户的缴费记录、水费和煤气费等公用事业费的欠费记录。

(4) "特别记录",或称"黑名单"记录,包括拖欠银行贷款超过 180 天未还的、信用卡透支以后超过 90 天未还的,以及移动通信方面的巨额欠费记录。司法部门经济纠纷、执行难的信息。

(5) 查询记录,包括个人信用报告的查询时间、查询单位和查询原因等信息。

(6) 异议记录。

附:中国人民银行个人信用报告

中国人民银行征信中心个人信用报告

报告编号:2006111300000014210351　　　　　　　　报告时间:2005.09.16　09:30:15
报告概述:
贷记卡共 2 张（含一张双币卡种）,授信总额 20 000 元,当前逾期总额合计为 500 元。
准贷记卡 1 张,授信总额 10 000 元,透支 180 天以上未付余额合计为 0 元。
个人住房贷款共 1 笔,合同金额 600 000 元,未还本金 582 750 元。
个人商用房（包括商住两用）贷款 1 笔,合同金额 200 000 元,未还本金 182 750 元。
为他人担保金额合计 120 000 元,被担保贷款未还本金合计 155 000 元。

续表

1. 基本信息

1.1　身份信息

姓名：张三　　　　　　　　　　证件类型：港澳居民通行证

证件号码：A0000019700108＊＊＊1

性别：男　　　　　　　　　　　最高学历：研究生　　　　　最高学位：名誉博士

出生日期：1970.01.08　　　　　婚姻状况：再婚　　　　　　Email：hanjingchun@hotmail.com

手机：13500＊＊＊001　　　　　住宅电话：010-55555555　　单位电话：010-66666666

通信地址及邮编：北京市东城区×××北里××号××栋××层××房间（100000）

配偶姓名：李四　　　　　　　　证件类型：台湾同胞通行证

证件号码：10000019750101＊＊＊2

联系电话：010~88888888　　　　工作单位：中国娃哈哈餐饮集团北京分公司国际部

报送机构：中国工商银行　　　　更新时间：2006.08.30

1.2　居住信息

1.2.1　地址及邮编：北京市东城区×××北里××号××栋××层××房间（100000）

与房屋关系：自置

报送机构：中国工商银行北京分行　　更新时间：2006.08.30

1.2.2　地址及邮编：北京市东城区×××北里××号××栋××层××房间（100000）

与房屋关系：亲属楼宇

报送机构：中国建设银行北京分行　　更新时间：2005.07.30

1.3　职业信息

单位：北京市××中学

单位地址及邮编：北京市东城区×××北里××号××栋××层××房间（100000）

加入本单位年份：1995年　　　　年收入：100 000元

职业：国家机关、党群组织、企业、事业单位负责人　　　职务：中级领导　　　职称：中级

报送机构：中国工商银行　　　　更新时间：2006.08.30

单位：搜狐科技网络有限公司　　所属行业：信息传输、计算机服务和软件业

单位地址及邮编：北京市东城区×××北里××栋××层××房间（100000）

加入本单位年份：1990年　　　　年收入：90 000元

职业：办事人员和有关人员　　　职务：一般员工　　　　　职称：中级

报送机构：中国建设银行北京分行　　更新时间：2005.07.30

2. 银行信用信息明细

2.1　贷记卡

账户1. 发卡行：中国工商银行北京分行

账号：0987654321＊＊＊＊＊＊＊＊＊1234567890

状态截止日期：2005.10.30

过去24个月的还款历史记录（最后一位是当前月的还款记录）：

续表

基本情况	使用情况	逾期情况
发卡日期：2004.08.30 币种：人民币 担保方式：信用/免担保 信用额度：10 000 元 账户状态：正常	当前透支额度：500 元 历史上最大透支额度：6013 元 本月应还款金额：500 元 本月实际还款金额：0 最近一次还款日期：2005.07.30	当前逾期期数：1 当前逾期总数：500 元 最近一年内未还最低还款额次数：0

/////////// * NNN * NNNN * NN1

/—账户未开立；* —本月未使用；N—还款正常；1—逾期1次

账户2. 发卡行：中国工商银行北京分行

账号：0987654321 * * * * * * * 1234567890

状态截止日期：2005.10.30

基本情况	使用情况	逾期情况
发卡日期：2004.08.30 币种：美元 担保方式：信用/免担保 信用额度：10 000 美元 账户状态：正常	历史上最大透支额度：1 225 美元 本月应还款金额：200 美元 本月实际还款金额：200 美元 最近一次还款日期：2005.08.30	当前逾期期数：0 当前逾期总数：0 最近一年内未还最低还款额次数：0

过去24个月的还款历史记录（最后一位是当前月的还款记录）：/////////// * NNN * NNNN * NNN

/—账户未开立；* —本月未使用；N—还款正常

账户3. 发卡行：中国建设银行北京分行

账号：0987654321 * * * * * * * 1234567890

状态截止日期：2005.08.30

过去24个月的还款历史记录（最后一位是当前月的还款记录）：

基本情况	使用情况	逾期情况
发卡日期：2003.08.31 币种：人民币 担保方式：信用/免担保 信用额度：10 000 元 账户状态：正常	当前透支额度：400 元 历史上最大透支额度：2 225 元 本月应还款金额：400 元 本月实际还款金额：400 元 最近一次还款日期：2005.07.30	当前逾期期数：0 当前逾期总数：0 最近一年内未还最低还款额次数：0

NNNNNN111111N * NNN12NNN * 1NN

* —本月未使用；N—还款正常；1—逾期1次；2—连续逾期2次

2.2 准贷记卡

账户1. 发卡行：中国银行北京分行

账号：0987654321 * * * * * * * 1234567890

状态截止日期：2005.10.30

续表

基本情况	使用情况
发卡日期：2003.08.30 币种：人民币 担保方式：保证 信用额度：10 000 元 账户状态：正常	当前透支额度：400 元 历史上最大透支额度：6000 元 本月应还款金额：400 元 本月实际还款金额：400 元 最近一次还款日期：2005.07.30 透支 180 天以上未付余额：0

过去 24 个月的还款历史记录（最后一位是当前月的还款记录）：NNNNNNNNNNN * NNNNNNN * N1
* —本月未透支；N—还款正常；1—透支 1—30 天

标注：客户对该条账户记录有异议，正在核查处理中。

2.3 贷款

账户 1. 发放行：中国农业银行北京分行

账号：0987654321 * * * * * * * * * 1234567890

状态截止日期：2005.10.30

基本情况	还款情况	逾期情况
类型：个人住房贷款 币种：人民币 合同金额：600 000 元 合同期限：2003.01.15—2024.01.14 担保方式：抵押 还款频率：按月还款	未还本金：582 750 元 本月应还款金额：2 625 元 本月实际还款金额：2 625 元 最近一次还款日期：2005.07.30 账户状态：逾期	当前逾期期数：0 当前逾期总额：0 累计逾期期数：2 最高逾期期数：1

过去 24 个月的还款记录（最后一位是当前月的还款记录）NNNNNNNNNNN * NNNN1N1N * NN
* —本月不需要还款或没有还款行为；N—还款正常；1—逾期 1—30 天

特殊交易	发生日期： 2004.07.30	交易类型： 担保人代还	金额：3 000 元	变更月数：0
		备注：		

2.4 为他人担保

	被担保贷款本金余额（元）	发放行	账号	被担保人姓名	证件类型	证件号码
1	150 000	北京农村商业银行金融街支行	0987654321 * * * * * * * * * 1234567890	赵四	身份证	110109 * * * * * * * * 0465
2	5 000	上海浦东发展银行北京分行	09876 * * * * * 54321 * * * * 1234567890	王五	身份证	230109 * * * * * * * * 0465

续表

2.5 结算账户信息

	开户银行代码	开户日期	销户日期	联系电话	地址	邮编
1	8888**8888	2003.05.18	2004.05.18	010-55555555	北京市东城区×××北里××号××栋××层	100000
2	8888**9999	2005.05.18	未销户	0133341234567	北京市东城区×××北里××号××栋××层	100000

3. 非银行信用信息

3.1 个人住房公积金缴存信息

账户1. 报送机构：北京市公积金中心　　　账号：666**666

状态截止日：2005.07

开户日期：2003.08.30	所在单位：北京市××中学	缴存比例：11%（单位），11%（个人）
月缴存额：280元	最近一次缴交日期：2005.07.01	缴至年限：2005.07

过去24个月的缴交历史记录（最后一位是当前月的缴交记录）：NNNNNNSNNNNNNNNSNSNNNNN

N—缴款正常；S—补缴

3.2 个人养老保险金信息

3.2.1 缴存信息

账户1. 开户日期：1995.10.01　　　经办机构所在地：北京　　　状态截止月：2005.07

所在单位：北京市××中学	参加工作日期：1995.08.01
单位类型：事业单位	个人缴费基数：2 600元
单位经济类型：国有全资	本月实际缴费金额：188元
中断或终止缴费原因：	累计缴费月数：117

过去24个月的缴交历史记录（最后一位是当前月的缴交记录）111111111111111111111111

1—缴费正常

3.2.2 发放信息

账户1. 经办机构所在地：北京　　　状态截止月：2005.07

原所在单位：北京市××中学	参加工作日期：1995.08.01
离退休类别：正常退休	离退休日期：2030.06.31
停发养老金原因：	本月实发养老金合计：1 280元

过去24个月的发放历史记录（最后一位是当月的发放记录）：111111111111111111111111

1—发放正常

3.3 个人电信缴费信息

账户1. 报送机构：中国移动北京分公司　　　状态截止月：2005.07

续表

业务类型：移动电话	最近一次欠费金额：8.45元
开户日期：2003.08.01	最近一次欠费年月：2005.02
经办机构所在地：北京	最高欠费金额：11.45元
本月缴费状况：正常	最高欠费发生时间：2004.02

过去24个月的缴费历史记录（最后一位是当前月的缴费记录）：＊＊＊＊NNNNNNN＊NNNN＊NONN＊NN

＊—本月不需缴费；N—缴费正常；0—欠费超过宽限期不足1个月

账户2. 报送机构：中国网通北京分公司　　　　状态截止月：2005.07

业务类型：固定电话	最近一次欠费金额：0
开户日期：1994.01.01	最近一次欠费年月：
经办机构所在地：北京	最高欠费金额：0
本月缴费状况：正常	最高欠费发生时间：

过去24个月的缴费历史记录（最后一位是当前月的缴费记录）：NNNNNNNNNNNNNNNNNNNNNNNN

N—缴费正常

3.4　法院诉讼信息

账户1. 立案法院：北京市西城区人民法院　　　　更新时间：2005.10.02

案号：（2005）京民一初字第0056号	立案日期：2005.01.04
审判程序：第一审	是否结案：是
原审案号	结案日期：2005.04.23
诉讼类型：民事	结案方式：判决
诉讼地位：被告	判决/调解应付金额：420 000元
诉讼标的：房屋	判决/调解生效日期：2005.04.23
诉讼标的金额：500 000元	限制出境开始日期：
案由：离婚纠纷	限制出境接触日期：
判决/调解结果：被告张三赔偿李四人民币420 000元	

3.5　法院执行信息

账户1. 立案法院：北京市西城区人民法院　　　　更新时间：2005.10.25

案号：（2005）京民执字00056号	立案日期：2005.01.04
当事人地位：被告	执行标的：房屋
执行依据文书编号：（2005）京民一初字第00056号	执行标的金额：420 000元
执行依据生效日期：2005.04.23	结案日期：2005.04.23
做出执行依据的单位：北京市西城区人民法院	执行案件结案方式：执行结案/自动履行
案由：离婚纠纷	
执行情况：张三根据判决已经赔偿李四人民币420 000元	

续表

查询记录
6个月内共被查询5次：

查询者类型	查询日期	查询原因
银行	2003.10.25	新贷款申请
银行	2003.12.10	新信用卡申请
银行	2004.01.18	信用风险控制
法院	2004.2.25	判案举证
银行	2004.3.03	新贷款申请

4. 本人声明

4.1　2005.02.12 声明：一笔贷款有逾期是由于出差未回

4.2　2005.05.01 声明：另一笔贷款有逾期是由于出差未回

5. 查询记录

5.1　2005.09.06 招商银行北京市中关村支行　　　贷后管理

5.2　2005.09.09 深圳发展银行沈阳市中街支行　　　贷款审批

6. 信用评分

信用评分是用数字的形式代表您的信用度的一种方式。大多数贷款方使用某种信用评分模型预测您可能是哪种信用风险。征信中心提供的信用评分以您的信用报告中的信息为基础计算。

您的信用评分：768。　　分数范围：330~830

您的信用类别：

很差	差	一般	良好	极好

百分比级别：您的信用级别高于81%的中国消费者。

您的信用评分分析：
关于您的信用评分

资料来源：中国人民银行征信中心网站。

二、个人信用评分技术

（一）信用评分技术

个人信用评分是运用一定的公式和规则，评估客户信用价值的方法，是对消费者的信用价值或信用消费潜力的定量化评估，具有预测功能。信用评分技术主要运用数学方法处理个人征信数据，在大量样本（60~100万份）的基础上，建立信用评分数学模型。包括计量经济方法、逻辑回归方法、非线性回归和神经网络方法等。个人信用记录与个人信用评分是个人征信的两种不同产品。在不同层面上对个人的信用进行评价。前者记录了个人信用的好与坏，决定了一个人能否跨过商业信用的最低门槛，能否申请到信用卡或消费信贷，是授信金融机构将不良客户筛出去的依据。

个人信用评分主要针对灰色地带，是对潜在的客户群体进行个人信用评分。灰色地带也称中间地带，是指信用较高的客户已经被各授信机构竞相争夺，信用需求已经得到满足，而信用较低的申请者早已被排除在外，因而中间地带的信用消费者是评分的主要对象。

20世纪30年代，美国Aldens公司的统计师威尔士首先创立了对消费者信用申请进行量化打分的方法。1941年，美国联邦经济研究局的杜兰德（Durand）正式系统提出使用数理统计模型辅助个人授信决策的观点，并给出了一些利用统计方法处理个人信用信息的计算方法。最广泛使用的是FICO个人信用评分法，在美国各种信用分的计算方法中，FICO信用分的正确率最高。统计显示，信用分低于600分，借款人违约的比例是1/8；信用分介于700~800分，违约率是1/123；信用分高于800分，违约率是1/1292。

1956年，美国工程师，贝尔（Bill Fair）和数学家埃塞克（Earl Isaac）成立了菲尔埃塞克公司（FairIsaac Inc），研发出第一个商业用途的信用评分工具和数学模型FICO，以辅助信贷机构的授信决策。该评分工具最早用于消费贷款，20世纪60年代用于信用卡，90年代后用于住房抵押贷款。FICO模型利用高达100万份的大样本数据，先将消费者的5C指标进行具体刻化，再将指标分档计分，加权得出最终总分，打分范围为325~900分。FICO信用分计算的基本思路是把借款人过去的信用历史资料与数据库中的全体借款人的信用习惯相比较，检查借款人的发展趋势与经常违约、随意透支，甚至申请破产等各种陷入财务困境的借款人的发展趋势是否相似。一般来说，如果借款人的信用分达到680分以上，金融机构就可以认为借款人的信用卓越，可以毫不迟疑地发放贷款。如果借款人的信用分介于620~680分，金融机构就要做进一步的调查核实，采用其他的信用分析工具，做个案处理。如果借款人的信用分低于620分，金融机构或者要求借款人增加担保，或者干脆寻找各种理由拒绝贷款。

FICO评分的关键要素包括付款历史（35%）、债务总额（30%）、信用记录时间长短（15%）、新的信用申请（10%）、信用种类组合是否健康（10%）。

（二）国内银行个人消费信贷评分

国内的信用评分在借鉴FICO信用分的基础上，进行本土化改进。

1. 保障支持最高得分为 15 分

(1) 住房权利最高得分为 8 分。

无房	0 分;
租房	2 分;

单位福利分房 4 分;

所有或购买 8 分。

(2) 有无抵押最高得分为 7 分。

有抵押	7 分;
无抵押	0 分。

2. 经济支持最高得分为 34 分

(1) 个人收入最高得分为 26 分。

月收入 6000 元以上	26 分;
月收入 3000~6000 元	22 分;
月收入 2000~3000 元	18 分;
月收入 1000~2000 元	12 分;
月收入 300~1000 元	7 分。

(2) 月债务偿还情况最高得分为 8 分。

无债务偿还	8 分;
10~100 元	6 分;
100~500 元	4 分;
500 元以上	2 分。

3. 个人稳定情况最高得分为 27 分

(1) 职业情况最高得分为 16 分。

公务员	16 分;
事业单位	14 分;
国有企业	12 分;
股份制企业	10 分;
其他	4 分;
退休	16 分;
失业有社会救济	10 分;
失业且无社会救济	8 分。

(2) 在目前住址时间最高得分为 7 分。

6 年以上	7 分;
2~6 年	5 分;

2 年以下　　　　　　　　　　2 分。
(3) 婚姻状况最高得分为 4 分。
未婚　　　　　　　　　　　　2 分；
已婚无子女　　　　　　　　　3 分；
已婚且有子女　　　　　　　　4 分。
4. 个人背景最高得分为 24 分
(1) 户籍情况最高得分为 5 分。
本地　　　　　　　　　　　　5 分；
外地　　　　　　　　　　　　2 分。
(2) 文化程度最高分得分为 5 分。
初中及以下　　　　　　　　　1 分；
高中　　　　　　　　　　　　2 分；
中专　　　　　　　　　　　　4 分；
大学及以上　　　　　　　　　5 分。
(3) 年龄最高得分为 5 分。
女 30 岁以上　　　　　　　　5 分；
男 30 岁以上　　　　　　　　4.5 分；
女 30 岁以下　　　　　　　　3 分；
男 30 岁以下　　　　　　　　2.5 分。
(4) 失信情况最高得分为 9 分。
无记录　　　　　　　　　　　0 分；
一次失信　　　　　　　　　　0 分；
二次以上失信　　　　　　　 -9 分；
无失信　　　　　　　　　　　9 分。

案例　汽车消费贷款案例

一、借款人情况

肖五，1992 年大学毕业后一直在省城一家电讯公司供职，月薪 5 000 元；肖五的妻子姜小娟在一所中学当教师，月收入 1 500 元。夫妇结婚已两年，两个人一直希望有一个自己的家，于是决定申请按揭贷款购买商品房，在用积蓄支付了 80 000 元首付款后，每月还款 1 300 元。当夫妇二人心满意足地拥有属于自己的一片天地时，又有了新的梦想：拥有一辆私家小汽车，既方便自己工作，又能享受驾车的乐趣。但是，他们付完住房的首付款后，积蓄所剩无几。于是，他们依旧选择申请贷款购买小汽车。为了早日实现购车梦，他们利用休息时间先后到几家国有商业银行咨询，了解个人申请汽车消费贷款的条件、程序、利率、期限、还款情况等。不久，肖五在报纸上看到关于申请汽车消费贷款的有关报道，惊喜地发现：现在很多汽车经销商考虑到消费者个人到银行申请汽车消费贷款的各种不便，为了方便消费者，减轻消费者的负担，与银行和保险公司联手推出1~2年期的个人汽车消费贷款，消费者只需用所购汽车向银行抵押担保，经销商为消费者向银行提供担保，而且所有购车程序由经销商代理完成，购车手续如公证、汽车上户、上牌、抵押登记等也可在经销商处一次完成，从而使消费者尽早提取新车。报纸上的报道使肖五为之振奋，他迫不及待地通知妻子直奔省机电设备公司的现场受理处，向市商业银行枫林支行申请贷款购车。

二、贷款过程

肖五夫妇向银行提出贷款购车申请，并按银行要求填写个人汽车消费贷款调查表。肖五夫妇向银行提供以下相关手续：

（1）提供××市城区城镇常住户口；肖五的免冠一寸照片6张；肖五的身份证原件及3张复印件以及妻子姜小娟的身份证原件及3张复印件；夫妇二人的户口簿原件及3张复印件；派出所大厅电脑打印的肖五及其妻子姜小娟的"详细信息浏览单"并盖户籍专用章；居委会、房产物业管理等部门开出的常住地证明及房产证复印件；经银行认可的相关收入证明（肖五所在电讯公司出具）。肖五提供的资料经银行审查合格后，与银行签订汽车消费借款合同，并在银行缴纳车辆保险费，一般说来，保险期限不能低于贷款期限。如果肖五所购汽车价值超过10万元，还应该向银行提供其他资产证明并经有关部门同意。肖五相中的汽车是富康（1.6L）车价为14.2万元，需首付4.26万元（大约为车价的30%），从银行申请的贷款额为9.94万元。根据省机电设备公司的要求，银行可以为肖五提供12个月、18个月、24个月、30个月、36个月的不同期限的贷款。汽车消费贷款的本金和利息的归还一般采取等额本息还款法。目前月利率为：半年期4.65‰，1年期4.875‰，1年半期至3年期4.95‰。

（2）贷款审批合格后，肖五就可以到省机电设备公司选车并缴纳首付款。

（3）肖五应及时向银行指定的保险公司提供所选车的车型号及发动机号，以便保险公司及时出具保险单据。肖五和银行还要到公证处对所签合同进行公证。

（4）待完成上述手续后，某机电设备公司便可办理汽车上户手续并将汽车交给肖五。

以上手续全部在省机电设备公司的现场一次性办理，最短3个小时，最长7天，肖五便可以拿到自己的车。对肖五来说真是既简单又方便，既解除了来回奔波之苦，又减轻了肖五的负担。肖五每月按时向银行归还贷款，贷款全部归还之后，肖五就可以到银行办理贷款结清手续，领回相关证明。

三、思考题

第一，根据等额本息还款法计算公式，分别计算贷款期限为1年、2年、3年等不同情况下肖五夫妇的月还本付息额。根据肖五夫妇目前的收入及债务情况，你认为选择还款期限多长为好？为什么？

第二，如果肖五夫妇目前没有任何积蓄，那么你认为选择富康（1.6L）车型是否恰当？若不当，请为其选择一款更为恰当的车型。

思考题

1. 个人消费贷款存在的问题和对策。
2. 汽车金融在中国发展的难点和对策。
3. 信用卡贷款的发展思路。
4. 信用卡盈利模式研究。
5. 中国个人信用制度研究。
6. 银行卡产业化问题研究。
7. 互联网征信的问题和对策。

第七章 商业银行证券投资业务

第一节 商业银行证券投资的目的与功能

一、商业银行证券投资的目的

商业银行证券投资是指为了获取一定收益而承担一定风险,对有一定期限的资本证券的购买行为。商业银行作为经营货币资金的特殊企业,其经营的总目标是追求经济利益。与此相一致,银行证券投资的基本目的是在一定风险水平下使投资收入最大化。

证券投资业务在国外银行业务中占重要地位。在现代商业银行的总资产中,证券投资占据重要的地位。从20世纪80年代初到90年代,美国受联邦存款保险公司承保的银行,资产有20%左右分布在各种证券上,大银行的比例大约为15%;小银行则大些,约为30%。进入90年代以后,不仅各种金融创新屡屡冲破各国法规限制,使商业银行证券投资业务不断扩展,而且各国政府还纷纷放宽对商业银行证券投资的管制。中国人民银行公布的数据测算,中国银行业证券投资占总资产比例的12%左右,一直呈上升趋势。

二、商业银行证券投资的主要功能

(一)获取收益

商业银行作为经营货币资金的特殊企业,其经营的总目标是追求经济利益。从证券投资中获取收益是商业银行投资业务的首要目标。商业银行证券投资的收益包括利息收益和资本收益。

(二) 分散风险

第一，证券投资为银行资产分散提供了一种选择；第二，证券投资风险比贷款风险小，更有利于资金运用。另外，证券投资比较灵活，可以根据需要随时买进卖出。总之，证券投资不像贷款，贷款往往集中于某一地域中的几大行业，即贷款基本上都是当地主要行业的贷款，风险比较集中，而证券投资则克服这一缺陷，可以选择不同地域，不同行业的证券进行分散投资。

(三) 保持流动性

商业银行保持一定比例的高流动性资产是保证其资产业务安全的重要前提。在现金作为第一准备使用后，银行仍然需要有二级准备（指银行的短期证券投资）作为补充。此外，银行购入的中长期证券也可在一定程度上满足流动性要求，只是相对短期证券其流动性要差一些。因此商业银行的证券投资账户又被称为资产负债表中的交叉路账户，即证券投资可以在现金资产和贷款资产中进行转换，当现金过多和贷款需求疲软时增加投资，反之卖出投资；而在负债转换中，当存款过少则可以用投资做担保借入更多的非存款负债，因此，证券投资业务是商业银行主要资产负债业务的交叉路账户，可以通过买入或卖出证券或抵押证券进行资产和负债调整，保持良好的流动性。

(四) 合理避税

商业银行投资的证券多集中在国债和地方政府债券上，而地方政府债券具有税收优惠，故银行可以利用证券组合达到避税的目的，使收益进一步提高。

第二节　中美商业银行的证券投资业务

一、美国商业银行的证券投资业务

证券投资业务在国外银行业务中占重要地位。在现代商业银行的总资产中，证券投资占据重要的地位。进入20世纪90年代以后，不仅各种金融创新屡屡冲破各国法规限制，使商业银行证券投资业务不断扩展，而且各国政府还纷纷放宽对商业银行证券投资的管制。2007年，美国联邦保险公司承保银行持有的投资证券，证券投资总额在总资产中占比为 21.9%（见表 7-1）。

表 7-1　美国联邦保险公司承保银行持有的投资证券（2007 年年底）

种类	金额（10 亿美元）	占总投资比重（%）
国债	949 593	59.7
地方债	141 149	8.9
资产支持债券	84 128	5.3
其他	293 366	18.4
国外	101 482	6.4
股票	29 973	1.3
合计	1 590 692	100

二、中国商业银行的证券投资业务

中国商业银行的证券投资业务比重正在逐步提高，在巴塞尔协议对资本充足率要求越来越严格的背景下，证券投资业务可以降低经济资本的占用。巴塞尔资本监管协议的核心是，通过将银行资产的风险程度与资本金密切关联的内在机制设计，使银行自身产生降低风险的动力。由于银行持有的证券多为政府债券和金融债券，这些证券对经济资本的占用很低，银行在持有这些证券扩大盈利的同时，减少资产的涉险值（var），可实现资产规模扩大的幅度超过对权益资本数量要求扩大的幅度。根据中国人民银行公布的数据，中国银行业证券投资占总资产比例在 12% 左右，有的银行证券投资业务在总资产业务中超过了 20%，例如，工商银行的年报显示，工商银行的投资业务比例从 2013 年的 22.8% 增长到 2018 年的 24.4%，这说明在传统的存贷款利差收窄的背景下，证券投资对于商业银行的意义更加凸显，不仅成为重要的利润来源，而且是银行调整资产组合，降低经济资本占用的重要手段。

第三节　中国主要发行的债券和商业银行可投资的债券

一、中国发行的主要债券

根据中国人民银行发布的数据可以看到，中国债券市场以政府债券、金融债券和公司债券为主（见表7-2）。

表7-2 2018年中国各类债券发行情况　　　　　　单位：亿元

债券品种	发行额	较上年增减
国债	36 626	-3 306
地方政府债券	41 652	-1 929
中央银行票据	0	0
金融债券	274 056	16 000
其中：国家开发银行及政策性金融债	33 602	1 067
同业存单	210 832	8 960
公司信用类债券	77 905	19 173
其中：非金融企业债务融资工具	57 938	17 694
企业债券	4 812	1 119
公司债	14 555	4 748
国际机构债券	720	147
合计	430 959	30 086

资料来源：《中国人民银行货币政策执行报告》。

二、中国商业银行可投资的主要债券

中国商业银行可投资的主要债券有五种：政府债券、银行债券、公司债券、商业票据和创新的金融工具。政府债券有三种类型：中央政府债券、政府机构债券和地方政府债券。银行债券，主要包括中国人民银行的央票和政策性银行发行的金融债券。公司债券是公司为筹措资金而发行的债务凭证，发行债券的公司向债券持有者做出承诺，在指定的时间按票面金额还本付息。商业票据是在商品交易基础上产生的，用来证明交易双方债权债务关系的书面凭证。商业票据分为商业汇票和商业本票两种形式。

第四节　工商银行的证券投资业务

以工商银行2018年年报为例，从币种上划分，主要分为人民币债券、美元债券和其他币种债券，占比分别为91.7%、5.9%、2.4%；从债券的剩余期限看，一年以内的占比15.1%，1～5年的占比54.9%，5年以上的占比30%；从发行主体看，2018年，工商银行投资的证券主要是政府债券，其次为银行债券和其他债券，如表7-3所示。

表7-3 工商银行按发行主体的债券结构

按发行主体划分的债券结构 单位：百万元

项目	2018年12月31日		2017年12月31日	
	金额	占比（%）	金额	占比（%）
政府债券	4 040 956	66.9	3 286 729	61.2
中央银行债券	32 746	0.5	18 902	0.4
政策性银行债券	774 732	12.8	996 669	18.5
其他债券	1 200 642	19.8	1 071 433	19.9
合计	6 049 076	100.0	5 373 733	100.0

资料来源：中国工商银行年报。

需要说明的是，在中国，商业银行是不能直接投资股票和金融期货的，但是，商业银行可以采取间接的渠道投资股票，比如借助于基金和信托通道间接入市。2018年9月，银保监会发布《商业银行理财业务监督管理办法》，提出商业银行可以通过具有独立法人地位的子公司开展理财业务。12月银保监会正式发布《商业银行理财子公司管理办法》，理财子公司发行的公募产品允许直接投资股票。随着混业经营趋势的不可避免，投资股票和股指期货期权等金融衍生工具的日子越来越近了。

案例 地方债——济南历城区城建公司 3 500万元贷款逾期调查

一、案例背景

2014年6月24日，齐鲁银行发布了2013年年报，首次披露济南市历城区城市建设综合开发公司（简称"历城区城建公司"）3 507万元贷款本金违约，并欠息高达613万元。商业银行公开披露政府性债务违约尚不多见。

工商资料显示，历城区城建公司成立于1992年，注册资本1 806万元，由济南市历城区建设管理局全资成立，主要从事历城区新区建设、旧城改造范围内的房地产开发。

历城区城建公司此次借款违约过程具有代表性。历城区城建公司与齐鲁银行已有多年业务往来，此前，这部分贷款以借新还旧形式产生，但2012年，自身现金流有限的历城区城建公司开始拖欠利息，揭开了违约序幕。

（一）全国首个地方债违约

历城区城建公司的设立源起于20世纪90年代城市大规模建设。彼时，全国大中城市普遍掀起城市开发高潮，一是新城区的规划、开发；二是对老城区进行改造、新设。

作为一种普遍模式，济南各区均由区建设管理局出资成立一家城建公司，编制为隶属区建委的事业单位，专门承担区级城市建设任务。除了历城区，济南历下区、市中区、槐荫区、天桥区等也均成立了城建公司。

历城区城建公司成立后，一度成为济南历城区城建、房产开发的主要平台。但从实际开发项目看，该公司开发过七里堡小区、铜件厂小区、电筒厂小区、花园小区、将军小区、环东佳苑小区、杏林苑小区等众多地产项目，其中部分小区为政府部门、国有企业的单位宿舍。

在经营高峰时期，历城区城建公司还分别出资50万元、203万元成立了两家全资子公司，分别为济南永顺达经贸中心（简称"济南永顺达"）、济南市历城区城建建材综合经营处，前者拥有粮食收购许可经营证，后者主营建筑材料、五金等，以分散和多元化历城区城建公司的功能。

此外，历城区城建公司还一度对齐鲁银行持有近200万股股权，业务进一步呈现多元化。据当地媒体报道，该公司负责人曾表示，在早期，该公司是当地银行争抢的宠儿，很多银行争着给历城区城建公司贷款。

随着济南市城市建设、房产开发参与者越来越多，历城区城建公司从济南政府承接的项目在减少。2010年前后，公司的现金流和资信状况都大不如前。第一，2010年，公司在向齐鲁银行申请一笔贷款还旧贷款时，被要求引入济南市级政府平台进行担保增信；第二，历城区城建公司旗下两家公司在向济南市历城区农村信用合作联社（历城农信社）贷款时，也被要求以房产进行抵押增信。但这并非最困难的时刻。2010年，国家四部委出台通知，清理地方投融资平台。该政策对地市、区县级平台影响最大，同时对于部分平台仅允许政府以出资额承担有限责任，银行对现金流覆盖不全的平台，一般要求省市级平台进行担保。

此外，2011年，历城区城建公司实质性业务已很少，部分员工相当于赋闲在家。在此情况下，历城区城建公司"造血"功能大为削弱，现金流对债务的覆盖能力越来越差，甚至从2011年年底起，该公司开始拖欠员工工资。

济南中院一审判决，历城区城建公司偿还贷款本息，济南城投也应承担连带责任。

然而，在丧失基本"造血"功能后，借新还旧已经无法帮助历城区城建公司。2012年1月份，该公司无法偿还上一期的借款利息，该笔借款宣告违约。事实上，当初的借款协议还约定，如果历城区城建公司逾期还款，齐鲁银行有权对逾期部分按照借款利息上浮50%计算利息，对不能支付的利息按照借款利率上浮50%计算复利。

然而，一直到2013年年初，历城区城建公司冒着可能的巨额罚息，仍然一直拖欠利息，似乎已预示该公司自身完全丧失了还款能力。2013年4月21日，贷款截止日，一如预期，历城区城建公司本金偿还违约。截至2013年年底，历城区城建公司在齐鲁银行的贷款余额高于1 490万元，违约本金3 507万元，欠息高达613万元。

对于担保方济南城投，根据当时借款合约，历城区城建公司向齐鲁银行借款1 490万元，用途为归还上述2005年借款，借款期限截至2013年4月21日，贷款利息5.94%。此外，齐鲁银行又与济南城投签订了一份担保协议，约定济南城投对历城区城建公司的借款本金、利息、复利进行连带担保，保证期限为借款合同履行期满之后两年止。对于上述超过1 000万元的连带责任担保，如果最终法院裁定该担保有效，济南城投不得不面对或有代偿债务风险。

数据显示，济南城投对外担保压力并不轻松。截至2012年年底，济南城投对外提供担保金额共计45.03亿元，担保比率较高，达到31.55%，主要是对济南市旧城改造公司和济南市小清河开发公司提供担保。而从济南城投自身看，2012年年底，公司获得各家银行授信额度为人民币44.79亿元，尚未使用额度0.56亿元，间接融资渠道有待拓宽，资金运转存在压力[1]。

事实上，济南城投并不是特例。目前不少地方融资平台对外担保比重较高，担保对象除了低一级的政府平台、开发区，还包括不少地方政府扶持的国企、民企，后者的债务风险将更为隐蔽，最终这些债务兜底方都指向了地方政府。

(二) 商业银行投资地方债的动机

1. 地方融资平台快速膨胀的原因

虽然中国人民银行报告披露地方融资平台贷款的增速已经得到了明显控制，但其绝对增速依然不低。地方政府的融资平台能够如此快地膨胀，主要原因有四点：

第一，与2008年下半年美国金融危机之后出台4万亿元的财政刺激计划有关，这不仅让经济增长出现"V"字形反弹，并且让银行体系大量的流动性涌向

---

[1] 韩瑞芸. 政府性债务违约样本：区"贷"市"保"滚雪球 济南历城区城建公司3500万元贷款逾期 [N]. 21世纪经济报道, 2014-06-30.

市场，导致资产价格泡沫，成为地方政府融资平台盛行的政策基础。

第二，地方政府融资平台能够再出现并迅速发展，与当前国内混乱的土地制度有关。因为，地方政府融资平台的核心是国家土地资源的资本化。按照中国的宪法，中国的土地是国家所有制与集体所有制。前者在出自公共利益的情况下可征用并可进行交易，后者则只能持有不可交易。而地方政府利用国家土地的可交易性质，通过土地的资本化（把土地抵押给银行），能够把无成本或少许成本获得的土地，变成地方政府增加财政收入的工具（土地财政），进而变成房地产开发用地。如果说，当前这种土地制度不进行重大的改变，这种无本生利的土地资本化的过程仍然会进行下去。

第三，地方政府的融资平台能够短期内在全国盛行，很大程度上与国内银行竞争方式及盈利模式有关。银行盈利主要模式是信贷规模无限扩张中的利差收益。谁的规模扩张大，其盈利水平就高。而且当前国内银行的信贷无限扩张其收益可以归自己，其成本将由中国人民银行或社会承担。因此，2008年下半年信贷规模一放松，国内银行就使出浑身解数让自己的信贷规模无限扩大。

第四，地方政府融资平台与中国的财政制度有关。1994年分税制之后，中国明确了中央政府和地方政府在财政收入和支出中的权利与义务。在收入方面，增值税是中国的第一大税种，占到税收总收入的45%以上，而中央政府分享其中的75%，地方政府仅仅获得25%。此外，中央政府的收入还包括关税、消费税以及中央企业利润等方面。地方政府的收入包括营业税的主要部分、地方企业利润、城市维护建设税、烟叶税等部分。近年来，土地转让收入在地方财政收入中所占的比重不断上升。

在支出方面，中央财政主要承担国防、武警、外交和中央国家机关运转所需的经费，调整国民经济结构，协调地区发展，实施宏观调控所必需的支出以及中央直接管理的发展事业支出；地方财政主要承担本地区行政机关运转所需的支出，以及本地区经济、事业发展所需的支出。

分税制之后，中央政府获得财政收入比重不断上升，地方政府的比重不断下降，有助于增加中央政府对地方的调控能力，提升中央政府在经济和政治上的话语权。但是，财政支出的情况与收入方面正好相反。分税制之后，地方政府在财政支出中的比重不断上升，中央政府财政支出中所占的比重不断下降。这就导致地方政府在财政上入不敷出，每年都会有财政赤字。为了避免地方政府财政缺口过大，中央政府负责每年在一定范围内，通过税收返还或者补助的形式，补偿地方财政收支上的缺口。

2. 商业银行是地方债的主要购买机构

城投公司或者地方融资平台主要通过商业银行贷款的方式进行融资，同时其发行的债券也多被银行购买。在地方融资平台的融资过程中，地方政府以担保人的角色出现。因此地方政府、商业银行和地方融资平台存在着利益关联性，从而导致权益人和债务人被绑在了一起。如果出现危害金融稳定的债务风险，政府或者银行必然存在救助的激励（见图7-1）。

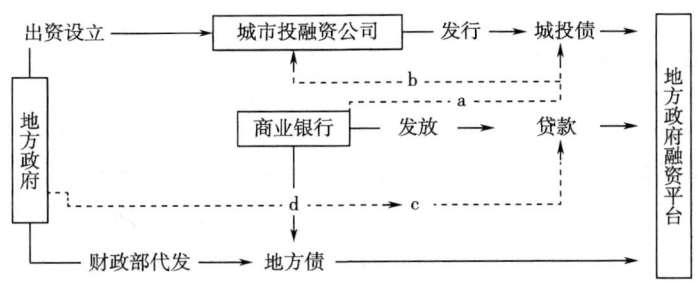

图7-1 政府、银行和地方融资平台的三位一体模式
资料来源：银联信咨询公司报告。

注：a表示商业银行认购城投债；b表示商业银行向城市投融资公司发放贷款；c表示地方政府为贷款提供担保；d表示商业银行认购地方债。

二、案例分析

根据审计署发布的2013年度全国政府性债务审计结果，至2013年6月底，全国各级政府负有偿还责任的债务20.7万亿元、负有担保责任的债务2.9万亿元，可能承担一定救助责任的债务6.65万亿元。审计署披露了此次审计发现的主要问题：政府性债务管理制度尚不健全，未归口管理；借新还旧数额较大；债务举借和使用不规范。审计结果同时显示，2013年6月底至2014年3月底，9个省为偿还到期债务举借新债579.31亿元，但仍有8.21亿元逾期未还。商业银行在地方债问题上有四个风险点需要关注。

（一）银行需关注地方债风险

根据2013年12月30日审计署公布的《全国政府性债务审计结果》，截至2013年6月末，地方各种债务中商业银行贷款余额约10.12万亿元。根据审计报告，贷款主要投向公路与市政基础设施等。这是地方融资平台风险点所在，即把地方政府基础建设和公共事业产生的债务信贷化。因为如果以土地质押贷款进行投资，一旦出现风险，是否能够产生有效收益用来还款并不确定。

此外，在贷款中5年期以上贷款占比超过50%，中长期贷款比重高，经济波动带来的债务风险多需要银行承担，因投资期限错配而导致资金问题的风险骤增。由于政府借债投资基础设施项目，多年以后才能见到效益，但偿还本金和利息却必须立刻开始。因此地方政府性债务影响着银行业的收益和坏账损失。

在现有的融资平台中，地市级以下的平台（县或县以下）偿债能力较弱。尤其是中西部地区经济结构单一、收入来源有限，再加之管理水平低，导致风险相对较大。

（二）融资平台变味，融资还在继续

在监管部门叫停了地方融资平台后，地方政府类项目融资变得异常困难。为了搞到钱，很多地方开始搭建新的更加隐蔽的平台公司，用以贷款融资。银监会刚刚叫停融资平台之后，先是由于当时企业债还可以发，所以很多省市都开始申请企业债；后来又通过"银证合作"，在"理财+信托"的传统操作模式中，商业银行发行理财产品所募集资金，对接信托公司发起的信托计划，并委托信托公司运用理财资金，主要为债权和股权投资。除此之外，委托贷款的方式、保障性住房的假融资等方式也变成政府项目的融资渠道。当前，地方政府开始以保障房名义试图套取贷款尤需引起银行注意。

（三）房地产行业对地方偿债能力影响巨大

由于当前相当数量的平台贷款是以抵押质押为主，而土地抵押又占有相当比例，很多还款主要依靠土地出让收入，在楼市低迷的情况下，如果土地出让收益出现缩水，这些信贷资产的质量和平台的债务偿还能力，都有可能大打折扣。

（四）风险集中于县级财政

地方融资平台的风险集中在财政能力脆弱的县级财政层面，而提供贷款的主力——国有商业银行和政策性银行也正是地方融资平台违约首当其冲的受害者。《2010中国区域金融运行报告》显示，县级（含县级市）的地方融资平台约占总量的70%。东部地区平台个数较多，占全部地方政府融资平台总数的50%，而剩下的"半壁江山"中集结了大量的中部、西部地区县级贷款平台。湖南、江西两省县级平台占全省融资平台总数的比例均超过70%，西部地区的四川、云南两省的县级平台占比高达80%。

虽然地方融资平台贷款增长得到了控制，但因为提供贷款主体的集中，导致违约风险一旦爆发，破坏力依然十分惊人。而国有商业银行和政策性银行正是地方融资平台贷款的主要提供方，尤其是政策性银行，成为西部地区地方政府融资平台贷款的主力，地方融资平台贷款风险高度集中，且在短期内难以消化。而地方融资平台贷款的投资方向决定了这种风险在短期内难以消化。地方融资平台贷款中 5 年期以上贷款占比超过 50%，而投资方向主要是公路与市政基础设施，占比也超过了 5 成。

（五）中小银行更为被动

数据显示，地方融资平台总量的 10% 通过中小银行融资，而中小银行的资产在整个银行体系资产中的占比还不到 10%，这就意味着平台债务在中小银行的信贷比例要显著高于大银行。因而，中小银行更容易受到地方政府性债务的影响[①]。

对于地方政府而言，一般情况下，大项目会首选能够提供充足资金的大型商业银行。如果信贷环境趋紧、大银行不能满足其信贷需求，或是项目质量等级较低、不能在大银行顺利融资，地方政府会找地区性的中小银行。中小银行无形中积累了债务膨胀的风险。

同时，由于中小银行自身的缺陷，也更加容易受流动性的影响。与大银行相比，中小银行客户稳定性较弱，信息渠道少，受到地方政府的行政干预较多。因此，中小银行可能在不充分的风险评估之下，不得不接受地方政府发出的债券，以获取地方政府的支持。这就使得中小银行容易受到所在地区的影响。

此外，中小银行对于资金的依赖程度大，需要不断累积资本。但是由于规模经济不明显，融资成本高而收益比较低，大量借贷给地方政府很有可能导致入不敷出。

三、案例启示

银行业要化解债务风险，首先要控制地方融资平台贷款增长的速度，正确把握地方融资平台贷款的流向，注重对生产性、还款效益较好、还款能力强的项目给予支持。其次要充分重视政府背景贷款的特殊性，严格加强信贷审批与管理，强化风险意识。严格按照商业银行信贷业务流程，对政府融资平台业务加强"贷前调查，贷中审查，贷后检查"，重点关注两个方面：一是政府融资平台的设立情况，包括资产、负债、应收账款、营业收入、利润情况、出资方式，注册资金来源是财政资金、土地划拨，或是股权等其他方式；二是政府融资平台的融资规模，包括银行贷款、发行债券、银政信合作，以及担保情况、资金使用方式等[②]。

此外，2014 年 9 月，国务院出台的《关于加强地方政府性债务管理的意见》明确，纳入预算管理的地方政府存量债务，可以通过发行一定规模的地方政府债

[①] 崔文苑. 地方债对银行业的影响分析 [N]. 经济日报，2014-01-15.
[②] 郭长虹. 商业银行政府融资平台信贷业务风险管理研究 [J]. 产业与科技论坛，2009，8（7）：213-214.

券予以置换。这一规定对于防范地方政府债务风险、化解潜在的金融风险、顶住经济下行压力，以及推动建立中国多层次的债券市场等，都具有重大意义。从银行层面看，地方债务置换降低了债务人的还款压力和违约风险。另外，银行增加了抵押品品种，有利于流动性管理。根据财库102号文规定，将地方债纳入合格抵押品范畴，增加了银行的抵押品品种。需要时，银行可按规定开展回购交易，增加流动性；同时，也可用地方债抵押，申请相对低的利率再贷款等货币政策工具，降低负债端成本。此外，债券投资不计入贷存比，将贷款置换为债券，银行可降低贷存比，释放部分流动性，增加可贷资金。

思考题

1. 欧债危机对我国商业银行投资的影响和启示。
2. 次贷危机对中国商业银行的影响和启示。
3. 银行间债券市场（买卖和回购）的问题和对策。
4. 银行间债券市场中的做市商制度研究。

第八章　商业银行资本管理

第一节　商业银行资本管理概述

一、商业银行资本的功能

资本可以保护存款人和债权人的利益。商业银行在经营过程中，存在着各种风险因素，主要有市场风险、操作风险和信用风险。商业银行在发生损失后，首先会用相应的准备金抵偿，其次会用当年或往年的收益进行弥补；最后会动用资本冲抵。如果银行资不抵债，将宣告破产。因此，资本被看作银行抵御风险的最后一道屏障，对于商业银行的业务活动具有重要的保护作用。商业银行在宣布破产时，资本金也可以用来对存款人或其他债权人提供补偿，在一定程度上减少了存款人或债权人的损失，并能减少公众的恐慌，维护其对银行的信心，保证国家金融的稳定乃至经济的正常发展。资本具有三个功能。

（1）保护存款人利益。资本给存款人提供了一个承受损失的缓冲器。

（2）满足银行经营需要。首先，银行开业必须拥有一定的资本，满足各国法律规定的最低注册资本的要求；其次，银行必须拥有营业所需的固定资产，这些固定资产只能用资本金购买。

（3）满足银行管理需要。各国金融管理当局为了控制商业银行，维护金融体系的稳定，一般都对银行的资本做出较为详细的规定。

二、商业银行资本的构成

《巴塞尔协议》将银行的资本划分为两类：一类是核心资本（一级资本），另一类是附属资本（二级资本）。

（一）核心资本

核心资本包括股本和公开储备。股本包括已经发行并全额缴付的普通股和优先股；公开储备指以公开的形式，通过保留盈余和其他盈余，例如，股票发行溢价、保留利润、普通准备金和专项准备金的增值而创造和增加的反映在资产负债表上的储备。

（二）附属资本

附属资本包括非公开储备、资产重估储备、普通准备金、混合资本工具和长期附属债务。

（1）非公开储备指储备不公开在资产负债表上标明，但却反映在损益表内，并为银行的监管机构所接受。

（2）资产重估储备包括物业重估储备和证券重估储备。

（3）普通准备金指用于防备目前尚不能确定的损失的准备金或呆账准备金。

（4）混合资本工具。这种资本工具既带有一定的股本性质，也带有一定的债务性质。由于这些资本工具与股本极为相似，特别是能够在不必清偿的情况下承担损失，维持经营，因此可以列为附属资本。包括：加拿大的长期优先股、法国的经常变动的参与证券和从属证券，英国的永久性债务工具和美国的强制性的可转换债务工具等。

（5）长期次级债务。这类资本工具有两个特征：一是次级，即债务清偿时不能享有优先清偿权；二是长期，即有严格的期限规定。通常包括普通的、无担保的、初始期限至少 5 年期以上的次级债券工具和不可赎回的优先股。

长期次级债务可当作资本，因为它可以部分替代资本的功能：可以同样为固定资产筹资；只有在存款人对盈利与资产的要求权得到充分满足之后，债权人才能取得利息和本金；银行一旦破产，损失先由次级债务冲销，再由保险公司或存款人承担。另外，长期债务成本低，债务利息支付作为费用可以从税前利润中冲减，而股息属于税后净利润分配。

但是长期次级债务也有弱点：在没有宣告破产之前，银行不能用债务冲销营业损失，债务有固定期限，到期日或到期前必须归还或展期；在紧急财务情况下可以推迟或不付现金股利，而每隔一定时间支付债务利息则是银行的法律义务，使长期债务代替股本增大了银行破产的可能性。因此，一般长期次级债务的比例最多只能相当于核心资本的 50%。

为了使资本的计算趋于准确，《巴塞尔协议》还对资本中的模糊部分应予以扣除做了规定，包括：①商誉是一种无形资产，通常能够增加商业银行的价值，但又是一种虚拟资本，价值大小比较模糊；②从总资本中扣除对从事银行业务和金融活动的附属机构的投资。这些规定的目的是力图避免银行体系相互交叉控股，导致同一资本来源在一个集团中重复计算的"双重杠杆效应"，从而避免银行资本更加空虚和给银行体系带来风险，这些规定也可以避免跨国银行利用自己的全球网络巧妙调拨资金，规避管制或进行投机活动。

当商业银行的资本很少时，即资本资产比率很低时，因为其信誉下降，筹资能力很低，资金成本较高，并且由于其亏损、倒闭的概率较大，因此反映出商业银行的经营成本很高。当商业银行的资本很多时，由于其必须承担大量的资本成本与机会成本，因而此时的经营成本亦很高。在实践中，许多商业银行简单地将一定程度上高于金融管理当局所规定的最低限额的资本，作为自己的最适度的资本量。

三、商业银行资本充足率

商业银行的资本管理主要是对商业银行资本充足度的管理，包括数量充足与结构合理。数量充足是指银行资本数量必须超过金融管理当局所规定的能够保障正常营业并足以维持充分信誉的最低限度。资本结构的合理性指各种资本在资本总额中占有合理的比重，尽可能降低商业银行的经营成本与经营风险，增强经营管理与进一步筹资的灵活性。概括地讲，就是对资本充足率的管理。

（一）资本充足率的含义

资本充足率是指商业银行的资本和风险加权资产的比率。

资本充足比率＝总资本／（表内风险加权资产总额＋表外风险加权资产总额）×100%

（二）资本充足度的测定

表8-1为商业银行风险资产权重，计算资本充足率时，风险权重占了很重要的位置，不同的风险权重使银行在资本、资产总额相同的条件下比率不同。当计算一家银行的资本充足率时，就要按照协议规定的资产风险加权系数乘以银行资产负债的表内项目和表外项目。对于表内项目，以其账面价值直接乘以对应的风险权数即可；对于表外项目，则要根据《巴塞尔协议》规定的信用转换系数，首先将其转换为对等数量的贷款额度，然后再乘以相应的风险权数。

表 8-1　商业银行风险资产权重

资产负债表内项目	金额（万元）	对应的风险权重（%）
现金	75	0
短期政府债券	300	0
同业存款	75	20%
家庭住宅抵押贷款	75	50%
企业贷款	975	100%
资产负债表内总资产	1500	
支持政府发行债券的备用信用证	150	备用信用证对等信贷额风险权重20%；转换系数150×1.0=150
对企业的长期信贷承诺	300	转换为表内对等企业贷款 300×0.5=150；风险权重100
表外项目加总	450	

首先计算风险加权资产：

银行风险加权总资产=（75+300）×0+（75+150）×0.2+75×0.5+（975+150）×1=1 207.5

假设该银行的资本为100，则充足率=总资本/风险加权总资产=100/1 207.5=8.28%

第二节　《巴塞尔协议》与资本监管

一、《巴塞尔协议》及对资本监管的要求

1974年，德国赫斯塔特银行与美国富兰克林银行等国际银行相继倒闭，银行国际化、金融工具的创新及银行表外业务的发展，使各国对商业银行的监管严重弱化，而商业银行本身所承担的风险却在增加。1975年2月，由西方12国中央银行代表参加的巴塞尔会议，在讨论了银行的国际监督与国际管理问题的基础上，成立了巴塞尔银行业务条例和监管委员会，简称巴塞尔委员会。

西方12国中央银行行长在巴塞尔签署通过了《统一资本计量和资本标准的国际协议》（International Convergence of Capital Measurement And Capital Standards），即《巴塞尔协议》，为银行的资本充足性规定了统一的衡量标准。《巴塞尔协议》揭开了商业银行国际监管的新篇章，具有划时代的历史意义。《巴塞尔协议Ⅰ》

衡量资本充足率的主要尺度是资本对风险资产的比率。其中，风险资产是指资产负债表内不同种类的资产，以及表外项目根据其广泛的相对风险进行的加权汇总。《巴塞尔协议Ⅰ》对国际银行业的统一资本要求包括：核心资本（一级资本）与风险加权资产总额的比率不得低于4%，总资本（一级资本与二级资本之和）与风险加权总资产的比率不得低于8%，其中二级资本不得超过一级资本的100%。《巴塞尔协议Ⅰ》中规定的计算公式主要有：

$$风险资产总额 = 表内风险资产总额 + 表外风险资产总额$$
$$= \sum 表内资产额 \times 风险权数 + \sum 表外资产额 \times 信用换算系数 \times 表内相应性质资产的风险权数$$

$$一级资本比率 = \frac{核心资本}{风险资产总额} \times 100\%$$

$$二级资本比率 = \frac{附属资本}{风险资产总额} \times 100\%$$

$$资本对风险资产比率 = \frac{核心资本 + 附属资本}{风险资产总额} \times 100\%$$
$$= 一级资本比率 + 二级资本比率$$

二、《巴塞尔新资本协议》的主要精神及对资本充足率的规定

20世纪90年代中后期，在巴林银行破产案和日本大和银行巨额亏损案以及东南亚金融危机等背景下，商业银行的操作风险凸显。2004年6月，巴塞尔银行监管委员会发布了《统一资本计量和资本标准的国际协议：修订框架》，即《巴塞尔新资本协议》，于2006年年底在10国集团开始实施。经过一年的定量影响分析或双轨制计算，高级法也于2007年年底实施。新协议克服了旧协议考虑片面等缺陷，全面考虑了商业银行经营业务时的三种风险：信用风险、市场风险和操作风险，根据各项资产的风险权重决定资产充足率标准，并从对资本充足率的单一监管扩展为多个维度的监管，从而使得新协议的资本分配方法对风险更加敏感，对市场和监管机构更加透明。

《巴塞尔新资本协议》的主要精神是银行风险管理的三大支柱，即最低资本要求、监管部门的监督检查和市场约束，其中第一支柱为最低资本要求。

《巴塞尔新资本协议》的最低资本要求包括：

（1）核心资本（一级资本）与风险加权资产的比率不得低于4%，即：

$$核心资本比率 = \frac{核心资本}{风险加权资产} \times 100\%$$
$$= \frac{核心资本}{信用风险加权资产 + 12.5 \times 市场风险 + 12.5 \times 操作风险} \times 100\% \geq 4\%$$

(2) 总资本（一级资本和二级资本）与风险加权资产的比率不得低于 8%，二级资本最高不超过一级资本的 100%。其中，作为二级资本的次级债务和中期优先股的总额不得超过一级资本的 50%。按照信用风险标准法的要求，一般准备金可以包括在二级资本中，但是不能超过风险加权资产的 1.25%。按照内部评级法的要求，不再按照 1988 年的处理方法将一般准备金（即普通贷款损失准备）计入二级资本。即：

$$总风险资本比率 = \frac{总资本}{风险加权资产} \times 100\%$$

$$= \frac{核心资本 + 附属资本}{信用风险加权资产 + 12.5 \times 市场风险 + 12.5 \times 操作风险} \times 100\% \geq 8\%$$

信用风险加权资产是根据新协议规定的资产风险加权系数乘以银行资产负债表内项目和表外项目。其中，表外项目中主要包括备用信用证和长期贷款承诺。在测算银行风险资产状况时，新协议提供了三种可供选择的方案，即标准法、内部评级法（简称 IRB 方案，又分为初级法和高级法）及资产组合信用风险模型法（未来）。

三、《巴塞尔协议Ⅲ》及资本监管要求

美国金融危机的教训可以总结出对金融创新，特别是大银行的风险认识不足、顺周期凸显等监管盲区，因此，除了增设新的流动性新指标，并增设总额不得低于银行风险资产的 2.5% 的"资本防护缓冲资金"外，还提出了系统重要性银行的概念，同时把系统重要性银行和普通银行的资本充足率分别提高到 11.5% 和 10.5%。

中国在 2009 年加入巴塞尔委员会，银监会根据《巴塞尔协议Ⅲ》制定了新的要求（见表 8-2）。

表 8-2 商业银行资本监管要求

一级指标	二级指标	巴塞尔Ⅲ要求	银监会监管新规要求
资本充足率	核心一级资本	不低于 4.5%	不低于 5%
	一级资本	不低于 6%	不低于 6%
	总资本	不低于 8%	不低于 8%
	留存缓冲	2.5%	2.5%
	逆周期资本缓冲	0~2.5%	0~2.5%
	系统重要性银行附加	1%~3.5%	1%

续表

一级指标	二级指标	巴塞尔Ⅲ要求	银监会监管新规要求
杠杆率		不低于3%	不低于4%
贷款损失拨备	拨备覆盖率		不低于150%
	贷款拨备率		不低于2.5%
流动性	流动性覆盖率	不低于100%	不低于100%
	净稳定融资比率	不低于100%	不低于100%

第三节 中国商业银行的资本充足率

一、中国商业银行资本充足率现状

1995年，中国对商业银行的资本充足率有了相关的规定，但在实际中并没有重视。2003年，中国银监会成立，针对中国银行业日益严峻的资本充足率水平，颁布了《商业银行资本充足率管理办法》。截至2007年年底，随着监管力度的持续加大和各商业银行补充资本的途径多样化，中国商业银行的加权平均资本充足率为8.4%，第一次达到国际的监管标准。随着国际金融危机的影响和《巴塞尔协议Ⅲ》的颁布，中国对商业银行资本充足率越来越重视，截至目前，中国商业银行资本充足率水平的提高取得了一定的成绩。

（一）商业银行资本充足率水平提高

中国国有银行由于国家政策原因和其在中国经济发展中的特殊使命，不论是资本充足率水平还是核心资本充足率水平都已超过监管要求，由表8-3可知，中国四大商业银行资本充足率从2006年开始都超过了10%，多数在13%~14%的区间波动，且有波动上升的趋势。从核心资本充足率看，商业银行的核心资本充足率远超4%的监管要求，核心资本充足率集中在10%的水平上。随着国有商业银行股份制改革的推进，国有银行补充资本的方式，除了过去的政府注资以外，还通过上市、配股和增发股票等方式融资。

表 8-3　国有商业银行资本充足率与核心资本充足率（2006—2015 年）　%

年份		2006	2007	2008	2009	2010	2011	2012	2013	2014	2015
工商银行	资本充足率	14.1	13.1	13.1	12.4	12.3	13.2	13.7	13.1	14.5	15.2
	核心资本充足率	12.2	11.0	10.8	9.9	10.0	10.1	10.7	10.6	12.0	12.9
中国银行	资本充足率	13.6	13.3	13.4	11.1	12.6	13.0	13.6	12.5	13.9	14.1
	核心资本充足率	11.4	10.7	10.8	9.1	10.1	10.1	10.5	9.7	10.6	11.1
建设银行	资本充足率	12.1	12.6	12.1	11.7	12.7	13.7	14.3	13.3	14.9	15.4
	核心资本充足率	9.9	10.4	10.2	9.3	10.4	11.0	11.3	10.8	12.1	13.1
交通银行	资本充足率	10.8	14.4	13.5	12.0	12.4	12.4	14.1	12.1	14.0	13.5
	核心资本充足率	8.5	10.3	9.5	8.2	9.4	9.3	11.2	9.8	11.3	11.1

数据来源：各商业银行年报，Wind 数据库。

相对于国有银行，股份制商业银行的资本充足率提高更明显，以平安银行为例，2008 年资本充足率达到 8% 的监管标准，但此后的核心资本充足率上升较快，维持在 10% 的水平上。从整体看，股份制商业银行的资本充足率水平一般维持在 11% 左右，核心资本充足率维持在 8% 左右，相对国有银行来说较低。

根据银监会年报，截至 2015 年年低，中国商业银行的核心资本充足率水平为 10.91%，而表 8-4 中股份制商业银行的核心资本充足率水平均低于平均值，主要是由于国有商业银行的核心资本占总资本的比重较高，以 2015 年为例，表 8-3 中国有银行的核心资本占总资本的比率分别为：84.8%，78.7%，85.1%，82.2%，可以看出国有银行的附属资本占比较少。

表 8-4　部分股份制和城商行资本充足率与核心资本充足率（2006—2015 年）　%

年份		2006	2007	2008	2009	2010	2011	2012	2013	2014	2015
兴业银行	资本充足率	8.7	11.7	11.2	10.8	11.2	11.0	12.1	10.8	11.3	11.2
	核心资本充足率	4.8	8.8	8.9	7.9	8.8	8.2	9.3	8.7	8.5	8.4
平安银行	资本充足率	3.7	5.8	8.6	8.9	10.2	11.5	11.4	9.9	10.9	11.0
	核心资本充足率	3.6	5.8	5.3	5.5	7.1	8.5	8.6	8.6	8.6	9.0
浦发银行	资本充足率	9.3	9.2	9.1	10.3	12.0	12.7	12.5	11.0	11.3	12.2
	核心资本充足率	5.4	5.0	5.0	6.9	9.4	9.2	9.0	8.6	8.6	8.5
招商银行	资本充足率	11.4	10.7	11.3	10.5	11.5	11.5	12.1	11.1	12.4	12.6
	核心资本充足率	9.6	9.0	6.6	6.6	8.0	8.2	8.5	9.3	10.4	10.8
北京银行	资本充足率		20.1	19.7	14.3	12.6	12.1	12.9	11.0	11.1	12.3
	核心资本充足率		17.5	16.4	12.4	10.5	9.6	10.9	8.8	9.2	8.8

续表

	年份	2006	2007	2008	2009	2010	2011	2012	2013	2014	2015
宁波银行	资本充足率	11.5	21.0	16.1	10.8	16.2	15.4	15.7	12.1	12.4	13.3
	核心资本充足率	9.7	19.0	14.6	9.6	12.5	12.2	11.5	9.4	10.1	9.0

数据来源：各商业银行年报，Wind 数据库。

（二）资本充足率达标银行数量明显增加

根据银监会 2015 年年报数据，截至 2015 年年底，中国 1 020 家银行资本充足率水平达到了监管标准，相比于 2006 年的 100 家，增加了 9 倍多。由表 8-5 和图 8-1 可知，达标银行数量呈现逐年增长的趋势，且增长率先降低再趋于平稳，主要原因是 2011 年前，商业银行的扩张规模平稳，但随着银行基数逐渐增加，增长率逐年减少；2011 年以后，中国商业银行的发展劲头强势，各种城商行、村镇银行的建立，使增长率有所回升。

表 8-5 资本充足率达标商业银行数量和增长率（2006—2015 年）

年份	2006	2007	2008	2009	2010	2011	2012	2013	2014	2015
数量（家）	100	161	204	239	281	390	509	641	826	1020
增长率（%）	88.7	61	26.7	17.2	17.6	38.8	30.5	25.9	28.9	23.5

数据来源：2006—2015 年银监会年报。

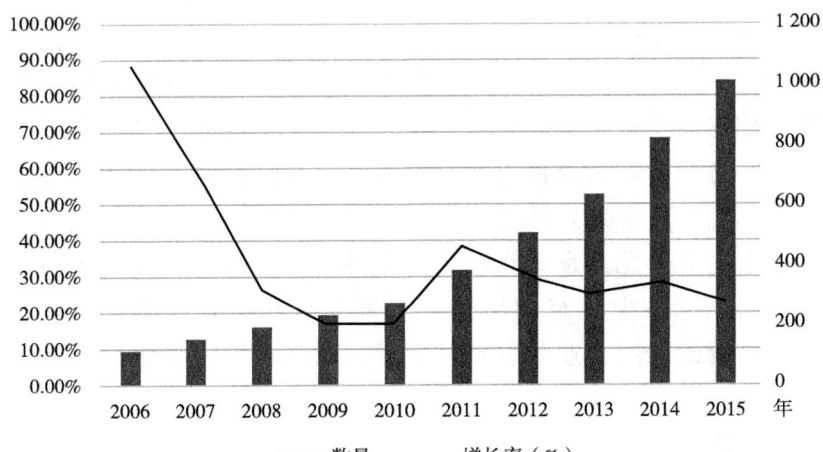

图 8-1 达标银行数量和增长率

数据来源：2006—2015 年银监会年报。

总之，从整体看，中国商业银行的资本充足率现状令人满意，资本充足率水平和达标银行数稳步提升。在银行业竞争越来越激烈的大背景下，商业银行保证资本充足率的稳定增长，是多方面原因共同作用的结果。

二、中国商业银行资本充足率变动的原因

由上述分析可知，近年来，中国商业银行的资本充足率水平有了稳定的提升，达标银行数量也有了明显的增加。首先是因为监管部门严格把控资本充足率达标标准，2003 年银监会的成立，使资本充足率监管加入中国对商业银行监管的标准范畴，2004 年 3 月 1 日，由国务院批准并开始实行《商业银行资本充足率管理办法》。2012 年 6 月 8 日，中国银监会根据《巴塞尔协议Ⅲ》，发布了《商业银行资本管理办法（试行）》，作为银行业资本管理办法的新标准。同时，银监会在日常的监督管理过程中，结合现场监管和非现场监管等多种手段，对商业银行进行严格监管，对于不达标的银行，采取强制其补充资本金或限制其扩张的手段，促使商业银行规范经营，保证银行业的稳定。此外，由于资本充足率是资本与风险加权资产的比率，因此其变动的原因可以分为分子因素和分母因素，分子因素即资本的变动对资本充足率变动的影响，分母因素即风险加权资产的变动对资本充足率变动的影响。

（一）提高资本充足率的分子法

1. 商业银行的盈利能力

在商业银行发展模式上，与国外商业银行相比，中国商业银行业务收入很大程度上依然倚重于狭小的存贷款领域，因此会导致资产质量不高，不良贷款率上升，进而影响商业银行的盈利水平，而商业银行的利润转增是增加商业银行资本充足率最重要的方式。近年来，各银行为了增强竞争力，积极提高业务创新能力，尤其是中间业务和表外业务的发展，增强了商业银行的盈利能力，提高了商业银行的稳定性水平。与此同时，商业银行的业务创新，加大了监管的难度，业务创新对监管的挑战，使商业银行的稳定性水平受到影响。

2. 上市融资

在发达国家中，上市融资是商业银行补充资本最便捷且有效的手段。尽管中国资本市场相对于发达国家来说还不成熟，但随着近几年中国资本市场的发展，越来越多的商业银行通过上市融资提高资本充足率。例如，工商银行于 2006 年

10月27日A股首次公开发行股票,筹集资金高达466亿元,资本充足率得到明显的提升。截至2010年年底,中国五大国有银行均通过发行A股上市。因当时国有五大银行的资本占中国商业银行的比重高达47.3%,中国商业银行整体的加权资本充足率也由此突破了10%。同时,上市融资可以促使商业银行谨慎经营,提高知名度,树立良好的企业形象,进而有利于吸引更多的资产,从而有利于商业银行的稳定性。但是,股票市场是高风险的市场,股票市场产生的消极因素也会影响到商业银行的日常经营,对商业银行产生不良的影响。此外,2013年之后很多大行发了优先股,农业银行最早发行了优先股,对资本充足率的补充意义重大。因为当时股市承载量不够大,再融资会引起股市震荡,但监管的要求又需要增加资本金,与此同时,银行的盈利能力是非常强的,支付固定股息红利是绝对没问题的,公司治理结构在引入战略投资者之后,应该比较规范,所以发优先股成为上市公司再融资的路径选择。

3. 政府注资

在中国,商业银行尤其是国有商业银行,承担着稳定金融市场和国家经济的使命,尽管中国的国有银行已经进行股份制改革,但国有性质的属性不变,国家会继续向商业银行,尤其是国有商业银行注资。同时,中国的商业银行或多或少存在政府的支持或扶持,这个性质的特殊性,也注定会为商业银行增加政府注资。从1998年开始,中国财政部就陆续通过发债的方式向国有商业银行注资,主要手段是采用30年期特别国债。从2003年起,汇金公司多次向商业银行注入资金,向四大国有银行注入的资金超过了1 000亿美元,提高了国有银行的经营实力,提高了其资本充足率,这也是中国商业银行加权平均资本充足率提高的重要原因之一。

4. 引进境外资金

2003年12月,银监会颁布了《境外金融机构投资入股中资金融机构管理办法》,该规定的实施,为商业银行更好地解决资本问题开拓了更大的空间。近几年,香港恒生银行持有兴业银行15.98%的股权;汇丰银行收购了交通银行19.9%的股权;美洲银行持股建设银行9.1%的股份。此外,包括华夏银行、光大银行等引进外资的工作也已初见成效。境外资金的引进,可以改善中国商业银行的治理结构,引进先进的理念、经验和技术,从而有利于中国的商业银行的稳定性。

5. 发行次级债

2003年银监会出台了《关于将次级定期债务计入附属资本的通知》,使得商业银行可以通过发行次级债增加资本。中国多家商业银行在不同时期发行过次级债,以兴业银行为例,2003 年 12 月,兴业银行为了使资本充足率水平达到 8% 的监管标准,发行了 30 亿元人民币的次级债,2011 年 6 月 28 日,由于面临新监管标准的实施,兴业银行发行了 100 亿元人民币的次级债,从而满足 10.5% 的资本充足率监管标准。因此,次级债的发行也是商业银行资本充足率提高的重要原因之一。

(二) 提高资本充足率的分母法

1. 实施信贷资产证券化

2005 年 4 月,中国人民银行和银监会发布了《信贷资产证券化试点管理办法》,开启了中国银行业资产证券化的趋势。2015 年 1 月,银监会发布了《关于中信银行等 27 家银行开办信贷资产证券化业务资格的批复》,27 家股份制银行和城商行获得开办信贷资产证券化业务的主体资格。尽管 2008 年的金融危机使中国信贷资产证券化的进程有所停滞,但近年来的快速发展对于银行业务的稳定经营有促进作用,具体的数据如表 8-6 所示。

表 8-6　信贷资产证券化产品发行规模　　　　单位:亿元

年份	2006	2007	2008	2009	2010	2011	2012	2013	2014	2015	2016
信贷资产支持证券	68	178	302	0	0	0	193	158	2 801	4 056	3 910

数据来源:Wind 资讯,中央结算公司。

由图 8-2、图 8-3 的对比分析可知,2016 年信贷资产支持证券产品发行规模趋于均衡化,标志着信贷资产支持证券市场开始走向成熟。由于银行业从事信贷业务面临着高风险,银行贷款通过资产证券化可以变成流动性较强的证券,能够让借款人免除一部分由于贷款人带来的流动性风险。同时能够改良借款人的资产状况,提高其资产质量,从而降低银行的融资成本,证券化之后的风险加权资产也会随之降低。

2. 不良资产的处理力度加大

从 1999 年开始,中国先后成立了四大资产管理公司,主要职责是依法处置国有银行的不良贷款,防范和化解金融风险,对国有银行处理不良贷款具有重要的意义。目前,不论是监管机构还是商业银行本身,都非常重视对不良资产的处置。积极运用多种处理不良资产的方式盘活不良资产,主要有资产证券化、资产重组与转让等。不良资产是影响商业银行资本充足率和稳定性的重要原因之一,不良资产率的降低,有利于增强商业银行抵御风险的能力,同时提高商业银行的资本充足率。

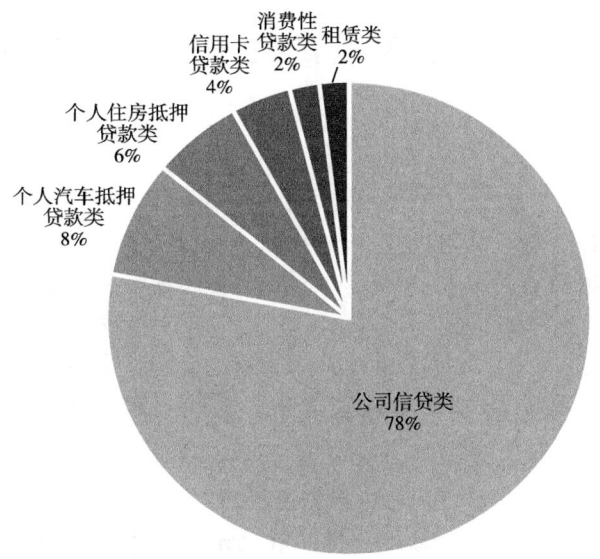

图 8-2 2015 年中国信贷资产支持证券产品占比分析（%）

数据来源：Wind 资讯，中央结算公司。

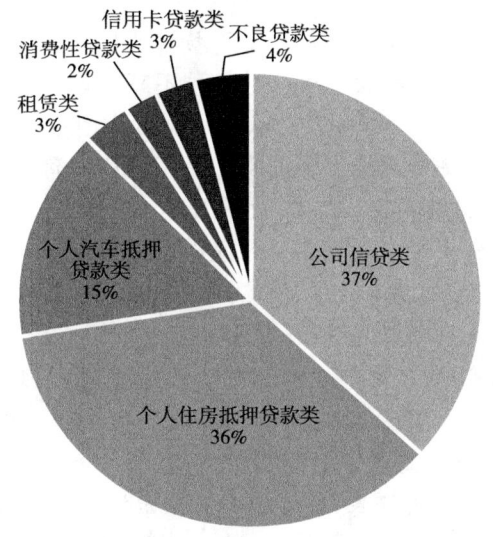

图 8-3 2016 年中国信贷资产支持证券产品占比分析（%）

数据来源：Wind 资讯，中央结算公司。

3. 地方政府平台贷款进行债转股和债务置换

中国商业银行的地方政府平台贷款风险比较高，近年来，通过发行地方债对平台贷款进行置换，同时进行债转股等系列改革举措，进一步降低了加权风险资产，提高了商业银行的资本充足率。

案例　农业银行的优先股发行突破

一、案例背景

中国大型银行一直以存贷为主要盈利模式，不良贷款率高，不断扩张规模，造成资源浪费，银行业的资本结构不完善，急需降低银行业风险，提高资本充足率，资本需求是银行发行优先股的动力。

2014年5月9日，中国农业银行股份有限公司召开股东大会，审议并通过了"关于中国农业银行股份有限公司优先股发行方案"的议案。2014年8月14日，中国农业银行股份有限公司取得《中国银监会关于农业银行发行优先股和修改公司章程的批复》，正式启动向中国证券监督管理委员会的申报程序，申请发行不超过8亿股的优先股，募集金额不超过800亿元，其中，2014年发行不超过4亿股，募集金额不超过400亿元。2014年10月24日，发布《2014年中国农业银行股份有限公司非公开优先股信用评级报告》，农业银行的信用展望是稳定状态，关于优先股的信用等级为AA+。

农业银行发行优先股方案：发行规模不超过8亿股；发行方式为非公开、分次发行；股息分配条款是浮动股息率；前5年不可赎回；强制转股触发的条件有核心一级资本充足率低于5.125%（或以下）全额或部分转股，当二级资本工具触发事件发生时优先股要全额转为普通股；强制转股的价格为董事会决议公告日前20个交易日普通股交易均价（2.43元人民币/股），并且除权不除息；表决权恢复转股价格是董事会决议日前20个交易日普通股股票交易均价（2.43元/每股），并且未来不调整；股息率为不高于中国农业银行最近两个会计年度的平均加权平均净资产收益率，即不高于20.82%。

2014年，中国农业银行募资一半，用于补充其他一级资本，首单优先股发行完成，农业银行募集的400亿元资金被26个机构瓜分。中国农业银行2014年与2013年资本充足率对比见表8-7。2015年以来，资金价格的一路走低为上市银行的优先股发行奠定了良好基础。2015年一季报的数据显示，上市银行目前的资本充足率普遍比较平稳。中国农业银行的优先股发行取得了成功。

表8-7　中国农业银行2014年与2013年资本充足率　　　　　%

年份	核心一级资本充足率	一级资本充足率	资本充足率
2013	9.24	9.24	11.85
2014	9.50	9.89	12.46

二、案例分析

(一) 中国农业银行发行优先股对自身的影响

农业银行优先股的发行一方面是对自身结构的良好调整；另一方面也为其他商业银行提供了优先股发行方案的参考。以存贷为主的盈利模式需要不断地扩大规模，在此基础上易造成资源浪费，不符合商业银行资源优化配置的目标，与此同时，规模效应的扩大也使得不良贷款率等提高，商业银行经营风险增加，提高资本充足率至关重要。随着经济的发展，资本充足率的要求也在不断提高。

资本充足率是资本总额与加权风险资产总额的比值，若银行遇到经营危机，可以保证银行及投资者不受损失或尽量减少损失。银行资本可以分为两个层次，一是核心资本；二是补充资本或附属资本，附属资本只能在有限的时间内起到吸收损失的作用，附属资本包括未公开的储蓄、重估储蓄、普通呆账准备以及混合型债务资本工具，优先股的发行就属于附属资本。

优先股的好处是债性强，优于普通股股权再融资。发行优先股可以用来补充其他一级资本，也降低了中国农业银行的核心一级资本充足率要求，优先股注重稳定的回报，给中国农业银行的发展带来了活力。中国农业银行发行优先股开启了金融业资本结构新时代。农业银行发行优先股以来，资本充足率进一步增加，由2013年的11.85%增长到12.46%，带来利润的同时也增强了防范风险的能力。

中国农业银行的优先股发行也大幅度减轻了银行普通股融资的压力，优先股开辟了新的融资渠道，并且更加具有债性，注重稳定的回报，避免了在二级市场上增发或者配股导致股票价格下跌。发行优先股是所有者权益的一部分，但其性质更加接近于永续债，优先股的股价波动小，相对稳定，收益也相对稳定。融资渠道的增加以及融资效率的增加，使得中国农业银行的经营更加稳健。资本充足率的提高意味着加权风险资产总额也会有相应的增多，资本总额增速大于加权风险资产总额的增速。

(二) 中国农业银行发行优先股对证券市场的影响

除了在证券市场内可融资的资金外，还有每年大幅度增加的保险资金、企业年金、养老资金、信托等各类资管产品，以及银行理财产品的余额等大量的资金来源，优先股的发行可以融合这些资金，即从证券市场外融资。虽然从优先股特点的角度说其流动性较弱，但是从引入证券市场外资金的角度说，优先股的发行使得证券市场的流动性增强。

中国农业银行优先股的发行对于普通股每股盈余的计算没有影响，甚至会有积极的作用，发行优先股促进了中国农业银行的经营规模扩大，税后利润增多，即使优先股的存在要扣除优先股股东的股息，但还是相对增加了利润，对于普通股的每股盈余有正面的推动作用。

(三) 中国农业银行发行优先股对股东的意义

优先股是相对于普通股而言的，优先股优先于普通股表现在：分配利润和剩余财产的权利优先于普通股，但是其权利排在债权人之后；其次，优先股可以预先设定股息的收益率，不受经营状况的影响。发行优先股是所有者权益的一部分，对于股东来说，绑定了股东的效益，有利于促进中国农业银行经营的效率，实现更高的经营水平。

(四) 中国农业银行发行优先股对投资者的意义

农业银行发行不超过8亿股的优先股，募集金额不超过800亿元，给各大投资者、投资机构带来了机遇，比如，保险资金等大型机构。强制转股触发的条件有两个：一是核心一级资本充足率低于5.125%（或以下）全额或部分转股；二是当二级资本工具触发事件发生时，优先股要全额转为普通股。只要触及转股的条件，则普通股的总股数就会增加，会吸引投资者对于优先股的投资，也会稀释每股权益，相对于普通股持有者来说也具有积极的作用。

(五) 中国农业银行发行优先股对于市场的利好有限

虽然中国农业银行发行优先股对自身、证券市场、投资者、股东等有好处，也为中国金融行业资本结构的调整做出了贡献，但是利好是有限的。优先股虽权利优先于普通股，但是没有经营权，并且一般情况下不能够赎回。优先股发行后给中国农业银行带来业务上的开拓和业绩上的增长，但是融资得到的资金在市场中还是会经过分流的，也就不能带来很大程度上的利好。从证券市场的角度说，发行优先股的银行占少数，并且发行规模有限，不同的优先股发行方案会带来不同的效益，总体说会使市场的利好有限。

三、案例启示

通过对中国农业银行发行优先股的描述和分析，我们能够获得很多启示。

(一) 中国农业银行优先股发行方案对其他银行有借鉴意义

中国农业银行的优先股发行方案考虑全面，涉及发行规模、发行方式、股息分配条款、前5年不可赎回、强制转股触发的条件、强制转股的价格、表决权恢复转股价格以及股息率等方面,并且个别条款考虑细致,作为第一单发行优先股的方案,对其他银行来说具有借鉴意义。中国农业银行优先股发行方案既符合证监会的监管要求,也平衡满足了投资者、股东和发行者三方的利益,给银行业一个借鉴,并且也值得其他行业学习借鉴。

(二) 开创中国金融业资本结构新时代

银行业以存贷为主的盈利模式带来的不适应该调整,优先股的发行给市场带来活力,促进发展。优先股的好处是债性强,优于普通股股权再融资。发行优先股可以用来补充其他一级资本,降低了中国农业银行的核心一级资本充足率要求,优先股注重稳定的回报,给中国农业银行的发展带来了活力。中国农业银行发行优先股开启了金融业资本结构新时代。我们应该以此为契机,形成相应的思考模式,在找寻道路方向的时候开拓思维,争取找到更多更好的发展模式,推动市场发展。

(三) 监管与经营要与时俱进

1988年,巴塞尔委员会第一次签订《资本充足协议》,该协议是以风险为基础的,要求银行核心资本对按风险加权后资产价值的比率保持在4%以上,而总资本对风险资产的比率要高出8%。而后,随着经济的快速发展,对于资本充足率的要求不断提高,比如,2010年9月12日,巴塞尔银行监管委员会发布了《巴塞尔协议Ⅲ》,要求资本充足率不低于7%。中国在2013年1月1日起实行资本管理新规:对大型银行和中小银行的资本充足率监管要求分别为11.5%和10.5%,这个目标要在2018年年底前达到。由此看出,我们的监管和经营都要与时俱进,共同进步,一直保持开拓创新的思维,才有可能适应潮流发展,实现共赢。

思考题

1. 新巴塞尔协议下中国商业银行资本充足率问题研究。
2. 提高中国商业银行资本充足率的途径。
3. 《巴赛尔协议Ⅲ》监管背景下商业银行的主要对策。
4. 上市银行资本与市值研究。
5. 上市银行的股价与资本充足率。
6. 资本充足率和杠杆率对银行绩效和风险的影响。

第九章　商业银行中间业务管理

第一节　商业银行中间业务概述

一、中间业务的概念及特点

(一) 中间业务的概念

商业银行的中间业务是指商业银行在一般不需要动用自己或较少动用自己资金的情况下，不以业务中的债权或债务人身份，而是以中间人的身份参与业务，替客户办理收付或其他委托事项，为客户提供各类金融服务并收取手续费的业务。

(二) 中间业务的特点

(1) 成本低。中间业务一般不需要动用自己的资金。商业银行经营中间业务只是代客户承办支付、结算及其他委托事项，商业银行原则上不垫付资金，因此降低了商业银行的经营成本。

(2) 业务多样性。一般以接受客户委托的方式开展业务，具有多样性特点。随着发展中间业务的力度加大，中国目前有上千种中间业务。

(3) 风险低，具有风险差异性。

(4) 表外性，中间业务不反映在资产负债表上。

(三) 商业银行开展中间业务的意义

开展中间业务可以增加银行的收入，改善商业银行收入结构。其次可以分散银行的经营风险、提供风险抵御能力；再次可以扩大信贷规模支持传统信贷业务，全面拓展金融服务，提高银行的综合竞争能力。当前信息科技为中间业务的创新提供了有力支持。

二、中间业务的种类

(一) 巴塞尔委员会对中间业务的分类

根据巴塞尔委员会对表外业务广义和狭义概念的区别，按照是否构成银行或有资产和或有负债，可以将表外业务分为狭义表外业务和传统中间业务。

(1) 狭义表外业务指或有资产负债类和金融衍生工具类表外业务。

(2) 传统中间业务指金融服务类表外业务。

广义的中间业务（表外业务）即传统的中间业务加狭义的表外业务。广义的中间业务的种类，按功能和形式可分为以下四类。

1. 结算类中间业务

商业银行的结算业务按服务对象所处的区域划分，可分为同城结算、异地结算、国际结算；按结算工具可分为汇票结算、支票结算和银行卡结算、信用证结算、电子数据交换结算等。

2. 代理类业务

代理类业务是指商业银行受政府、企业单位、其他银行或金融机构，以及居民个人的委托，以代理人的身份代表委托人办理一些经双方协定的经济事务的业务。代理类中间业务开展得较早，也常被称为代收代付业务，内容纷繁复杂，比较典型的包括代发工资、代理收费等。

3. 信息咨询业务

信息咨询业务是以转让、出售信息和提供智力服务为主要内容的中间业务。商业银行运用自身所积累的大量信息资源，以专门的知识、技能和经验为客户提供所需信息和多项智力服务。

4. 结售汇业务

中国的外汇管理制度实行结汇、售汇制，当企业和个人有外汇收入时，要按照当日的外汇牌价卖给银行，需要外汇时再从银行按当日外汇牌价买入外汇。2008 年之后取消了强制结售汇制度，但银行仍然是结汇售汇的主要窗口。当前，中国的外汇市场还未完全开放，结售汇业务基本不存在市场汇率剧烈波动的风险，但同时却可以收取较高的手续费。

(二) 商业银行对中间业务的分类

根据银行在办理中间业务所处的身份，可以将中间业务分为委托性业务、代理性业务和自营性业务。

（1）委托性业务是指商业银行在接受客户委托后，以自己的名义开展业务的各类中间业务，如各种结算业务、信托业务中的委托类业务等。

（2）代理性业务是指银行在接受客户委托后，以客户的名义开展的各类中间业务，如代理收款、代理保险、代理融通、代发工资、代销国债等各种代理业务就属于代理性中间业务。

（3）自营性业务是指银行自己主动参与的各类中间业务，如担保型中间业务等。

商业银行在办理代理业务时，所负的责任最小，拥有的权利也最小，通常不需要承担什么后果，一切要按委托人的意志办。办理委托业务所拥有的权利和应负的责任次之，有一定的自主权，但要受客户委托程度的限制；通常不承担风险损失的后果，但由于是以银行的名义开展的业务，需要承担信誉损失的后果。办理自营业务所负的责任最大，需要承担所有的后果，但权利也最大，可以自主经营。

（三）根据风险和期权期货性质分类

按照风险大小和是否含有期权期货性质将中间业务分为三大类：无风险/低风险类中间业务，不含期权期货性质风险类中间业务和含期权期货性质风险类中间业务三类。

（四）按照中间业务开展的普遍程度分类

按照中间业务开展的普遍程度可将中间业务分为六类。

（1）代理性中间业务，是现阶段商业银行开展的最为普遍的中间业务，主要包括：各类代收代付款项，代理性政策银行和非金融机构业务，商业银行之间的相互代理业务，代企业和个人理财以及其他代理事项。

（2）结算性中间业务，是商业银行为客户办理的由债券债务关系引起的、与货币收付有关的业务，如传统的结算业务。此外，还包括结售汇、外币兑换、国际收支申报、信用卡等。

（3）担保性中间业务，包括担保、承诺、承兑、信用证等。

（4）服务性中间业务，包括提供市场信息、企业管理咨询、项目资产评估、企业信用等级评定、公司财务顾问、电子计算机服务等。

（5）融资性中间业务，包括租赁、信托投资、出口押汇、理财服务中的代理融通业务等。

（6）衍生性中间业务。它是由商业银行从事与衍生金融工具有关的各种交易引起的业务，包括金融期货、期权、远期利率协议、互换业务等。

（五）按照中国人民银行的分类

2001年，中国人民银行颁布的《商业银行中间业务暂行规定》，将中国商业银行中间业务分为九类。

（1）支付结算类中间业务，指由商业银行为客户办理因债权债务关系引起的与货币支付、资金划拨有关的收费业务。

（2）银行卡类中间业务，指与由经授权的金融机构（主要指商业银行）向社会发行的具有消费信用、转账结算、存取现金等，以及全部或部分功能的信用支付工具有关的业务，包括借记卡、贷记卡等。

（3）代理类中间业务，指商业银行接受客户委托、代为办理客户指定的经济事务、提供金融服务并收取一定费用的业务，包括代理证券业务、代理保险业务、代收代付业务等。

（4）担保类中间业务，指商业银行为客户的债务清偿能力提供担保，承担客户违约风险的业务。主要包括银行承兑汇票、备用信用证、各类保函等。

（5）承诺类中间业务，指商业银行在未来某一日期按照事前约定的条件向客户提供约定信用的业务，主要指贷款承诺，分为可撤销承诺和不可撤销承诺两种。

（6）交易类中间业务，指商业银行为满足客户保值或自身风险管理等方面的需要，利用各种金融工具进行的资金交易活动，包括金融衍生业务，如远期外汇合约、金融期货、期权和互换等。

（7）基金托管类中间业务，指有托管资格的商业银行接受基金管理公司委托，安全保管所托管的全部基金资产，为所托管的基金办理基金资金清算、款项划拨、会计核算、基金估值、监督管理人投资运作等业务。

（8）咨询顾问类中间业务，指商业银行依靠自身在信息、人才、信誉等方面的优势，收集和整理有关信息，并通过对这些信息以及银行和客户资金运动的记录和分析，形成系统的资料和方案，并提供给客户以满足其业务经营管理或发展需要的服务活动，主要包括：信息咨询业务、资产管理顾问业务、财务顾问业务和现金管理业务。

（9）其他类中间业务，包括保管箱、鉴证业务以及其他不能归入以上八类的业务。

三、商业银行中间业务的发展趋势

（一）由不占用或不直接占用客户资金向占用客户资金转化

商业银行在办理中间业务时，通常不占用或不直接占用客户资金，但在办理某些中间业务时，可能会占用到客户资金，从而与客户建立起债权债务关系。如为客户办理信托业务时，客户向银行缴纳保证金，相当于客户在银行存了一笔款项；代理收款业务中收取的款项，在划给委托单位之前，实际上被银行占用等。

（二）由不动用自己的资金向银行垫付资金转化

一般而言，商业银行在进行投资或贷款业务时，必须动用自有资金，而在办理中间业务时是以"中间人"的身份出现的，无须动用自己的资金，而是凭借自身强大的资金优势，以银行信誉为"资本"，为客户提供金融服务。但有些中间业务需要商业银行垫付一定的资金，如贷款承诺业务，商业银行在做出承诺后，虽然不需要立即为客户垫付款项，但为了应付客户随时提款的需要，必须保持一定比例的流动资产。融资租赁业务，商业银行按照租赁合同为企业购置设备时，必须垫付一定的资金。因此，这类业务将银行与客户间的"委托代理"关系变为债权债务关系，使得这类中间业务具备了某些信用业务的特点。此外，银行在开展中间业务时会耗费大量人力、物力资源，相当于动用了银行资金，只是同资产、负债业务相比，在数量上要远小于它们而已。

（三）由单纯收取手续费向承担风险转化

一般而言，商业银行办理中间业务时是以中间人的身份代替客户承办各种委托事项，通过收取手续费的方式获取收益，成本低、效益高，故无须承担任何风险。但随着中间业务的发展，手续费的性质也在变化，商业银行承办的某些中间业务，如承兑、租赁、担保以及承担损失责任的代保管业务，要承担相应的风险，因而在手续费中包括相应的利息和风险补偿。如为客户办理票据承兑业务时，票据一经承兑，银行就变成第一债务人，届时如果票据的真实付款人无力还款，银行就承担无条件付款责任，承担了相当大的风险，所以银行在收取承兑费时需要包含风险补偿。

（四）由单纯接受客户委托向出售银行信用转化

商业银行在办理中间业务时是以接受客户委托的方式开展的。所以，中间业务在很大程度上是一种委托业务。但随着中间业务内容的不断丰富，银行某些委托业务的开展包括了出售信用过程。如人民币信用担保业务，银行利用自身的良好信誉和资金实力，为客户提供担保。信用作为一种无形资产，暂时让渡给客户使用，客户为能在一定时期使用这笔无形资产，支付一定的报酬，而银行按约定承担连带责任，当委托人不能履行合同时需代为偿付债务或承担赔偿责任，因此银行收取的费用中包含了信用补偿和风险补偿。

(五) 中间业务的外延不断拓展

随着经济的发展、科技水平的提高，现代商业银行开始向综合化方向发展，不断创新中间业务，使得其内涵不断扩大。目前中间业务已涉足金融衍生产品交易，从事诸如票据发行便利、期货、期权以及居民个人金融服务等。特别是个人金融服务，涵盖了消费信贷、信用卡、代理收付、信息咨询、财富管理等领域，克服了居民个人拥有的专业知识匮乏、操作技术水平低、信息不全面的弱点，是中国的商业银行下一阶段中间业务创新的重点之一。

尽管商业银行中间业务的性质和特征发生了上述变化，但仍具有明显的总体特征，即种类多样、风险成本低、资金非占用性等。正是由于这些性质和特征，发展中间业务成为商业银行应对挑战、提升竞争力的现实选择。

第二节 商业银行中间业务定价

一、商业银行中间业务定价主要考虑的因素

(一) 与存贷款定价不同

银行中间业务产品资金占用少，区别于存贷款业务定价。商业银行在提供中间业务产品时，多数情况下不需要占用银行的资金，佣金和手续费是其主要收入来源，这是中间业务定价区别于传统存贷款业务定价的基础。

(二) 定价不能一刀切

中间业务品种繁多，性质也不尽相同，所以定价不能一刀切。

(三) 定价要考虑风险因素

虽然商业银行开展中间业务不会引起资产负债表的变化，但是银行在提供中间业务时还是要承担相应的风险，因此，银行在定价时要充分考虑银行承担的风险。

(四) 要考虑组合销售情况

中间业务虽然种类繁多，但并非都是单笔进行的，通常是为某一客户提供一

笔业务时，还可以带来许多后续业务，有时一种中间业务产品是与其他中间业务产品或传统业务产品组合销售的。所以在中间业务定价时，要综合考虑组合销售情况。

二、商业银行中间业务产品定价的原则

商业银行中间业务定价应遵循四项原则。

（一）成本导向原则

商业银行中间业务虽然很少占用银行的信贷资金，但仍然具有一定的成本，如业务开发费用、宣传费用、人力成本费用、设备费用以及业务风险成本等。因此，实现收支相抵，进而扩大盈利是中间业务定价的基本原则。

（二）风险补偿原则

经营高风险业务品种自然要提高价格，反之则可适当降低价格水平。对可能形成较大风险的业务品种，如承兑、担保、承诺以及金融衍生工具类的中间业务，要提高定价标准；对代收代付等不占用银行资金的中间业务，可实行低价策略，使收益和风险相匹配。

（三）综合效益原则

中间业务定价既要体现单一效益，又要考虑到综合效益；既要考虑到眼前效益，又要兼顾长远目标。

（四）与需求弹性相结合的原则

对需求弹性大的中间业务品种，可实行低定价原则，或达到一定规模后适当降低产品价格，以增加有效需求，提高总的收益水平。对需求弹性小的中间业务品种，可实行较高的市场定价原则，或适当提高价格水平，以提高总收益水平。

三、商业银行中间业务定价的种类

根据政府、市场和商业银行分别对中间业务产品的定价影响能力，可将商业银行中间业务产品划分为三大类，即政府指导定价类、市场交易定价类、商业银行自主定价类。三类中间业务产品具有不同的特征，定价机制也存在较大差别，具体见表9-1。

表 9-1　中间业务产品的三类定价

	政府指导定价类	市场交易定价类	商业银行自主定价类
定价权限	监管部门管制或指导，银行定价权很弱	由众多交易者决定，银行定价权弱	银行考虑到客户、市场竞争与地位等市场要素，自主决定
产品	基本代理类、基本结算类业务	交易类中间业务，例如利率远期、掉期、可转换债等	租赁、投行、担保、部分金融衍生品、证券化业务等
特征	主要是涉足广大居民和企业利益的收费项目；此类金融服务具有一定的公益性	市场成熟，交易规范，参与者众多，流动性强	多为寡头市场，流动性差；银行可根据定价策略和目标，很大程度上可自主定价

四、中国商业银行中间业务的定价

2003 年 10 月，中国开始实施的《商业银行服务价格管理暂行办法》规定，除四项基本业务（人民币开户、存款、大额以下的存款、销户）外，商业银行的各项服务业务必须收费，并且收费将分为两个部分，对结算业务实行政府指导价，对银行提供的其他服务实施市场调节价，由商业银行总行、外国银行分行自行制定和调整，但要求制定和调整价格时，应至少提前 15 天向银行业协会报告，并至少提前 10 天在相关营业场所进行公告。对于政府指导定价类的中间业务产品，中国人民银行、银行业监督管理委员会等监管部门可干预和影响银行的定价权限。该暂行办法的出台赋予商业银行部分中间业务定价权，明确划分了政府和商业银行服务定价的权限。市场因素也是影响银行中间业务产品定价的重要因素，包括供给、需求、市场的竞争程度等。但是总体来说，从国际上看，商业银行对于中间业务产品定价的自主性有进一步增强的趋势。

商业银行中间业务全面收费以来，乱收费和不规范收费的现象在银行中普遍发生。近年来，发改委和银监会多次对银行收费进行规范。2011 年，银监会发布《关于银行业金融机构免除部分服务收费的通知》，取消人民币个人账户密码挂失费等不合理收费。

2012 年，银监会持续开展对乱收费等不规范经营行为的专项治理，要求银行严格执行"七不准、四公开"，公开收费价目表，建立投诉举报机制。"七不准"是指不准以贷转承，不准存贷挂钩，不准以贷收费，不准浮利分费，不准借贷搭售，不准一浮到顶，不准转嫁成本。"四公开"是指收费项目公开、服务质价公开，效用功能公开，优惠政策公开。

2014 年 2 月，银监会和发改委联合印发了《商业银行服务价格管理办法》，就明确银行服务定价程序、强化信息披露、规范内部管理、加强外部监管和社会监督等方面进行了全面规范,保障客户对银行服务价格的知情权、选择权,督促银行减费降费。

2015年,发改委又制定了《商业银行收费行为执法指南》,进一步规范银行业收费。其中规定,商业银行应当严格执行政府指导价、政府定价,合理确定市场调节价领域的收费项目和标准。政府指导价、政府定价的项目和标准由《商业银行服务价格政府指导价政府定价目录》确定。市场调节价的收费项目和标准,由各商业银行总行依据相关规定设定。商业银行分支机构应当严格执行价目表的收费项目、标准、范围、对象和内容。商业银行收费行为应当遵循依法合规,平等自愿、息费分离、质价相符的原则。依法合规是指收费行为应当遵循法律法规的要求;平等自愿是指商业银行与客户法律地位平等,应当在双方自愿基础上提供服务,不应以融资或者其他交易条件为前提,强制或者变相强制提供服务、收取费用;息费分离是指商业银行应当严格区分收息与收费业务,不以"息转费"的形式虚增中间业务收入,不将利息或者投资收益转化为收费;质价相符是指商业银行应当根据客户的实际需要,提供价格合理的服务。

顾问与咨询类、资金监管类、资产托管类、融资安排类等业务,特别应当体现实质性服务的要求。商业银行应当严格执行明码标价的规定,在其营业场所醒目位置及时、准确公示服务项目、服务内容、收费标准、适用对象、生效日期、投诉方式等。商业银行设立新的市场调节价收费项目,或者提高市场调节价的收费标准,应当按照《商业银行服务价格管理办法》的规定进行公示。

2016年6月5日,监管机构要求对使用最广泛的银行基础服务实行免费或者优惠,保障社会公众享有基础服务的权利,要求除银团贷款以外,商业银行不得对小微企业贷款收取贷款承诺费、资金管理费,严格限制对小微企业收取财务顾问费、咨询服务费等,此外下调了刷卡手续费标准,减轻商户负担,方便持卡消费,明确IC卡工本费定价原则和价格分担机制,鼓励商业银行减免优惠银行卡的工本费。进一步清理和规范收费项目,对于巧立名目,变相收费增加企业负担的,一律取消,并予处罚。

通过持续开展专项检查和治理整顿,银行乱收费行为得到一定规范,截至2014年年末,中国21家主要银行的收费项目平均为十大类305项,与2011年相比减少了117项。但部分银行机构仍存在收费质价不符、捆绑收费、只收费不服务等现象。银监会将加大整治力度,在要求银行坚持目录原则、透明度原则、质价相符原则和服务绩效原则基础上,持续开展专项检查和治理整顿,严格查处违法违规行为,督促银行建立价格与服务相称、成本合理补偿、标准科学透明的服务收费机制。对于不服务只收费的,要坚决取消并查处;对于能在利差中补偿的，不再另外收费；对于必须保留的补偿成本性收费，要严格控制收费水平，能降低的尽可能降低。具体举措包括三点。

（1）完善工作机制，督促银行建立价格与服务相称、成本合理补偿、标准科学透明的服务收费机制，取消不合理的中间业务收费。在银行服务规范收费方面，各家总行也有明确要求，但是基层仍存在变相收费的现象，因此要在治本改善考核指标方面采取措施。

（2）规范经营行为。继续督促落实"七不准、四公开"，提高服务收费信息透明度，清理不必要的资金中介、过道、通道、过桥环节，降低企业融资成本。

（3）推进"两个加强、两个遏制"，用好投诉举报，强化对银行违规收费行为的监管查处和惩治力度。对于不服务只收费的，坚决取消并查处；对于能够在利差中补偿的，要求不许再另外收费；对于必须保留的补偿成本收费，要求严格控制收费水平，能降低的尽可能降低；对于巧立名目、变相收费，增加消费者负担的，一律取消。

第三节 中国商业银行中间业务发展现状分析

中间业务在中国商业银行的发展时间还比较短，虽然最近几年在存量和流量上增长迅速，但是相比西方金融业发展成熟的国家，中国的发展还很不充分，在业务种类上银行卡业务、代理业务、托管及其他受托业务、支付结算业务、担保业务、承诺业务、理财业务，以及顾问咨询业务在中间业务中占了绝大部分比重，所以在分析中国上市商业银行中间业务时主要对八类子业务进行对比分析。

总体来说，主要的16家上市银行可以分成三类：一种是国有商业银行，包括中国工商银行、中国农业银行、中国银行、中国建设银行和交通银行。第二种是股份制商业银行，包括招商银行、中信银行、中国民生银行、浦发银行、兴业银行、华夏银行、光大银行、平安银行。第三类是南京银行、北京银行、宁波银行三家城市商业银行。

一、商业银行中间业务发展现状整体分析

从发展规模看，16家上市商业银行的中间业务收入总量均值在不断提高，均呈上升的发展趋势。如图9-1所示，国有银行的中间业务发展规模是最大的，且一直发展较快也比较平稳；而股份制商业银行发展速度最快，从2007年的23.47亿元发展到2017年的424.23亿元。城市商业银行也在不断地发展，反映

商业银行对发展中间业务的重视程度。

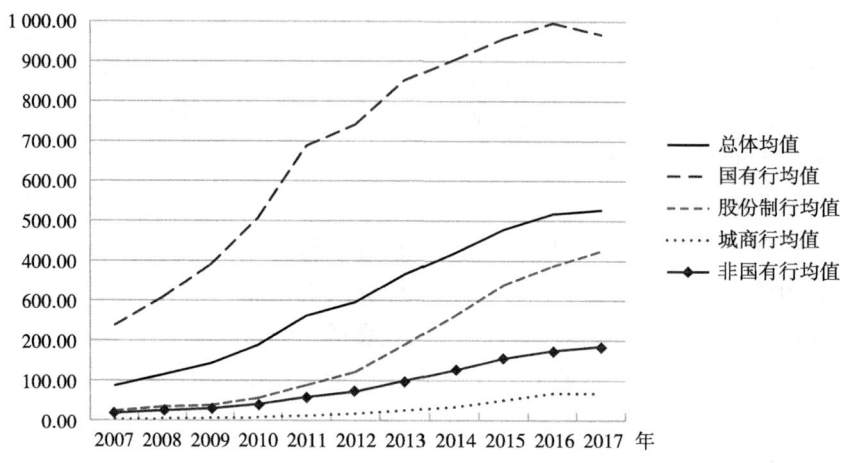

图 9-1 2007—2017 年上市银行中间业务收入的规模

数据来源：Wind 数据库及商业银行年报。

同时，从商业银行中间业务收入在营业收入中的占比看，16 家上市银行中间业务收入的总体占比从 2007 年的 9.8%上升到 2017 年的 26.77%。五大国有银行的该项占比从 2007 年的 13.63%上升到 2017 年的 21.46%；8 家股份制商业银行和 3 家城市商业银行都归为其他大中型上市银行，11 家银行的中间业务收入占比也呈快速上升的趋势，从 2007 年的 8.06%上升为 2017 年的 29.19%。股份制商业银行占比增速最快，从 2007 年的 8.85%上升到 2017 年的 32.68%；城市商业银行占比增速从 2007 年 5.96%上升到 19.86%。

总体来看，不同类型银行的中间业务收入占比都呈现上升趋势，2017 年国有银行和城市商业银行的中间业务收入在营业收入中的占比略微有些下降。在 16 家上市银行中，股份制商业银行从 2013 年开始一直是占比增速最快的，五大国有银行 2013 年之前增速快，2013 年后增速变缓，但还是快于城市商业银行。

二、商业银行中间业务发展现状横向分析（2008—2017 年）

对 16 家上市商业银行 2008—2017 年发展数据进行统计分析，将每家上市银行每类业务收入在中间业务收入的占比做算术平均求出均值，然后对 11 家城市商业银行每类业务的 10 年均值做比较分析。

（一）上市商业银行子业务发展不均衡

从图 9-2 中可以看到，目前上市商业银行中间业务各类子业务发展十分不均衡，大致可分为四个梯队。第一梯队为银行卡类业务收入和代理类业务收入，占比最高，分别是23.05%和18.02%，是一些附加值较低的传统型中间业务。第二梯队为支付结算类业务和咨询顾问类业务，收入占比均在12%以上。第三梯队为托管类业务、理财类业务、承诺类业务，收入占比在7%左右；承诺类的业务收入稍微低点，约占中间业务收入的6.45%。理财类中间业务在五大国有银行中仅有工商和建设两家银行有此类中间业务收入，且在中间业务总收入中的占比较高。第四梯队为交易类、担保类、投行类和电子银行类的中间业务，占比普遍较低，还未超过4%，电子银行类业务收入占比仅在0.75%。其中担保类业务，16家上市银行中有9家银行没有担保类业务收入，其中有7家属于非国有银行。主要是因为担保类业务是一种有风险的中间业务，当申请人不能履约时，需要有银行按照约定履行债务或承担责任。因此银行在发展这项业务时，需要承担相对较大的风险。而对于资产规模相对较小、银行管理体系尚不完善的非国有银行来说，开展担保类中间业务可能并不会对其营业收入有多大的提高，反而会给银行带来一定的经营风险，这几类业务都属于新型中间业务或有风险的中间业务，鉴于银行安全性和稳定性的考量，所以商业银行目前对于这几类业务的开展还比较少。

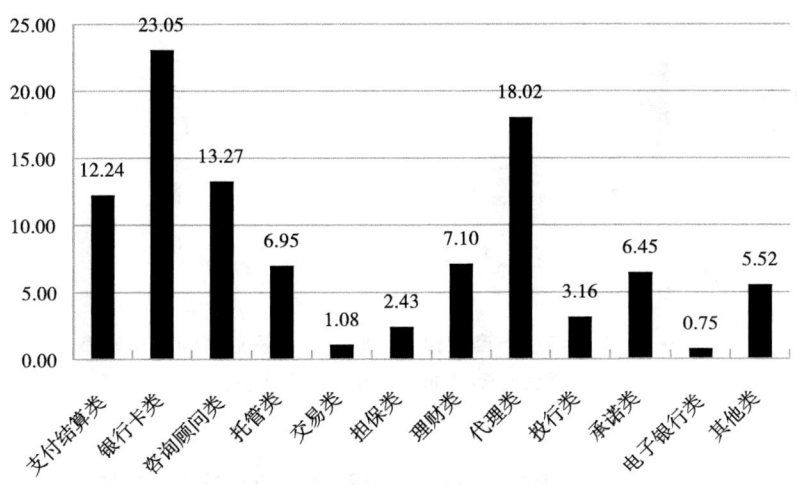

图9-2　16家上市银行中间业务各类子业务占比（%）

数据来源：Wind数据库及商业银行年报。

（二）不同性质的商业银行中间业务发展侧重点不同

16家上市银行中间业务的各子业务发展有很大差异。每家银行的中间业务收入类型不一。支付结算类、银行卡类，以及代理类中间业务的基础性风险较小的，16家银行都有涉及。

由图9-3可以发现，在国有银行和股份制商业银行中，银行卡类业务收入都是中间业务收入中占比最大的业务收入。其中交通银行、中信银行、光大银行、平安银行的银行卡类中间业务占比高达33%左右。而在城市商业银行中，代理类业务收入在中间业务收入中是占比均值最高的，占比均值达到34.02%，南京银行的代理类业务收入占比甚至达到48.6%。

对于托管类中间业务，股份制商业银行是三种类型的银行中发展占较大比重的一类业务。股份制商业银行的托管类业务收入占到中间业务收入的10.46%，但国有银行该类业务收入仅有4.52%，城市商业银行更少，托管类业务收入仅占到中间业务收入的1.63%。

创新型中间业务投行类是一种高附加值的中间业务，需要依靠银行丰富的资金、技术和人才资源，在国有银行中发展比例相对较高，达到6.64%，城市商业银行占比约在4%，但在股份制商业银行中，投行类业务收入占比0.83%，与国有银行相比有较大差距。

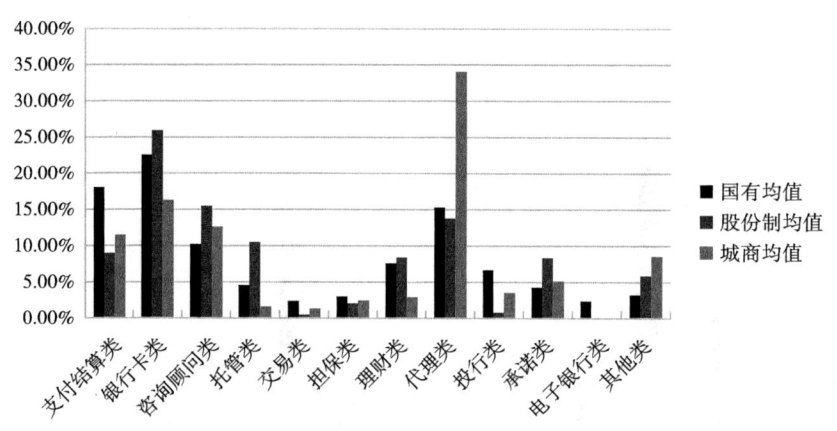

图9-3 各类型上市商业银行中间业务各子业务的占比均值

数据来源：Wind数据库及银行年报。

三、对上市商业银行中间业务发展现状的纵向分析

（一）上市商业银行中间业务各类子业务收入整体的时间变化

图9-4是16家商业银行总体中间业务各类子业务收入11年的占比变化情况。从图9-4中可以发现，2007年中间业务收入占比最多的是代理类业务，但从2008年开始支付结算类业务收入占比开始下降，一直到2015年代理类业务收

入占比才开始有明显上升。这期间银行卡类业务收入占比不断攀升，成为中间业务收入中占比最高的一类业务，并一直保持占比最多的地位。咨询顾问类业务收入占比总体呈下降趋势，从 2011 年开始基本保持下降的趋势。支付结算类业务收入的占比与咨询顾问类业务收入的占比基本一致，占比在 2010 年有小幅回升之后基本保持下降趋势，从 2007 年的 16.63%下降为 2017 年的 6.95%。托管类业务收入占比基本保持稳定增长的状态，2007 年托管类业务收入占比仅有 4.26%，2017 年占比达到 10.63%。理财类业务收入占比变化不大，2015 年迅速增长后保持平稳发展状态，其他新型的中间业务如电子银行类业务、投行类业务、交易类业务由于具有一定的风险性，发展一直比较慢。但随着近几年互联网技术的发展，电子银行业务收入占比开始有上升的趋势，其收入占比从最初的 0.32%发展到如今的 1.54%。

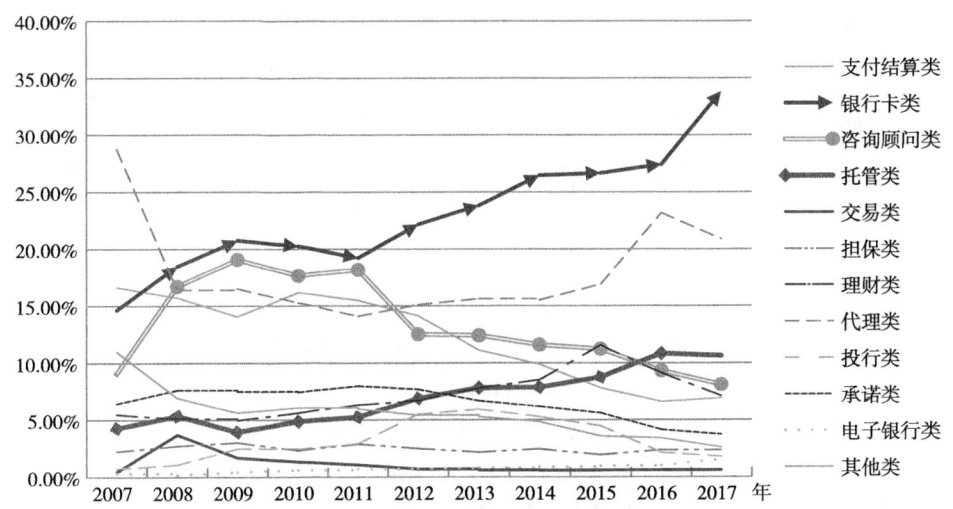

图 9-4　2007—2017 年上市银行中间业务各类子业务的发展变化

数据来源：Wind 数据库及银行年报。

（二）银行卡类业务收入呈上升趋势

2007—2017 年，银行卡类业务收入一直处于稳步增长趋势，从图 9-5 可以看到，2007 年总样本银行的银行卡类业务收入仅占中间业务收入的 14.63%，但从 2014 年突破 25%之后一直保持稳定增长，2017 年占比达到 33.8%，11 年比重上升接近 20%。国有银行的银行卡类业务收入占比与总样本的发展趋势基本一致，2016 年到 2017 年国有银行的占比稍微低于总样本占比。股份制商业银行的银行卡类业务收入占比增速最快，除 2007 年之外，其余年份一直保持在占比最高的位置。城市商业银行的银行卡类业务占比呈"M"形发展，2009年后占比开始下降，2012年后开始有小幅回升，2015年后占比又开始下降。商业银行卡业务之所以一直处于上升趋势，是因为银行卡的功能十分强大，现在的借记卡不仅具有传统的存款取款功能，还具有理财等功能，并且客户在手机上就可以完成这些简单的操作，方便了客户也可以提高银行的效率；信用卡的优点是方便人们对于资金的周转，人们可以先消费后还款，并且在免息还款期内不需要支付利息；另一方面，随着电子商务的迅速发展，手机银行、电话银行、网上银行，还有第三方网络支付平台的兴盛，越来越多的人喜欢在网上购物，也需要借助银行卡的帮助才可以实现，因此，可以看出中国银行卡市场的重要性。

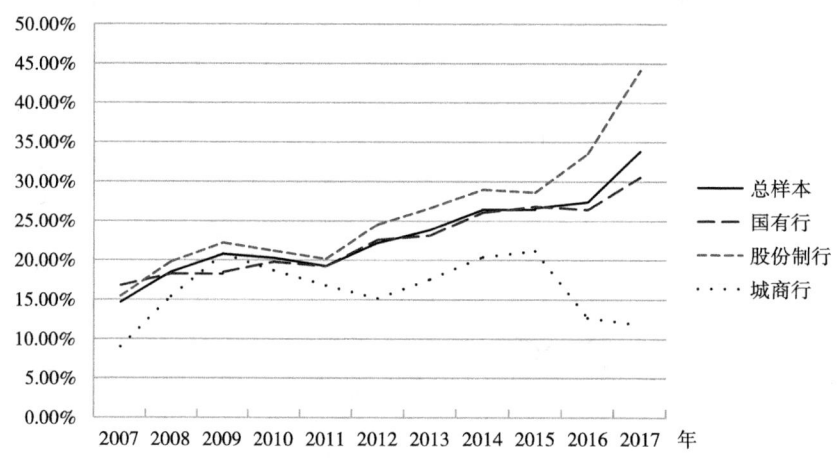

图9-5　2007—2017年银行卡类业务收入占比发展

数据来源：Wind数据库及银行年报。

（三）代理类业务收入占比总体呈下降趋势

代理业务是中国商业银行的传统中间业务之一，2007年发展情况最好，是商业银行最主要的中间业务收入来源。从图9-6看，总样本银行2007年代理类业务收入所占的比重达到28.75%，城市商业银行达到了41.83%。但2007年以后，代理类业务收入所占的比重总体上保持下降趋势。从2015年开始，国有商业银行和城市商业银行的代理类业务收入占比开始回暖，国有商业银行保持了两年的增长之后，2017年占比又有所下降，而城市商业银行则保持高速增长状态。但股份制商业银行的代理类业务收入占比一直保持下降状态，是占比降幅最大的一类银行。出现这种情况与资本市场的变化有很大关系，中国商业银行的代理类业务主要包括：代收代付，代理证券、保险、基金等，2007年，中国的资本市场异常火爆，有很大一批股民入资本市场购买基金，使得代理基金业务快速增长，但是，2008年金融危机的爆发也波及中国资本市场，投资者购买基金的热情降低，代理基金业务收入呈现负增长，到 2015 年随着资本市场的稍微回暖，再加上商业银行对代理贵金属和保险业务的重视，使得商业银行代理业务收入慢慢增长，2017 年又有所下降。

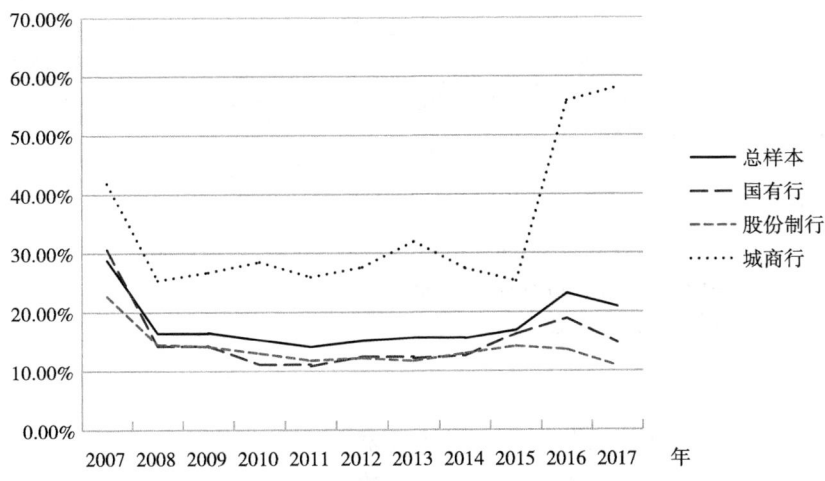

图 9-6　2007—2017 年代理类业务收入占比发展情况

数据来源：Wind 数据库及银行年报的数据整理所得。

（四）支付结算类业务收入占比总体呈下降趋势

支付结算类业务是一种传统型的中间业务，支付结算类业务收入虽然在逐年上升，但从图 9-7 中可以看到，支付结算类业务收入占比在不断下降。2008 年由于金融危机的影响，股份制商业银行和城市商业银行的支付结算类业务收入占比都在减少，但国有银行的支付结算类业务收入占比却在上升。其原因主要是国有商业银行的政府背景优势，在经济形势较差的时候，客户对其信任度比较大，故此类业务相较其他银行发展较快。2010 年以后，支付结算类业务收入占比一直在下降，主要原因是清算与结算业务的增长速度没有其他业务增长得快，其他业务收入比如银行卡业务收入比清算与结算业务同时期的同比增长额高很多，导致清算与结算业务在中间业务收入中的占比一直在下降。

（五）咨询顾问类业务收入占比总体呈下降趋势

咨询顾问类业务属于附加值较高的业务，开展此类业务需要依据商业银行自身信誉、人才、信息等方面的优势，为客户提供业务发展或经营需要的服务活动。从图 9-8 中可以看到，股份制和城市商业银行的咨询顾问类业务都呈下降的趋势，尤其是股份制银行在 2007 年到 2009 年有了较大的上升之后，基本呈下降的趋势。主

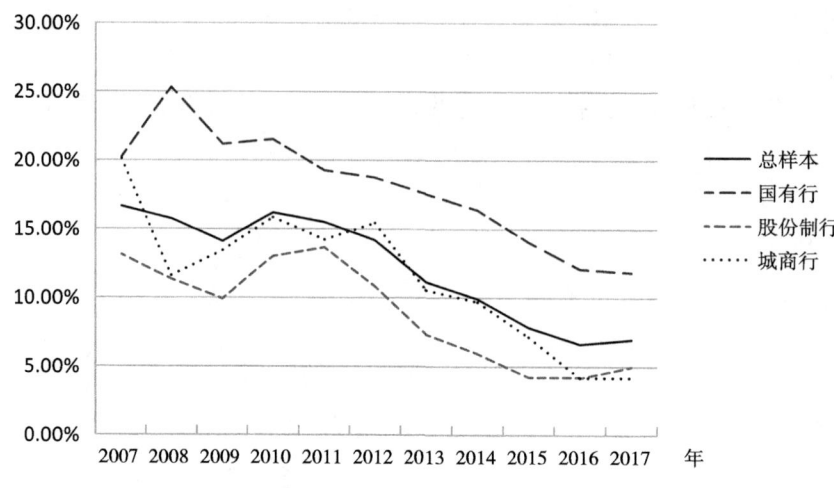

图 9-7 2007—2017 年代理类业务收入占比发展

数据来源：Wind 数据库及银行年报的数据整理所得。

要是股份制银行急于扩大自身规模，对业务发展的侧重点偏向一些成本投入较少、收益较明显的银行卡或代理类业务。而国有银行由于具有信誉和人才以及信息方面的优势，其咨询顾问类业务收入占比基本保持平稳上升的状态。

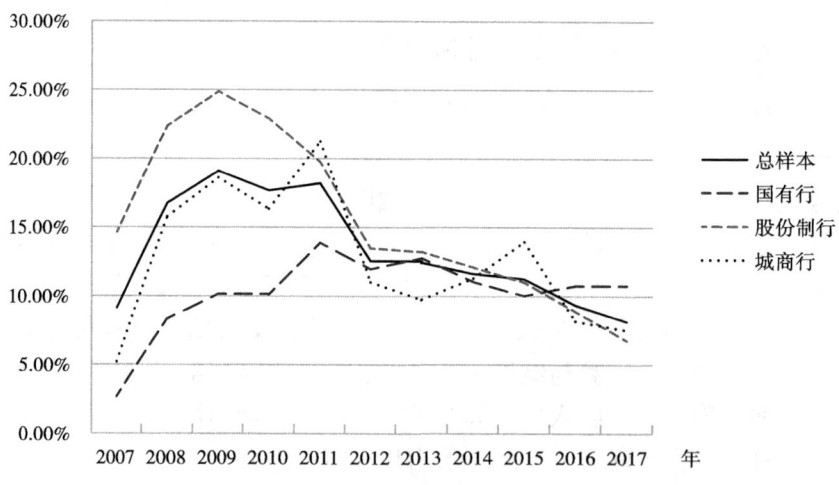

图 9-8 2007—2017 年咨询顾问类业务收入占比发展

数据来源：Wind 数据库及银行年报的数据整理所得。

（六）托管类业务收入占比总体呈上升趋势

托管类业务收入占比呈稳步增长状态。从图 9-9 可以发现，股份制银行的托管类业务收入占比增速最快，2012年突破10%，达到11.04%，接下来一直保持高速增长趋势。城市商业银行虽然增速较慢，但总体也是稳步增长。而国有银行的托管类业务占比几乎没有上升，总体看反而是下降的趋势，主要原因是国有银行的其他业务发展更快，导致托管类业务占比不断下降。

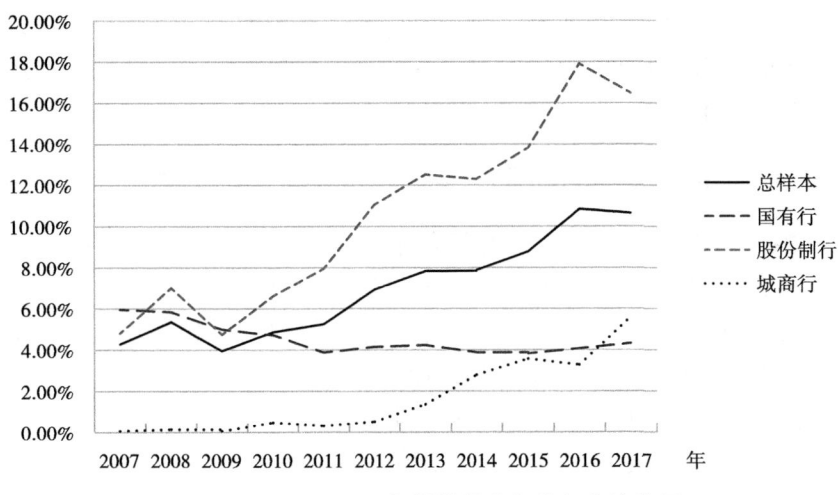

图9-9　2007—2017年托管类业务收入占比发展

数据来源：Wind数据库及银行年报的数据整理所得。

第四节　中国商业银行中间业务存在的问题和对策

一、中国商业银行中间业务存在的问题

（一）中间业务收入尚未成为中国商业银行收入的主要来源

在日本、美国等发达国家，商业银行中间业务收入一般占总收入的50%左右，甚至更高，有的甚至达到70%以上，中间业务收入已成为西方商业银行重要的收入来源，是西方发达国家商业银行主体业务之一。而中国的商业银行，由于分业经营的限制和市场化程度不足，有很多中间业务没有开展。目前利息收入依然是商业银行收入的主体部分，中间业务收入在营业收入中的占比还比较低，尚未成为中国商业银行的业务支柱，其占比在缓慢提升，但占比最高也仅在30%左右，发展空间仍然比较大。

16家上市商业银行中间业务收入占营业收入的比重在2007年仅为9.8%，2011年提高至15.24%，2014年跃升至20.86%，之后一直保持在20%以上，2017年升至26.77%，比较迅速。

但是，无论是五大国有银行还是股份制商业银行，抑或是城市商业银行，其中间业务收入在营业收入中的占比均在50%以下，还没达到营业收入的一半。由此看来，中间业务收入占营业收入的比重虽然不断增大，对银行盈利能力提升的贡献正在不断提高，但占比总体来说相对较低，所以现阶段利息收入仍然是中国商业银行收入的主要来源。

（二）不同类型的商业银行中间业务发展水平有一定差异

从图9-10可以发现，五大国有银行中间业务收入占营业收入的比重上升较为稳定，在2013年以前一直都是占比最高的银行，但在2013年后其中间业务收入在营业收入中的占比被股份制商业银行超越，相对股份制商业银行来说，比重增速较为缓慢，但比城市商业银行的占比增速要快很多。

股份制商业银行中间业务收入占营业收入的比重一直在不断攀升。其占比在2007年仅为8.85%，从2013年开始占比均值超过总体均值，2014年其占比均值达到23.73%，一跃成为占比最高的银行，比重之后一直保持高速增长，2017年突破30%，占比高达32.68%，充分体现了股份制商业银行的高增长速度以及对银行营业收入的重大贡献，对银行盈利的增加有很大的重要性。

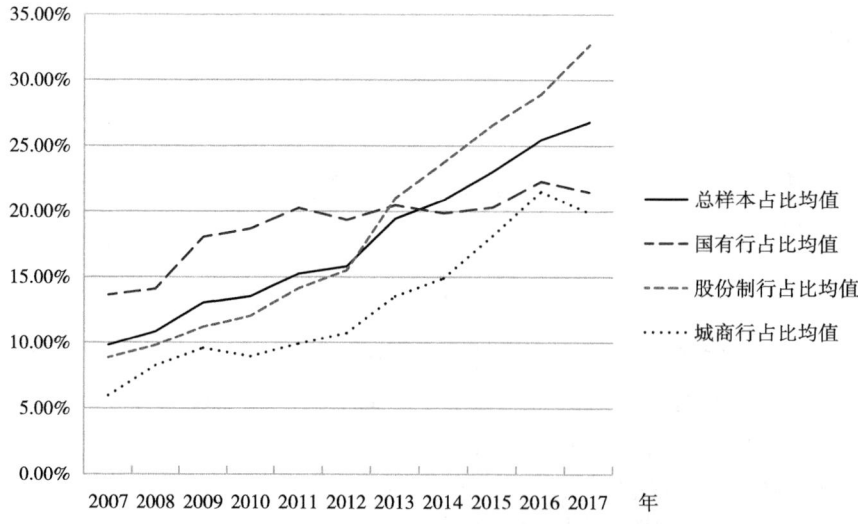

图9-10 2007—2017年不同类型商业银行中间业务收入占比均值

数据来源：Wind数据库及商业银行年报。

城市商业银行由于其资本规模较小,自身人才储备较少等原因,中间业务发展速度相对比较缓慢,但在营业收入中的占比在一直提高,2016年突破20%,2017年占比有小幅下降。总体来说,中间业务对银行盈利能力的提升有一定的贡献。

(三) 中间业务市场定位的偏差导致经营目标的错位

中国商业银行在开展中间业务时,会以经营传统业务的思想经营中间业务,以能吸收多少存款作为是否开办中间业务以及开展好坏的标准。把开办中间业务仅当成为企业提供优质服务,吸收和稳定存款的一种附带的服务项目,忽略了中间业务收取费用增效创收的效益功能。由于外部环境的制约和观念上的落后,广大客户对银行收取手续费缺乏认识,不少商业银行在某种程度上将其作为争夺存款份额的手段,致使银行业中间业务开展中出现随意确定收费费率,少收费、无偿服务或垫付资金的恶性竞争局面,使银行信用价值扭曲错位,为新兴的中间业务正常健康发展埋下了致命的隐患。在本文的研究中可以看到银行卡类业务在国有和非国有银行中的中间业务收入占比均值是最大的,但是通过后文的实证结果得出,银行卡类业务收入对非国有银行的盈利能力具有负向的消极作用。可见非国有银行尤其是股份制商业银行将银行卡类中间业务作为发展重点,但是最终带来的经营绩效却并不乐观。主要是由于股份制商业银行在扩大自身的资产规模、寻求利润高速增长的情况下急于求成,造成恶性竞争,多家银行将办卡的手续费降到最低甚至免费办卡,导致开展此类业务的成本大于其所带来的收入。

(四) 中间业务产品品种少、层次低、收益低

在西方发达国家,中间业务的发展已经十分成熟,发达国家的银行根据客户的需求开发出种类多样、含金量较高的中间业务产品,其种类高达几万种。而中国由于中间业务起步较晚,现阶段发展还很不成熟。虽然近年来各家银行都在大力发展中间业务,但是仍然满足不了客户的真实需求,与发达国家相比,业务发展还有很大差距。目前中国的中间业务产品利用信息技术的程度较低,产品层次低,高附加值的产品少。除此之外,商业银行之间竞争激烈,许多中间业务产品变成营销存款的重要手段,成为银行提供的售后服务,直接收益低,其效益只能体现在间接效益上。

(五) 中间业务的开展缺乏有力的人才和科技支持

目前,中国商业银行从业人员的从业素质普遍偏低,尤其缺乏对金融理论知识和金融科技以及精通互联网技术的全能型人才,不能很好地支持中间业务的开展。中间业务的相关产品需要高素质人才进行经营与管理,特别是高附加值的中

间业务更是如此。目前中国银行业老员工较多，多数老员工与年轻人新潮的工作理念有一定的冲突，导致团队协作能力降低，对于整个银行业务的开展有巨大的阻碍。同时随着互联网技术及金融科技的发展，银行业的信息技术系统也要随之更新换代，但由于专业型人才的缺乏，导致银行相对于其他行业来说，发展理念更为滞后，随之导致中间业务无法顺利开展。

二、商业银行发展中间业务的主要对策

（一）从银行内部分析

1. 合理调整各类银行的中间业务发展结构

从16家上市银行中间业务的收入结构看，支付结算类、银行卡类、代理类业务收入所占比重较大。这几类业务都属于银行的传统中间业务，对高科技以及高素质人才的要求不高，从业人员操作熟练即可上岗办理此类业务。中国绝大多数商业银行的中间业务多集中在传统业务上，而且积累了丰富的经验，但此类业务附加值低，能给银行带来的收益有限。而中间业务的创新品种如理财业务、交易类、基金托管等业务的收益较高，而且不需要大量的从业人员和设备，对银行固定成本的投入要求比较低。因此，中国商业银行应该转变中间业务的结构，大力发展投资银行类、担保类、咨询顾问类创新型中间业务。比如，理财业务，大型国有控股商业银行可以利用自身优势，大力发展对公理财，抓住高端客户，积极开展私人银行等业务。另外，还可以开发一些国际化的理财产品，服务更大范围的国际客户。而股份制商业银行则应充分发挥品牌营销的作用，积极建立自己的理财产品，并将其成功地推向目标客户群体。对于规模更小一些的城市商业银行，则需要准确定位目标市场为本地的中小企业。针对本地客户制定与之相适应的理财产品，并且主动上门服务，积极抢占本土市场。

此外，随着互联网技术的不断进步，网络金融正在兴起。未来的金融将是高科技的金融，任何银行无论是大规模还是小规模，国有控股还是股份制，内资还是外资，要想稳住自己的市场地位并不断发展壮大，都必须在电子银行业务领域加大投入，大力发展。商业银行应该以此为契机，大力发展网上银行、手机银行、自助终端等电子银行业务，从而实现中间业务服务由传统的线下服务向线上线下全天候服务转变，为广大客户提供更方便快捷的服务。

商业银行应该逐渐转变经营理念，认识到中间业务结构的合理性会直接与商业银行在未来竞争中的最大盈利点挂钩，对盈利能力有很大的影响，进而也会与综合竞争水平的提高有密切联系，乃至关乎商业银行的可持续发展。只有认识到

合理的中间业务结构对于银行未来发展的重要性,把对中间业务结构调整的重视度提升到战略高度,才可以使其高速、高效地发展。商业银行还应该认识到合理调整中间业务的紧迫性,面对竞争越来越激烈的金融市场以及宏观经济环境的微妙变化,商业银行必须未雨绸缪,尽早制定有效的政策,采取措施应对危机。

2. 实施差异化的发展策略

不同类型商业银行开展中间业务的状况各不相同,其中间业务收入对银行盈利能力的影响也不尽相同。因此,不同类型的商业银行在发展中间业务的过程中应实行不同的策略,不能一概而论。

(1) 国有商业银行。商业银行八类子业务中有六类对国有银行的盈利能力有促进作用,尤其是支付结算类业务收入、银行卡类业务收入、承诺类业务收入对国有银行盈利能力的提升影响最大。所以国有银行应该凭借自己较大的资产规模和较低的成本投入大力发展这几类业务,并逐步提高中间业务收入在总收入中的比重。同时也可以凭借自己的平台,在合理控制风险的情况下发展一些比较有特色、高附加值、高收益的中间业务,让自己的产品和业务定位全球化,进一步开拓国际市场,寻求中间业务发展的国际化。实证结果也显示,代理类业务收入和担保类业务收入对国有银行盈利能力没有显著的影响,但是代理类业务在国有银行中间业务中的占比比较高,所以国有银行应该突破原有的经营理念,在帮客户做简单的代收代付等业务的同时,有效利用客户的业务需求信息,以求开发新产品来迎合大众的产品需求。

(2) 非国有银行。11家非国有银行银行卡类业务会对盈利有负向的影响。而代理类和理财类业务对银行的盈利能力有正向的促进作用。从现实情况看,近年来,股份制银行在中国的发展速度非常快,资产规模不断扩大,分支机构越来越多,其中以中间业务收入的增速最快,但是在扩张自身发展规模的同时也容易忽视成本的控制,尤其是银行卡业务,多家银行为了招揽客户而为客户提供一些具有诱惑力的礼品,不论客户是否符合某类银行卡的需求或条件,银行只追求开卡量的上升而不重视初期成本和效益,导致出现多种废卡、空卡的存在,银行卡的使用率低,最终与初始目标背道而驰。而城市商业银行自身规模较小,要想发展中间业务必然面临大量的人员和资金投入,这就意味着固定成本的增加,一旦中间业务的回报不足以弥补这部分成本支出,就会造成该类银行收入的下降。

综上所述,非国有商业银行尤其是股份制商业银行应大力发展理财类业务,根据客户的不同需求推出不同类型且收益稳定的理财产品,合理控制宣传成本,在控制风险的情况下提升理财的收益率,吸引更多客户购买。另外城市商业银行要时刻注意成本的控制。因其一般带有明显的区域特性,跨行业的混业经营类中间业务对其来说比较难以实现,城市商业银行的客户对象以中小企业为主,业务品种相对比较单一。因此，在发展过程中可以定位为社区银行，将服务更加细致化，努力推出适合本地客户的中间业务品种，打造更加亲民的银行形象，以此为客户提供更好的服务。

3. 加强中间业务产品的创新使结构多元化

金融产品具有开发成本较低、很容易被复制的特点，所以一家商业银行开发出新产品后很容易在较短的时间被其他商业银行复制，从而失去了拥有该新产品的优势。可见要想在竞争激烈的市场中处于领先地位，就应该具有能够持续生产新产品的能力，时刻保持与其他商业银行一定的差异性。中间业务产品应该根据客户的实际需求或者潜在需求进行设计，这样才能得到客户的认可，持续时间会更长；另一方面还要尽量使中间业务新产品的风险成本控制在一定范围内，符合中间业务低风险、高收益的特点，使产品的创新有意义。商业银行应根据中国客户的需求、证券基金市场和保险市场的现实情况开发出适合的产品，满足不同层次客户的需求，扩大中间业务的市场占有率，使中间业务被更多的客户认可。

4. 保障中间业务收入结构调整的科技、人才支撑

总结西方发达国家商业银行中间业务及其结构的发展历程，充足的人才储备以及科学技术投入可以为中间业务结构的合理调整提供坚强的后盾。但是，目前中国商业银行从事中间业务的人员比较少，精英人才更加缺乏。另外，有关中间业务的科学技术投入如果没有得到重视，肯定会影响中间业务合理地调整结构。为了改变现状，促进中间业务及其结构向着更加科学合理的方向发展，商业银行必须增加从事中间业务的工作人员，注重金融人才的培养和使用，以理论结合实际的形式培训员工的业务技能，不仅要重视员工的理论知识学习，还要提高其实际操作水平。同时商业银行要增加中间业务的科学技术投入，把先进的网络技术、通信手段、计算机等技术手段运用到中间业务中去，使中间业务系统具有独立性、安全性和科学性，从而保证中间业务结构在调整时有强大的技术支撑。

（二）从政府层面分析

1. 对商业银行的监管要合理有度

由于商业银行中间业务有独特的风险，其中有一大部分业务属于或有资产、或有负债业务，使得银行被置于潜在的风险之中，同时中间业务与其他业务有着千丝万缕的联系，风险比较分散，管理难度大。所以出于对客户利益的考虑以及良好金融秩序的维护，严格的监管要求还是非常必要的。但若监管过于严格就会影响中间业务的创新，导致中间业务产品主要集中在部分传统业务领域。一直以来，中国监管层为了控制风险，保持金融市场稳定，防患未然，对于银行业的监管慎之又慎。因此，监管层有必要合理控制监管力度，提升银行经营业务的自由度以及对产品的

定价能力。由此银行便可以增加经营中间业务的范围,并且根据市场情况自主定价,提高自主创新能力,增强国内商业银行发展中间业务的积极性。

2. 逐步由分业经营向混业经营过渡

长期以来,中国商业银行的经营采用严格的分业模式,它的优势在于可以降低金融机构的经营风险,防止货币市场的资金直接进入风险较高的资本市场,从而起到维护一个国家金融稳定的作用。然而,分业经营会限制创新,从而会引起金融产品结构单一,这将不利于银行分散和控制风险。所以在分业经营的模式下,银行应对风险的能力会明显降低,对外部市场的变化非常敏感,所面临的竞争压力也比较大。中间业务是一种多元化经营的业务,经常会涉及多种业务的相互渗透,分业模式则无形中构成了对这种渗透的壁垒效果,会极大地限制中间业务的发展创新。而在西方发达国家,银行的全能化正在逐步增强,20世纪80年代,分业经营的限制在许多发达国家先后被取消,美国在1999年废除了《格拉斯—斯蒂格尔法》,结束了分业经营的历史,混业经营成为当今国际金融业的主流发展趋势。因此,为了促进中间业务的发展,中国也应该学习西方发达国家,逐步取消分业经营的限制。

3. 完善有关商业银行中间业务收入结构的相关法律法规

为了使商业银行中间业务结构更加合理,健全的法律法规保障十分必要,要做到有法可依。监管机构应该根据中国商业银行中间业务结构的特点,制定适合的法律法规,而不应该一味地模仿西方国家的法律法规。另外,应该有更多专门关于中间业务结构的法律,详细说明商业银行应该披露的信息以及需注意的方面,明确中间业务结构在发展过程中的细节,增加透明度,降低风险,但是也不能制约其发展,更多的应该加强对商业银行的指引,保证其能够快速、安全的发展。同时还应该有关于中间业务统一的会计制度,因为根据传统的会计标准,资产负债表不会反映中间业务的变化,更不能及时发现其风险,对于不能在资产负债表中反映而导致的风险要尽量避免。

第五节 中国商业银行私人银行业务的发展

从广义的角度,现代意义的私人银行,是指为高净值及以上客户层级提供综合金融服务的机构。私人银行具有安全性、私密性、专业性、个性化和全球化等基本特质。

商业银行私人银行业务历史久远,起源于16世纪的瑞士。最初是为了保护欧洲贵族的财富,经过400余年的发展演变,它已从为少数贵族的财富管理服务逐渐转变为为高端富裕客户的综合性金融服务。不同于传统银行业务，私人银行业务是一项具有极强私密性的专业金融服务，并始终在不同的市场环境变化中发挥着"生财、理财、护财、传财"的核心作用，因此私人银行业务成为与存款商业银行业务、投资银行业务并驾齐驱的主要银行服务之一。

目前，全球私人银行业以日内瓦、苏黎世、伦敦、纽约、迈阿密、新加坡和中国香港等地为中心，形成了欧洲、北美和亚太三大区域市场。此外，中东石油生产国家、拉美资源矿产国家也是私人银行业务的重点区域市场。据市场研究机构 Scorpio Partnership 发布的《2014 年全球私人银行业报告》显示，2014 年全球私人银行业规模增长 1.7 万亿美元至 20.6 万亿美元。其中，瑞银集团、摩根士丹利和美银美林资产管理规模占据前三，规模约 2 万亿美元。

2007 年，中国私人银行正式起步。2007 年 3 月，中国银行与其战略投资者苏格兰皇家银行合作，在京、沪两地设立私人银行部。截至 2010 年年底，国内共有 16 家银行在 22 个城市开设了超过 150 家私人银行网点，客户数超过 2 万户，管理资产规模超过 3 万亿元。2007 年 3 月 28 日，中国银行成为国内首家设立私人银行部的中资银行。2009 年 7 月，银监会发布《关于进一步规范商业银行个人理财业务投资管理有关问题的通知》，在全国范围内开放私人银行牌照的申请，允许建立私人银行专营机构。银监会只给工商银行、农业银行、交通银行三家银行发过私人银行牌照，且只针对上海设立私人银行管理总部。中国五大国有商业银行以及主要股份制商业银行的私人银行业务设立情况，如表 9-2 所示。

表 9-2　商业银行私人银行业务设立情况

	银行名称	开业时间	资产门槛
国有银行	中国银行	2007 年 3 月	100 万美元
	交通银行	2007 年 7 月	200 万美元
	工商银行	2008 年 3 月	800 万元人民币
	建设银行	2008 年 7 月	1 000 万元人民币
	农业银行	2010 年 9 月	800 万元人民币
股份制银行	招商银行	2007 年 8 月	1 000 万元人民币
	中信银行	2007 年 8 月	100 万美元
	民生银行	2008 年 10 月	1 000 万元人民币
	兴业银行	2011 年 8 月	600 万元人民币
	光大银行	2011 年 12 月	1 000 万元人民币
	浦发银行	2011 年 12 月	未披露

数据来源：各大商业银行官方网站披露。

在五大国有银行以及主要股份制商业银行开展私人银行业务后,许多城市商业银行也纷纷开展私人银行业务。

中国商业银行私人银行业务自2007年诞生以来,经过几年的发展,业务规模不断扩大,取得了长足的进步。经过从机构、队伍和品牌建设的初创期,到依靠刚兑及高收益产品为王的高速发展期,中国商业银行私人银行业务目前进入新的历史发展阶段。2015年5月26日,招商银行和贝恩公司联合发布《2015中国私人财富报告》,报告指出,2015年,中国个人可投资资产1 000万元人民币以上的高净值人群规模已超过100万人,全国个人总体持有的可投资资产规模达到112万亿元人民币。中国私人财富市场持续释放可观的增长潜力和巨大的市场价值,前景看好。经过多年的市场培育和深耕,私人银行服务已深入人心,高净值人群对私人银行服务的信任和依赖度进一步增强。中资私人银行在不断探索境内高端财富管理市场创新服务模式的基础上,也积极加大对境外市场的战略投入,致力于为中国高净值人群打造境内外联动的综合金融服务平台。

案例 中国工商银行私人银行

一、中国工商银行私人银行业务发展现状

2008年3月27日,中国工商银行私人银行部在上海正式成立,成为国内经中国银监会批准持牌经营的私人银行业务专营机构。截至2014年年末,中国工商银行私人银行业务的基本情况如表9-3所示。

表9-3 中国工商银行私人银行业务基本情况

银行部门	中国工商银行私人银行部
业务开展时间	2008年3月27日
资金门槛	800万元人民币
主要负责人	马健(中国工商银行私人银行部总经理)
网点情况	总部位于上海,下设北京、上海、广州、深圳、太原、南京、杭州、济南、郑州、成都等分部,以及湖北、宁波、苏州、吉林等私人银行中心
客户数量	43 000户
管理资产	7 357亿元人民币
业务收入	35.86亿元人民币
组织架构	准事业部制模式

续表

银行部门	中国工商银行私人银行部
曾获荣誉	《财资》(《The Asset》)"中国最佳私人银行"(2014年、2013年) 《亚洲金融》"中国最佳私人银行"(2014年、2013年、2011年) 《上海证券报》"中国最佳私人银行"(2014年) 《亚洲银行家》"中国最佳私人银行"(2013年、2012年) 《欧洲货币》"中国最佳私人银行"(2011年、2012年) 《理财周报》"中国最佳私人银行"(2011年)

资料来源：中国工商银行私人银行部官网。

(一) 工商银行私人银行业务的客户数量与管理资产规模

自2008年中国工商银行开办私人银行业务以来，截至2014年年末，全行金融资产800万元以上高净值客户从4 318户增长至4.3万户，增长9倍，复合增长率为39%；管理资产规模从749亿元增长至7 357亿元，增长9倍，复合增长率为39%；私人银行业务收入从最初的323万元到2014年的35.86亿元，增幅显著；私人银行产品余额3 786.7亿元，较年初增加2 448亿元，增幅超183%。2014年，私人银行业务各项指标增幅均超35%以上，全面超额完成年初制定的各项工作目标，初步确立了中国工商银行在私人银行业务中的行业领先地位（见表9-4）。

表9-4 2008—2014年中国工商银行客户规模

年份	高净值客户数（人）	管理资产（亿元）
成立之初	4 318	749
2008	8 262	1 701
2009	13 032	2 550
2010	18 003	3 543
2011	22 173	4 345
2012	26 090	4 732
2014	43 000	7 357

(二) 业务收入增长情况

2014年年末，中国工商银行个人理财与私人银行业务收入为206.8亿元，较2013年同期增长24.5亿元，增幅为13.44%。图9-11展示了2009年至2014年工商银行个人理财与私人银行业务收入的变化趋势，可以看出，个人理财与私人银行业务收入逐步上升。

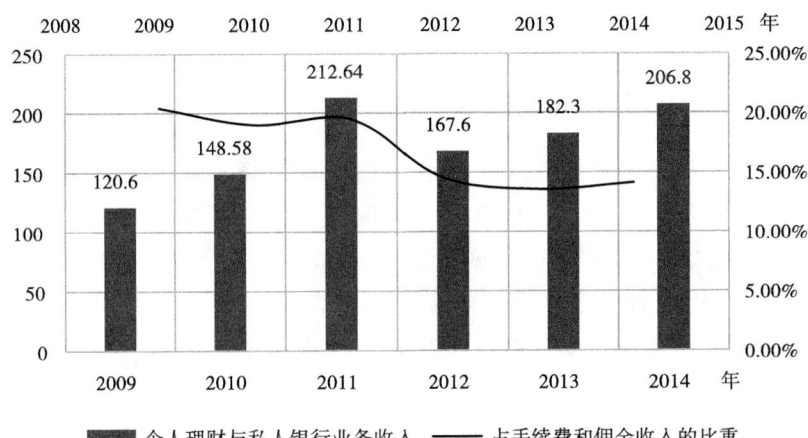

图 9-11　2009—2014 年工商银行个人理财与私人银行业务收入

二、中国工商银行私人银行业务的境内外业务布局

中国工商银行已在境内设立了 36 家私人银行一级中心，并在具备潜力的二级城市延伸了 400 余家服务中心，形成了覆盖全国高端客户市场的业务布局；同时，中国工商银行将服务拓展至境外市场，先后在中国香港、新加坡、法国、美国、澳大利亚、阿根廷、中国澳门等 14 个国家和地区启动了私人银行业务，让更多海外客户有机会分享中国经济增长的红利。在境外，中国工商银行初步形成了以香港私人银行中心作为全球产品研发中心，以香港、欧洲、新加坡和中东为区域中心，覆盖重点市场的良好局面。

（一）私人银行全球产品与服务不断创新突破

中国工商银行在国际主流基金市场完成中资银行首个私募基金的注册工作。2014 年 12 月 4 日，中国工商银行私人银行全球理财基金在卢森堡完成注册，成为中国首家利用全球认可基金平台发展的私人银行私募基金产品，标志着工商银行私人银行业务走上全球舞台。首次实现境外工商银行私人银行专属 RQFII 产品的发行，在香港和新加坡地区先后发行了 3 款 RQFII 私募基金以及 3 款 RQFII 基金专户，规模总计 8.5 亿元人民币。上述产品均由私人银行部担任投资管理人，业绩表现位居同类基金前列，广受客户好评。同时，形成了以安居、安家、留学等标准化跨境顾问咨询业务。一方面,发展以澳大利亚、新西兰、美国、加拿大和中国香港为重点的安家和安居跨境顾问咨询服务;另一方面,发展以美国和英国为重点的留学跨境顾问咨询服务,以此满足境内客户走出去、境外客户走进来的综合性服务需求。

(二) 积极打造境内外一体化服务平台

为满足客户全球资产配置服务需求,中国工商银行组织境内私人银行客户前往法国、西班牙、葡萄牙、加拿大、美国、阿根廷、澳大利亚、新西兰、新加坡、泰国等国家和地区进行投资、置业、留学等全方位考察,为客户打造"出国不出行"的全新服务体验。为帮助客户及时了解全球投资热点,中国工商银行携手境外机构私人银行部门,联合当地专业合作机构,为境内客户送上一手资讯。

三、"大零售"战略下私人银行业务的创新发展

经过近几年的发展,中国工商银行私人银行业务从初创的探索期逐步进入规模快速发展的成长期。在经历转型改革之后,中国工商银行私人银行业务成功融入"大零售"战略,获得新的发展契机。

2013年年底,中国工商银行率先向中国银监会递交《私人银行业务管理办法》,从制度层面为客户提供资产管理、产品遴选、另类投资、全权委托、顾问咨询、财务管理等一系列产品和服务。私人银行部主要负责对产品组合进行动态管理,而在细分投资市场上则选用最优秀的管理人员负责,建立了自上而下的投资管理模式。

中国工商银行私人银行部改变了以往简单销售单一产品的方式,通过一组产品来满足客户的多样性需求,建立了"四位一体"的产品线结构,包括核心系列理财产品、基础系列理财产品、策略型产品和区域投融资产品,进一步健全了"核心+基础+策略"的产品体系,为客户提供跨市场、跨机构、跨区域的投资产品;实现了产品期限由短到长、风险收益由低到高、投资领域由单一到多元的全覆盖完善型理财产品线布局,基本覆盖私人银行客户多元化的投资需求;建立了以做大基础型产品规模,做强核心系列产品收益,做精策略型产品结构的业务思路。目前已经形成了货币市场类、固定收益类、股权投资类、权益投资类、另类投资类等六大序列。

除此之外,中国工商银行私人银行还为拥有5 000万元以上资产的客户进行专户理财,实行投资策略动态调整。2015年上半年,中国工商银行私人银行完

成一对一专户服务实现跨越式发展，通过专户产品管理人员勤勉尽责的交互式投资管理服务，为客户提供了稳健、出色、富有持续性的投资业绩回报。截至2015年6月30日，中国工商银行私人银行专户客户已经突破600户，管理规模也已经突破300亿元，最大专户管理资产突破30亿元。2016年上半年，各类专户为客户平均创造年化14.26%的收益，其中尊享系列专户服务平均年化收益率达到16.51%，业绩稳健中把握了成长性。

四、案例分析

经过不懈的努力，中国工商银行的私人银行业务取得了快速的发展，不仅走进了国际大舞台，也成功融入了工商银行"大零售"战略，取得了不俗的业绩，但在快速发展过程中也暴露出很多问题，应引起大家的关注与思考。

（一）同业竞争激烈

伴随着国内私人财富的迅速增长，财富管理服务的需求提升，而国内的私人银行远不能满足如此庞大的市场需求。外资银行在国内没有存量客户，他们在国内获得的每一位高端客户，都来自国内商业银行。因而，外资银行与国内银行存在着激烈的竞争关系，外资银行明显的竞争实力和竞争优势是国内私人银行强有力的竞争对手。

作为发展较好的国内私人银行，中国工商银行私人银行部的资产管理水平虽然有了一定程度的提高，但与外资银行相比尚处于初级阶段且存在较大差距。由于工商银行私人银行业务绝大多数从业人员缺乏服务富裕客户的足够经验，因而在获得客户信任、了解并挖掘客户需求等方面的能力仍有待提升。此外，在品牌历史、人力资源等方面，外资私人银行仍然比国内银行更具优势。面临着外资银行的高竞争压力，中国工商银行应直面挑战，积极向外资企业借鉴经验，并提升自己的核心竞争力。

（二）分业经营带来的业务制约

中国目前实行的是分业经营、分业监管的法律制度。商业银行仅能通过代销证券、保险等产品获取较低的代销费用，不能根据客户的实际需求设计个性化的金融产品，无法满足客户综合化的金融需求，因而难以实现服务收益的最大化。

由于受到分业经营的制约，目前工商银行私人银行业务所能提供的理财服务主要停留在建议、咨询或者理财方案的设计等初级水平上，尚不能为客户提供较高层次的资产管理服务，限制私人银行业务向其他市场的交叉和延伸。私人银行客户一旦得不到所需的资产管理服务，便会选择将资产投资到符合自身风险收益投资需求的领域，导致私人银行客户与资金的流失。

（三）政策监管复杂

私人银行业务是创新型业务，监管主体多元化，存在重复监管的现象。从监管部门看，银监会对商业银行私人银行业务进行监管。但从整个业务范围看，涉及的部门很多。例如，中国人民银行负责反洗钱，国家外汇管理局管理外汇，证监会对证券市场进行监管等。商业银行开展私人银行业务需要与不同的监管部门沟通，得到不同部门的许可，因此不可避免地造成监管职能的重复，造成商业银行的被监管成本提高。

思考题

1. 商业银行理财业务和储蓄业务关系的实证研究。
2. 商业银行业务收费的思考。
3. 商业银行盈利能力可持续性研究。
4. 中间业务存在的问题和对策。
5. 以商业银行中间业务平台开展××业务的思路。

第十章 商业银行营销管理

第一节 商业银行营销概述

一、商业银行营销的概念

1958年,美国银行协会(ABA)第一次提出银行营销的概念。1972年,英国《银行家杂志》重新定义:银行营销是把可盈利的银行服务引向经过选择的客户的一种管理活动。一般来说,商业银行营销是以金融市场客户需求为导向,利用银行自身的资源优势,把银行的产品和服务提供给客户,以满足客户的需求,并实现银行盈利目标的一系列管理活动。

西方商业银行市场营销发展的动因,一方面是金融业竞争加剧下客户需求变化的要求;另一方面也是金融管制的放松和科技进步的必然趋势。从20世纪50年代后期的萌芽阶段,到20世纪90年代以后,西方商业银行市场营销的发展过程进入系统营销阶段。中国商业银行营销的发展比较晚,从20世纪90年代中期至今,尚处在银行营销创新阶段。

二、商业银行营销的基本理论

(一)商业银行营销理论的四大部分

商业银行营销基本理论包括四个部分11个具体点(11P)。

(1)银行营销战略(4P):探查(probing)、分割(partitioning)、优先(prioritizing)、定位(positioning)。

(2)银行营销战术(4P):产品策略(product)、定价策略(pricing)、地点策略（place）、促销策略（promotion）。

(3) 银行营销战术延伸（2P）：政治权利策略（political power）、公共关系策略（public relation）。

(4) 企业文化（1P）：以人为本的企业文化（people）。

(二) 商业银行营销的 4C 理论

商业银行营销的 4C 理论即指顾客（cosummer）、成本（cost）、便利（convenience）、沟通（communication）等四个营销策略。美国劳朋特（Robert）于 1990 年在《广告时代》上提出营销 4Cs 的观点：顾客（customer），要了解、研究、分析消费者的需要与欲求，而不是先考虑企业能生产什么产品。成本（cost），要了解消费者满足需要与欲求愿意付出多少钱（成本），而不是先给产品定价，即向消费者要多少钱。便利（convenience），要首先考虑为顾客购物等交易过程提供方便，而不是先考虑销售渠道的选择和策略。沟通（communication），是与顾客进行沟通和联系，将企业内外营销不断进行整合，把顾客和企业双方的利益无形地整合在一起。

(三) 新 4R 营销理论

新 4R 营销理论（The Marketing Theory of 4Rs）是由美国整合营销传播理论的鼻祖唐·舒尔茨（Don E. schuhz）在 4C 营销理论的基础上提出的新营销理论。新营销理论 4R 分别指关联（relevance）、反应（reaction）、关系（relationship）和回报（reward）。新营销理论认为，随着市场的发展，企业需要从更高层次，以更有效的方式在企业与顾客之间建立起有别于传统的新型的主动性关系。

三、商业银行的 STP 战略

(一) 商业银行的市场细分

1. 市场细分的概念

市场细分的概念是美国营销学家温德尔·斯密在 20 世纪 50 年代提出的，即从客户的不同购买欲望和需求差异性出发，按照一定的标准将整体市场划分为子市场，从而确定企业目标市场的活动过程。商业银行市场细分，是指银行依据客户需求的差异性和类似性，把整个市场划分为若干个客户群，区分为若干个子市场的过程。市场细分的理论依据是客户需求的差异性和客户需求的相似性。

2. 市场细分的原则

市场细分的原则为易识别性、可进入性和效益性。

（1）易识别性：细分市场界限明显，有明确的服务对象和服务重点。

（2）可进入性：有能力向细分市场提供金融产品和服务。

（3）效益性：细分市场的规模有足够业务量保证盈利。

3. 市场细分的方法

个人客户市场细分可以按照人口因素、地理因素、心理因素等进行。如按年龄可以把客户分为青年客户群（20～30岁）、中年客户群（30～50岁）、老年客户群（50岁以上）等。

企业客户市场细分方法可以按照产业因素、企业规模、企业性质和企业信用等级等进行。

（二）商业银行目标市场的选择

目标市场是在细分市场和预测盈利能力的基础上，根据自己的资源和优势选择一个或几个细分市场作为客户群。目标市场的选择依据是市场有充足的购买力，与银行产品的开发和创新保持一致，竞争对手的状况，银行的实力即自身资源与竞争优势。

（三）商业银行目标市场的定位

商业银行目标市场定位是指根据客户和竞争对手情况确定自己在目标市场上适当的营销策略。商业银行定位的方法包括六个方面。

1. 产品特色定位

产品特色定位即根据客户的需求培养银行产品的特色，并采取各种方式努力向客户传递这些特色的定位方法。

2. 市场领导者定位

具有市场领导者能力的银行一般是规模较大、实力雄厚、占有较大市场份额、能控制和影响其他商业银行行为的银行。这类银行可以发挥成本优势、维护市场份额；实行业务多样化经营和地理扩张行为，进一步扩大市场。

3. 迎强定位

迎强定位即与市场上占据支配地位的竞争对手直接竞争，进行针锋相对式的定位，以夺取同样的目标客户。这类银行在市场上不处于领导地位，但是有能力向市场领导者地位的银行和其他竞争银行挑战，是实力较强的银行所采取的战略。这种定位通常要求本银行能够提供更优的金融产品和服务，有充足的市场潜力；本银行的资源和经营能力足以支持全面的竞争。

4. 市场追随者战略

市场追随者战略指拥有中等资产规模，分支机构数量不多，没有能力向市场领导者和挑战者发起进攻，而是追随领先者的银行所采取的策略。可分为完全追随、有距离追随和有选择追随。完全追随者在多个细分市场中模仿领导者，往往以挑战者面貌出现，但却不威胁领先者地位。有距离追随者既与领导者有差别，又要在主要市场和金融产品创新、一般价格水平和分销网点上追随其后。有选择追随者是指在有显著利润的领域追随模仿领导者，而在其他领域保持自己的特色。

5. 避强定位

避强定位即商业银行避开与竞争对手直接的对抗，选择新的产品和新的形象定位。这是资产规模较小，竞争实力较弱的小银行所采取的战略。这类银行基于自身条件，为避免与领导者和挑战者的冲突，充分利用大银行忽视和放弃的市场开发新的金融产品和服务，起到"拾遗补缺"的作用。这种定位方法要求市场足够大以确保银行的运作与盈利，银行能够提供市场所需要的金融产品和服务。

四、银行营销的 4P 战术

（一）产品战术

商业银行产品的生命周期为 1 件新产品自开发至结束，从投入市场开始到被淘汰为止，均有一个投入、成长、成熟至衰老的过程。不同的生命周期要采取不同的营销战术。商业银行的品牌策略包括对产品品牌的设计和管理两个方面，而对品牌的管理又分为知名度、美誉度和忠诚度的管理。

（二）定价战术

商业银行产品定价的目标是为获取利润和一定的投资收益率、扩大市场份额、应对同业竞争、树立品牌形象。商业银行的主要定价策略包括：

1. 撇脂定价方法

撇脂（脱脂）定价方法，也称高价或高额定价方法。通常是指商业银行将新产品以较高的价格推向市场，以便在金融产品生命周期的初期，尽快收回投资和获取最大利润。当竞争者进入市场或产品的市场销量开始缩减时，再采取逐步降低价格的策略，以保持一定的市场份额。如 20 世纪 90 年代，银行推出"网上银行"业务初期，目标市场是高收入、高学历的年轻中产阶层，客户数量有限。

初期收费比传统银行高，仍有市场，近年来通过降价扩大客户范围。这种定价方法的优点是短时间获得预期的盈利，适用于新产品和创新工具。实施条件是有弹性低的客户、有好的营销和宣传、不会招来众多竞争者。

2. 渗透定价方法

渗透定价方法是指新产品在上市时使用较低的价格快速向市场渗透，待产品在市场上打开销路并拥有一定的市场份额后，再逐步将价格提高到一定水平上的定价方法。20世纪80年代初，美国推广NOW账户时，以前不能提供支票账户的储蓄银行和储贷协会为了挤占新市场纷纷采取渗透定价策略，扩大销售量。渗透定价策略的优点是快速打开市场，提高市场占有率，排斥竞争者提高竞争能力，容易赢得客户，使银行较长时间占领市场，获得规模效益；缺点是回收期长，价格的变动余地较小，一旦发现金融产品的销路好也不太容易提高价格。实施条件要求银行有实力承担亏损风险，金融产品的价格需求弹性较大，低价可以打开销路。

3. 折扣定价方法

折扣定价法是指银行在产品定价时，通过减让部分价格或给予消费者一些补贴的做法，使产品在基本价格基础上做一定幅度的下调，从而争取和鼓励消费者购买银行产品，达到扩大产品销售目的的定价方法。

4. 认知价值定价方法

认知价值定价法是指银行在产品定价时，利用市场营销组合中的非价格因素，在客户心目中建立对某一种产品的认知价值，并以这种认知价值为依据来进行银行产品的定价。

5. 关系定价方法

银行产品的关系定价方法一般被理解为是一种能够促使银行与客户保持持续接触的定价方法。定价取决于全面业务关系而不是单一业务关系。

（三）分销战术

分销即指营销渠道，也就是商业银行把金融产品与服务推向客户的手段与途径。传统的银行产品和服务分销一般通过建立分支机构网络实现。但随着产品创新和高科技的运用，营销渠道开始强调中介和人的作用。

直接分销渠道也称零阶渠道，是指银行将产品直接售给最终需求者，不通过任何中间商；间接分销策略是指银行通过中间商销售金融产品，或借助一些中间设备与途径向客户提供产品与金融服务，主要包括银行卡/POS/ATM、电子支付、代理、外包等，目前，网络银行、电话银行、手机银行已成为银行间接分销的主要渠道。

(四) 促销战术

促销战术是指商业银行向目标客户传递金融产品和服务的信息，激发客户的购买欲望，扩大银行产品和服务的销售所使用的各种刺激手段和方法，也是商业银行和客户间交流信息的所有活动。商业银行开展促销的原因在于金融市场竞争化，金融产品定价自由化，商业银行经营综合化，金融资产多样化，服务要求客户化。促销的主要方式包括以下几种。

1. 广告促销策略

广告促销是向目标市场的客户对象传递某种信息的活动。包括经济类和非经济类（公益）的广告。商业银行广告媒体可选择电视、广播、平面媒体、报纸和杂志、网络广告、POP（point of purchase advertising）广告（凡是在商业空间、购买场所、零售商店的周围、内部，以及在商品陈设的地方所设置的广告物，都属于POP广告），利用POP广告强烈的色彩、美丽的图案、突出的造型、幽默的动作、准确而生动的广告语言，可以创造强烈的销售气氛，吸引消费者的视线，促成其购买冲动。

2. 人员促销及构成

人员促销是银行员工以促成销售为目的，通过与客户间的口头交谈，说服和帮助购买者购买银行产品和服务的过程。银行员工促销的特点是具有灵活、直接、亲切、详尽和反复多次等优势，但也有开支大、费用高、对推销人员的素质要求高等局限性。人员促销的方式及构成是客户经理及客户经理制。

3. 促销的其他方式

（1）公关促销。公关促销是商业银行利用各种传播手段与社会公众沟通，以达到树立良好银行形象，赢得社会公众的好感、理解、信任和支持，从而乐于接受银行产品和服务的目标。

（2）定向促销。定向促销是20世纪90年代以后在商业银行发展起来的一种新型促销方式。一般可以解释为利用专业的营销队伍对特定的细分市场和特定的客户群体展开的促销活动。

（3）营业推广。营业推广是商业银行工作人员为客户办理业务的过程中，向客户推销商业银行产品所进行的各种营销活动。具体形式包括：网点临柜人员、信贷人员和大堂经理等一线人员向客户送商业银行产品宣传折页、演示示范、口头推荐、详细咨询解答等以及一系列鼓励措施。其特点是成本低、灵活多样、范围广。

（4）权力促销。权力促销是对政策制定者、政府官员和有影响力的企业高级职员进行游说、劝说以得到支持的营销活动。

第二节 中国直销银行发展状况

一、直销银行概述

(一) 直销银行的概念

直销银行是随着互联网技术的成熟而诞生的创新型银行，是指不设实体网点，通过电话、网上银行和手机客户端等线上媒介，实现业务中心与客户直接往来的银行。直销银行业务不同于手机银行、网上银行，以往的手机银行、网上银行多作为营业网点的补充存在，消费者在物理网点开办储蓄账户或购买投资理财产品成为该银行的客户后，即可在网上银行查询个人的账户详情及投资收益等。与之相对的，直销银行业务的突出特点是几乎完全脱离物理网点，纯线上操作，产品简单，客户目标群定位精准。

国外直销银行的产生主要是为了降低交易成本，而国内直销银行的诞生主要是国内商业银行应对互联网金融的竞争和冲击。互联网金融以简单、普惠大众为宗旨，在投资理财、融资、支付结算等方面对银行造成很大冲击，使其不得不进行金融创新，加上互联网的普及，使直销银行快速涌现。国内直销银行是在创新和技术推动下产生的，也是传统商业银行布局互联网金融的产物，是一种新的互联网金融模式。

虽然直销银行和电子银行服务都位于线上，但直销银行和电子银行在侧重点定位上不同，这是众多商业银行在已有网上银行、手机银行业务的前提下，仍然推出直销银行业务的根本原因。直销银行侧重直销，重点在于直销，而不是银行，更加强调产品在电子渠道的销售；电子银行侧重的是银行服务，网上、移动端作为银行服务的窗口；直销银行通常是有独立法人资格和金融牌照的组织，且主要依托非实体机构来开展业务，拓展增量客户。直销银行可以称为是一种银行的业务模式。电子银行作为银行实体组织之外，利用网络、电话等提供银行服务的补充形态，针对的是银行存量客户。电子银行更多体现的是一种提供服务的工具和渠道。

直销银行不同于传统商业银行。直销银行在组织结构、产品设计、营销方式、安全性，以及渠道整合方面有别于传统银行机构。作为依赖于互联网服务的直销银行，在组织结构、产品设计、营销推广、安全服务及渠道整合方面均有别于传统银行服务机构，而正是基于这些方面的不同使得直销银行在成本、效率、产品，以及渠道服务方面的优势更为突出。组织结构扁平化，充分体现直销银行特点，员工人数较少，直接通过终端与客户沟通，基本没有线下网点。产品设计标准化，基于网络的服务方式，主要服务客户为个人客户，提供产品主要是简单的标准化金融产品。营销推广方式灵活多样，以高息策略吸引客户，不收取年费和账户管理费，新开户奖励，全球取现免费的信用卡。服务便捷与安全相统一，24小时客户服务热线，全时的互联网金融服务渠道，重视网络安全和信息保密。渠道整合虚拟实际相结合，主要基于互联网平台提供服务，积极利用其他实体机构的渠道处理业务，满足顾客的取现需求。

（二）直销银行产生的背景

1. 中国网民的发展趋势

截至2013年年底，中国网民规模达到6.18亿人，手机网民规模达5亿人（见图10-1、图10-2）；网上银行用户达到2.5亿户，网上支付用户达到2.6亿户，网民使用率分别为40.5%和42.1%，为直销银行的发展提供了环境。截至2014年12月，中国网民规模达6.49亿人，互联网普及率为47.9%，较2013年年底提升2.1%，手机网民规模达5.57亿人，较2013年底增加5 672万人。截至2015年12月，中国网民规模达6.88亿人，互联网普及率达到50.3%，半数中国人已接入互联网。手机网民占比超9成，网络购物用户规模达4.1亿户，22%的网购消费是网络刺激的新增需求。截至2015年12月，中国网络购物用户规模达到4.13亿户，较2014年年底增加5 183万户，增长率为14.3%。与此同时，中国手机网络购物用户规模增长迅速，达到3.40亿人，增长率为43.9%，手机网络购物的使用比例由42.4%提升至54.8%。截至2016年6月，中国网民规模达7.1亿人，互联网普及率达到51.7%，超过全球平均水平3.1个百分点，网民规模连续9年位居全球首位。2016年第一季度中国网上银行市场整体交易规模达到555.5万亿元，环比增长率为8.9%，五大银行合计拥有70%的市场份额。截至2016年12月，中国网民规模达7.31亿人，普及率达到53.2%，超过全球平均水平3.1个百分点，超过亚洲平均水平7.6个百分点。全年共计新增网民4 299万人，增长率为6.2%。中国网民规模已经相当于欧洲人口总量。

2. 手机银行发展现状

2014年，中国手机银行交易规模达到32.8万亿元，同比增长157.1%，到2014年年底，中国手机银行用户达到3.01亿人，同比增长40.8%，占移动网民整体比例的54.1%。2015年，手机银行交易规模是70.7万亿元，同比大幅增长122.75%。2015年全国个人手机银行用户比例是32%，同比增长高达81%。2016

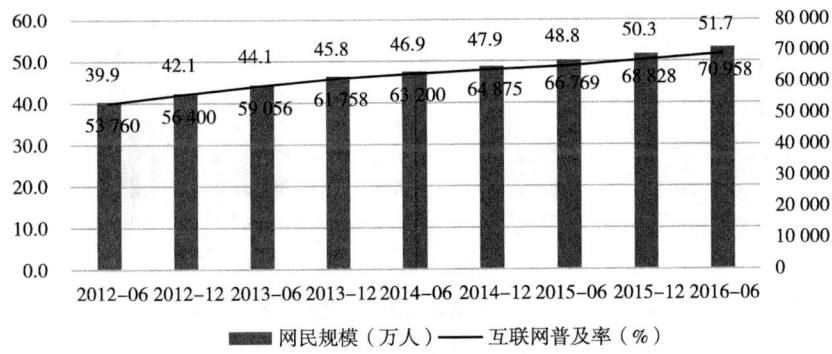

图 10-1 网民规模及互联网普及率

数据来源:《中国互联网发展状况统计报告》和《2016 中国电子银行调查报告》。

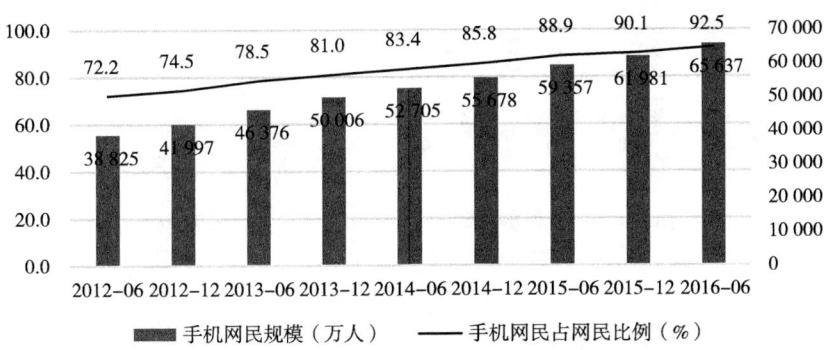

图 10-2 手机网民规模及其占网民比例

数据来源:《中国互联网发展状况统计报告》和《2016 中国电子银行调查报告》。

年,全国个人手机银行用户比例为 42%,与 2015 年相比增长了 9.6 个百分点,同比增长 30%。2016 年第二季度,中国手机银行客户交易规模达到 35.88 万亿元,环比增长 21.2%。从个人手机银行发展趋势看,全国个人手机银行将从爆发期进入平稳发展期(见图 10-3)。增长速度大幅下降,2017 年增长速度进一步降低,进入平稳发展期。三线城市增长最显著,较 2015 年增长了 13.7 个百分点,同比增长 60%;二线城市增长放缓,增长了 8.9 个百分点,同比增长 25%,手机用户比例超过一线城市;一线城市增长放缓,仅增长 3.6 个百分点,同比增长 9%。

在 2016 年第二季度中国手机银行市场格局中,建设银行以 22.3% 的市场份额占据第一位,工商银行则以 18% 的份额位居第二,农业银行位居第三,市场份额为 15.6%,其后则为招商银行、交通银行,分别以 7.6% 和 7.5% 的份额排在第四、第五位(见图 10-4)。

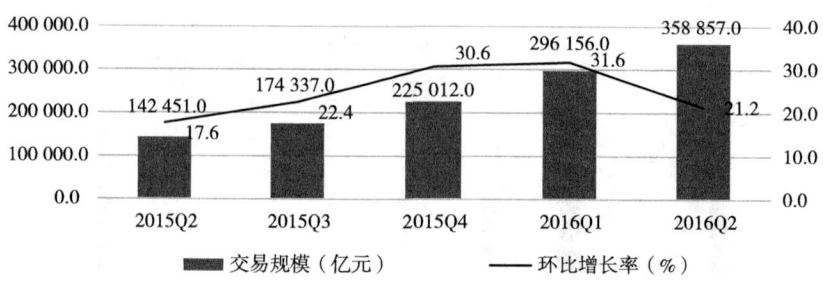

图 10-3　2015Q2—2016Q2 手机银行交易规模

数据来源：《CNC 中国互联网发展状况统计报告》。

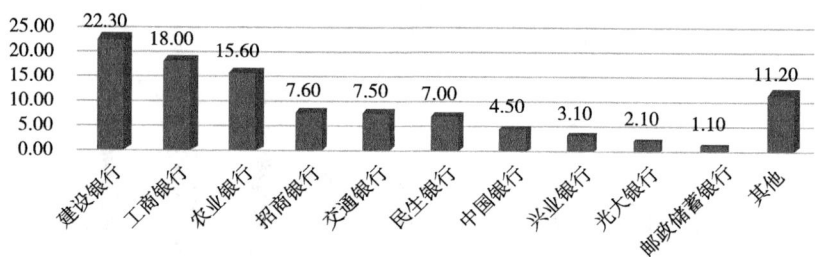

图 10-4　2016 年第二季度中国手机银行交易份额（%）

数据来源：各大银行的年报。

3. 网上银行发展现状

2014 年，中国网上银行交易规模达到 1 304.4 万亿元，增长率为 40.2%，增速较 2013 年有大幅提升，截至 2014 年年底网上银行用户达到 3.82 亿人，占网民整体规模的 58.9%；企业用户达到 1 729.5 万户，同比增长 27.7%。2015 年，网上银行交易规模为 1 600.85 万亿元，同比增长 28.18%。2016 年第二季度，中国网上银行客户交易规模达到 618.8 万亿元，环比增长率为 10.6%（见图 10-5）。

2016 年，个人网上银行用户比例达到 46%，同比增长 16%，3 年年均增速 11%~16%（见图 10-6）。

2016 年第二季度，中国网上银行市场交易份额中，工商银行所占的比重最高，达到了 29.4%；建设银行 14.4%；交通银行 11.8%；农业银行、中国银行分别是 9.9% 和 6.7%。总体来说国有行的占比在一半以上。股份制银行中招商银行占比最大，为 4.6%；兴业银行和民生银行分别是 4.1%，3.8%（见图 10-7）。

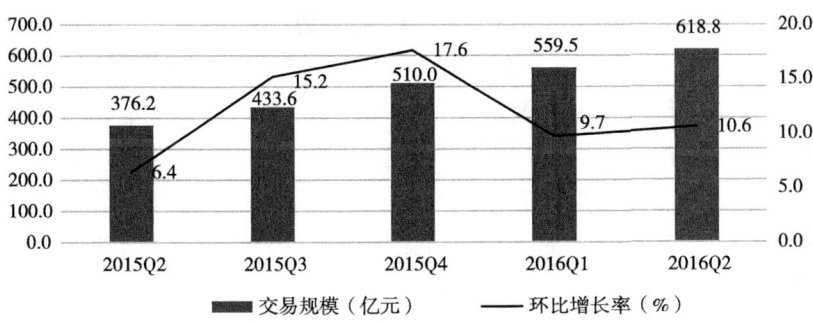

图 10-5 2015Q2—2016Q2 网上银行交易规模

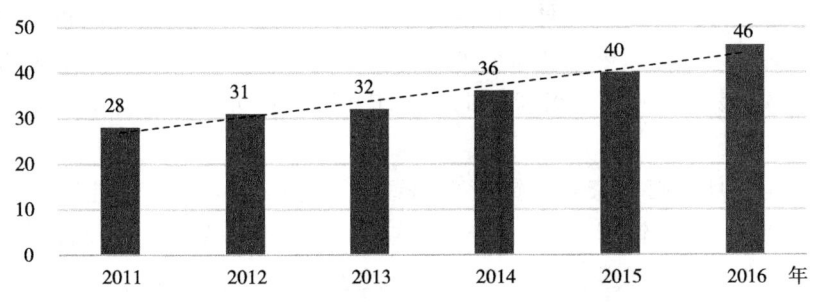

图 10-6 2011—2016 年个人网银用户比例（%）

数据来源：2016 中国电子银行调查报告，个人银行样本 N=726，调查方法：电话调查。

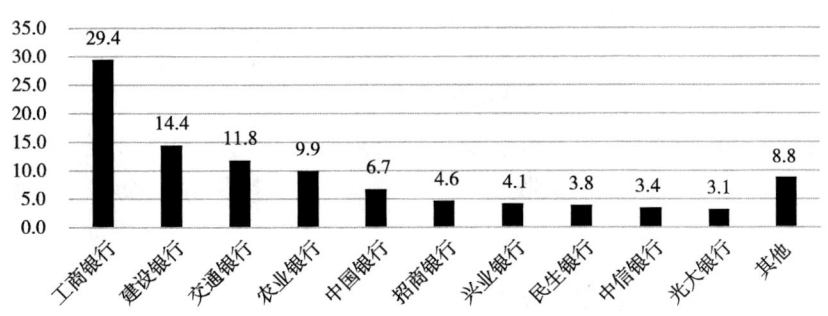

图 10-7 2016 年第二季度中国网上银行市场交易份额（%）

数据来源：Analysys 易观智库和 Wind 数据库。

（三）国内直销银行发展现状

中国金融认证中心（CFCA）发布《报告》指出，2016 年，网上银行、手机银行、微信银行、电话银行、直销银行渠道用户使用比例分别为 46%，42%，28%，23% 和 11%。直销银行用户已占个人电子银行渠道的 11%，表现不俗。用户特征呈现两高一低的特点，即高学历、高收入，年轻化。这些用户多为互联网重度人群，容易接受新事物。而在国内 22 家主要发展直销业务的银行中，有 13 家拉动指数大于 1，意味着直销银行的发展在一定程度上带动了传统业务。青年群体是中国直销银行服务的主要对象。在客户细分上，与传统商业银行关注的主流客户群不同，直销银行在客户群定位上也与传统用户略有差异，例如，民生银行直销银行重点关注"忙""潮""精"三类目标客户、平安橙子银行推出直销银行之初的口号也是年轻人的银行，可见国内不少直销银行对于目标客户的定位较为一致。

监管政策的逐步放开，进一步促进了直销银行的发展。但作为纯线上服务的直销银行，依然面临着一些具体的监管政策和技术瓶颈，包括远程开户的合规、电子账户的功能、贷款理财面签等合规要求。而监管政策的实时调整给予直销银行一定的发展空间。但未来仍需监管层在管理理念方面的变革与相应的政策匹配，在利率市场化、理财面签等方向的逐步放开，将进一步改善中国直销银行发展的监管环境。

2013 年 9 月，第一家北京银行直销银行开通；2014 年，兴业银行、民生银行、平安银行、上海银行、南京银行、重庆银行、包商银行、华润银行等 17 家银行开设的直销银行开通；2015 年直销银行达到 28 家；2016 年达到 55 家。

直销银行用户分析和投资种类分析：用户年龄在 18～24 岁占比 17.37%；25～29 岁占比 30.72%；30～34 岁占比 20.80%；其他占比 31.1%。投资金额 5 万元以上的占比 34%，1～5 万元的占比 31%；5000～1 万元的占比 14%；其他占比 21%。教育水平本科以上的占比 84%，其他占比 16%。收入水平：30 万元以下的占比 73%，其他占比 27%。投资种类：货币基金与票据理财用户占比 80%，可见目标用户对收益性、稳定性、安全性要求较高。用户主要特征：年轻化、熟悉网络、投资金额适中、稳定收入、白领偏多、稳健/保守型投资者、偏爱网购手机族。

（四）国内直销银行的几种模式

直销银行按照线上线下组合方式划分主要有：纯线上综合平台模式、线上综合平台+线下自助门店组合模式、线上综合平台+第三方互联网企业组合模式。

（1）纯线上综合平台模式。不用设置任何银行实体网点，主要通过手机银行、互联网综合营销平台和网上银行等电子化服务渠道，为客户提供金融产品和服务。比如，阿里银行和兴业银行直销银行等都属于这种运营模式。

（2）线上综合平台与线下自助门店组合模式。为更好地服务方便客户，增强客户的信赖感，在建设好线上综合平台的同时，建立线下自助门店。比如，北京银行直销银行等属于这种模式。

(3)线上综合平台与第三方互联网企业组合模式是指在建设线上综合平台的基础上,通过与经验丰富的第三方互联网企业合作联盟,通过大数据信息等资源共享,共同开发客户和产品。比如,民生银行与阿里集团形成合作同盟等属于这种模式。

1. 北京银行直销银行

北京银行直销银行以线下智能设备为主。在与境外战略合作伙伴荷兰ING集团研发筹备多年后,2013年9月,北京银行直销银行服务模式正式推出,其主要服务对象是数量广大的大众零售客户和小微企业客户,并可全天候、不间断提供金融服务。在服务渠道上,直销银行可提供线上和线下融合、互通的渠道服务。线上渠道由互联网综合营销平台、网上银行、手机银行等电子化服务渠道构成;线下渠道采用全新理念建设便民直销门店,其中包括布放自助缴费终端等各种自助设备,以及网上银行、电话银行等多种自助操作渠道。

北京银行直销银行率先在北京、西安、济南等地建立了多家直销门店,通过变革服务方式,直销银行利用互联网、移动互联网技术以及形式多样的电子自助设备,囊括客户引入、业务办理等各银行业务环节,以"互联网平台+直销门店"构建立体化服务体系,满足客户不同应用场景下的金融服务需求。北京银行直销银行将直销银行的经营理念引入国内,实现了签约开卡服务,尚无独立的虚拟卡,目前看更多的是电子银行业务的延伸与创新。

2. 平安银行直销银行

平安银行直销银行是橙子银行。平安橙子是平安集团旗下平安银行推出的创新型互联网银行业务,于2014年11月8日正式上线。平安橙子在产品组合上,坚持"少而精"的策略,为客户选优配置多类型的投资产品,包含:智能存款产品"定活通"、货币基金产品"平安盈"、银行理财产品、基金超市、黄金账户以及其他投资理财产品。平安橙子为客户提供有针对性的、符合年轻人消费和理财习惯的产品与服务,在同业直销银行中首创"智能理财""梦想账户""精彩消费"三大特色功能,通过该类型的理财管理工具对于增强用户使用,提升用户黏性具有积极的作用。

智能理财服务基于客户投资需求和风险偏好等分析,为客户提供个性化的投资理财建议及产品组合,并能实现提前预约心仪产品,在产品上架前及时短信提醒客户抢购。对于增强"小白"用户以及缺乏时间的年轻用户群体具有较大的吸引力。

精彩消费,主要为智能记账功能,通过为客户与平安银行信用卡账户关联,可通过橙子银行APP实时向客户推送信用卡消费信息,自动为客户实现消费记账,并将消费记账和分类的结果进行比较,让客户清楚掌控消费。

梦想账户,通过在理财规划中"设置愿望",橙子银行根据用户的收支情况搭配各种理财产品,帮助用户在指定时间内完成心中目标,从而帮助年轻人合理规划财务目标,养成定期储蓄的习惯,通过有效的资产管理更快地达成自己的目标。

平安银行网站数据显示,平安银行橙子银行上线两个月左右时获得20余万客户,2015年年末平安橙子客户数506万户,较年初增长883%,不断创新跨界异业合作模式,逐步推动实施"一加一乘"战略,构建金融消费服务生态体系;自助设备从提产能、降成本出发,推动由"服务"型设备向"立足服务、兼容营销"型设备转型,日均交易笔数有效提升20%。2016年上半年,平安橙子(直销银行)依据中国人民银行关于个人银行账户分类管理的规定,不断推动和完善账户能力建设,逐步开发线上支付、代扣、保证金、资金冻结等功能,同时探索与陆金所、平安一账通、平安寿险等公司合作的模式,截至2016年6月30日,平安橙子客户数773.52万户,较年初增长52.74%。平安银行的橙子银行的目标直指80后、90后年轻人群体,着力打造年轻人的银行,截至2016年10月底,橙子银行拥有20余万客户,其中25~45岁年龄段的客户占到总数的74%,18~25岁的客户占比9%。

3. 兴业银行直销银行

兴业银行网站数据显示,2014年,兴业银行直销银行累计拓展客户58.50万户,资产超500亿元;目前,该行直销银行客户近220万户,资产近2 500亿元。兴业银行直销银行客户60%是存量客户,另外40%是从第三方获得的。具体包括从该行信用卡客户、社区银行等方面挖掘来的。目前尚未和第三方支付合作。

二、中国直销银行存在的问题

(一) 中国直销银行产品同质化

中国直销银行产品同质化严重,主要集中在货币基金、银行理财、存款业务。余额宝的爆发使传统商业银行深刻感受到互联网金融的威力,为此几乎所有的直销银行都提供有货币基金、理财产品、存款类服务类产品,以避免用户群体的流失。从中国各家直销银行的主要业务看,60%以上的直销银行推出了货币基金、银行理财和存款产品。其中货币基金产品达到了81%,银行理财达到了63%,与存款、智能存款基本一致。贷款、转账、P2P的比例也很高,少数直销银行还推出了保险和信用卡业务,目前信用卡的同质化程度非常高。作为融资平台使用的直销银行也不少，其中 21% 的直销银行推出了网络投融资服务。通过分析认为，中国直销银行逐渐成为银行理财业务拓展的重要渠道，而在其他服务匹配上还较依赖于银行机构本身，在服务体系设计和搭建上，仍将直销银行作为渠道的一种拓展而存在。

（二）中国直销银行多数尚未实现独立运营

中国直销银行均以事业部形式存在，非独立运营，均利用母公司品牌信誉作为信用背书。直销银行的经营受到传统商业银行的束缚，没有自己独特的产品和经营模式，很有可能成为第二个手机银行或者电子银行。在核算中直销银行并不是单独核算，而是以事业部或者个人电子银行部整体核算，并不能体现其成本优势。

（三）定位不明，更多为资金获取渠道

目前，中国直销银行的定位更倾向于理财产品销售平台，直销银行特色体现不明显，宣传推广力度还有待加强。但是作为理财产品销售平台容易造成内部竞争——传统银行客户的二次开发。目前有些直销银行也存在跟风行为，生怕自己落后于人，根本没有认真分析是否适合自己，同时定位不明确，没有针对特定的人群。

（四）中国直销银行监管政策尚待突破

中国直销银行监管政策尚待突破，利率市场化完成后，银行理财面签等方面仍待改善，银行理财面签并没有让顾客感觉到直销银行的便捷和纯网络化，商业银行创新能力尚未得到很好实现。

（五）中国直销银行运营模式有待完善

中国没有真正意义上的直销银行，直销银行没有独立的法人资格，并且受到政策法规的限制。直销银行业务和网上银行业务类似，同质化严重，但是直销银行为了争取新客户会给予客户更高的产品收益，这样就会挤压银行利润空间，和传统银行网点存在利益冲突，导致银行网点和支行不再向客户推荐直销银行，所以需要在运营模式和利润分配方面进行改善，规避内部的恶性竞争。

（六）中国直销银行客户体验差

根据 2015 年 9 月未央网的报道，有财经门户网站曾对直销银行出具一份评测报告显示，不少直销银行"功能单一"或"似乎是其手机银行的衍生平台，

只是负责银行理财产品和基金产品的销售"。调查显示，有42.4%的用户认为，直销银行服务种类不够丰富，有待提升。纵观各家直销银行，目前产品仍是以存款和基本的储蓄理财产品（"宝宝"类）为主，缺乏更多元化的债券、基金等理财产品以及线上的信贷产品，难以对客户产生足够的吸引力。直销银行虽然有着深厚的金融背景，但其产品的互联网创新程度还远不够。不仅如此，直销银行在安全和便捷性上也大打折扣。据上述财经门户网站的直销银行评测结果显示，43%的用户认为产品"安全性不够"，另外14.6%的用户反映"操作太复杂"。虽然直销银行主打线上，但是有些业务还需要到线下网点才能办理。此外，有的直销银行网站安全设置不足，无论是在登录还是在交易时安全提示方面仍需完善。

三、直销银行的发展对策

（一）加大宣传力度，提高客户对直销银行的认知度

目前，国内直销银行的认知度还比较低，很多人都只知道手机银行、网上银行、第三方支付等，对直销银行并不熟悉。银率网2014年9月至11月30日采集有效29 622份问卷的调查显示，超过60%的受访者根本就没有听说过直销银行。由于不熟悉，对其安全性比较担忧，商业银行要充分利用实体网点、网络、多媒体、发放宣传单等方式，大力宣传和普及直销银行的相关知识，让大家尽快熟知直销银行。同时我们也可以借鉴春节期间抢微信红包，支付宝集福模式宣传直销银行。广泛的宣传成本过大，我们可以针对大学生进行直销银行的宣传，因为大学生对新生事物的接受能力比较强，而且喜欢网上购物，熟悉网络，喜欢简单便捷，所以宣传起来阻力并不会太大。在直销银行平台上建立健全客户咨询服务体系，实现智能服务，24小时在线咨询服务，随时解答客户在使用直销银行过程中出现的问题，从而提高客户的忠诚度。

（二）用户访问直销银行渠道要多样

由于每个人的生活习惯不同，喜好不同，有的人喜欢通过手机客户端访问直销银行，有的喜欢用电脑官网访问，或者通过直销银行官方微信直接进入直销银行进行理财产品和金融产品的购买。从中国各家直销银行的渠道选择上，数据显示在移动端的偏多，但是和PC端的差距并不是十分明显，多数的直销银行采用了PC端和移动端并重的策略，双渠道推出的直销银行占比达65.9%。2016年，易观智库统计分析，PC端占比80.5%，其中股份制商业银行达到了90%；移动

端占比达到了85.4%，其中股份制银行和大型国有银行覆盖率达到了100%。

（三）建立专属产品体系

直销银行重点在于直销，就是通过平台与客户建立业务关系，主要是服务于特定的目标客户群体，所以只需要设计出特定的目标客户喜欢的金融产品，不需要提供非常全面、丰富的金融产品。但是设计的金融产品要注重专业化和差异化创新，从而减少同质化竞争和恶性竞争。种类也不需要太多，主要是要有吸引力，比如，高收益、便捷、方便、免各种手续费、支持其他行的银行卡等。每个种类下的产品数量不宜过多，由此不仅可以吸引不同需求的客户，也不会让老客户感觉眼花缭乱。差异化使直销银行实现良性竞争。

（四）发展逆向社区O2O

O2O是互联网电商非常流行的一种营销方式，即电商通过发展线下门店，将线上的产品放在线下让客户去体验，然后通过网上购买，也就是线上+线下模式。逆向社区O2O由于传统银行的线下实体网点比较多，通过网点相关人员的介绍和宣传直销银行，通过引流客户，把客户变成直销银行的客户；再通过记录客户的消费行为，通过大数据分析，设计出合适的金融产品满足客户的需要。

（五）监管政策进一步放开

互联网金融时代下，监管机构对于金融创新的支持力度逐渐增强，在远程开户、账户分级等措施中的变现也充分说明了这一点，而现在影响直销银行发展的理财面签在逐步放开，利率市场化的完成，进而将直销银行优势进一步发挥。

（六）筹建业务独立性增强的银行

2017年1月5日，中信银行发布公告称，收到中国银监会的批复，同意在北京市筹建百信银行，银行类别为有限牌照商业银行，"有限牌照"体现在不能设立线下网点，以独立法人形式开展直销银行业务。百信银行是中国第一家具有存、贷、汇、理财、发债等全牌照功能的纯线上银行。独立的运营才能摆脱母体银行的诸多掣肘，形成与母体银行并行且相互补充的局面，未来直销银行形式必须要通过增强自身独立性，以事业部或者子公司等方式实现自身价值的展现。

（七）客户群定位更加细化

通过严格界定的客群定位，细分客户群，分析该类群体的需求，在产品、服务、宣传等方面进行迎合，从而增强该类群体的认可度，树立具有自身特点的品牌，从而降低直销银行在产品、服务中不必要的成本，做到有别于传统银行大而全的服务策略。

(八) 不断完善风险控制体系

国外各个国家的直销银行风险监管体系有差异，但经过长期的探索以及持续的改进，如今，各国都形成了以政策法律、金融监管部门以及自身技术控制为基础的多方位风险管理体系。例如，在英国金融服务监管局负责对直销银行进行监管，风险评估与控制则依照《英国银行监管指南》等多部法律法规；在美国主要是联邦存款保险公司等六个金融监管机构负责对直销银行进行监管，风险评估与控制则依照《网络银行最终规则》等多项法律制度。

虽然国内针对商业银行网上银行已经建立了风险监管体系，但是这套体系并不能直接用于直销银行，因为直销银行具有更高的风险，所以风险监管体系也必须做出调整。直销银行完全借助互联网向客户销售金融产品，使其在技术上具有创新性、虚拟性及开放性，在业务上具有全生命周期性、直销性及混业性，导致直销银行与其他风险的关联性更高，其风险扩散速度更快，风险控制的难度明显加大，为了保障国内直销银行良性发展，必须建立直销银行风险监管体系并一步步完善，风险监管体系的设计要遵循安全与效率兼顾的原则，通过制度设计、政府监督和自身运营三个层次对直销银行风险进行评估与控制。

在制度设计上，通过各种制度的制定，修订完善相关法律法规，从宏观层次上对直销银行的风险进行评估和控制，为直销银行持续健康发展创造一个良好的平台和环境；在政府监督上，各监督机构以银监会为主导建立合作机制，加强沟通，实现监管信息共享；从中观层次上，对直销银行的风险进行评估和控制；在自身运营上，以直销银行拥有的风险控制技术为基础，建立业务外包的风险约束和责任追究机制；从微观层次上，对直销银行的风险进行评估和控制。除此之外，还应引入第三方机构参与风险评估和控制。

案例　富国银行特色营销——金融商店与交叉销售

一、案例背景

1852年，富国银行在美国西海岸创立，在建立后的100余年里，逐渐成长为一家独具特色的地方银行。1994年后，由于美国取消了对商业银行跨州经营的限制，加之1999年《金融服务现代化法案》的出台，富国银行经过一系列的兼并收购，在不到 20 年的时间里，从一家地方银行一跃成为全美第四大银行，并发展成为一个综合性的金融机构。截至 2015 年 12 月 31 日，富国银行的市值排名美国商业银行第一位，按资产计，为美国第四大银行。每三个美国家庭中就有一家是富国银行的客户，其 9 112 个金融商店、12 000 多台自主设备和 27 000 人的雇员遍及美国大部分州，是美国本土重要的银行之一。

富国银行的金融营销手法在美国是十分知名的，凭借"以客户为中心"的服务理念，富国银行设立了众多的网点和自助存款设备，其电子银行业务也排名美国第一。更为有趣的是，富国银行的网点并不称为支行，而称为"商店（store）"，富国银行的营销手法也与这一名称相契合，提供优质的服务和交叉销售金融产品。在业务综合化的基础上，富国银行提出交叉销售来提升盈利能力，并且将交叉销售视为银行的重要战略，曾在年报中强调交叉销售是其商业模式的基石，是其收入和利润不断增长的基础。富国银行通过尽量多地向客户推销金融产品，满足客户多元化的财务需求和实现自身收入的增长，不仅在内部大力倡导交叉销售的文化，提升员工的认同，同时设计了一整套激励考核机制，保障交叉销售的战略得以执行。从并购目标的选择上，公司也遵循了这一战略，1998 年合并的西北银行也是以交叉销售闻名的商业银行。

二、案例分析

富国银行在业内有"交叉销售之王"的称誉，显示出公司在业务领域的领先优势。截至 2013 年年末，富国银行单位客户销售金融产品数连续多年实现提升。富国银行交叉销售的特点表现在两个方面。

第一，提供的产品丰富多样。在普通零售领域，富国银行的客户通常会享受储蓄、信用卡、住房抵押贷款、汽车贷款、投资和保险金融服务；在批发银行领域，客户通常能够享受到投资银行、证券投资、商业地产、财富管理、财务融资等金融服务。富国银行零售客户和批发银行客户能享受到的金融产品数量高于行业平均水平。具体而言，对于个人、社区银行提供了储蓄、信用卡、住房抵押贷款、财富管理、保险等多项业务；对大中型企业，批发银行提供了商业贷款、房地产开发贷款、投资银行、投资管理、企业年金、贸易融资、信用证等多项业务。1998 年以来，富国银行平均向每个客户销售的金融产品数量持续增长，在 2009 年接近 6 个，虽然 2010 年受收购美联银行并表的影响，这一数据减少为 5.7 个，但仍然保持着上升的态势。

第二，交叉销售率持续提升。1998 年，公司零售条线每位客户销售金融产品数仅为 3.2 个，至 2013 年年末，公司零售条线每位客户销售金融产品数达到

6.4 个（见图 10-8），目前公司绝大部分收入来源于交叉销售。公司设定的单位客户销售金融产品的目标是 8 个，而根据富国银行估计，美国每户消费金融服务产品的数目最多可达到 14 到 16 个。

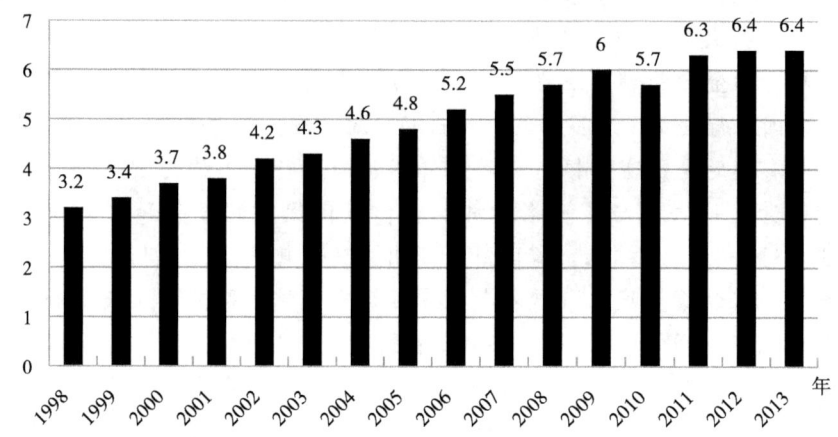

图 10-8　1998—2013 年富国银行单位零售客户销售产品数量

资料来源：http://xueqiu.com/2340719306/21914643。

交叉销售对于富国银行意义重大。首先，交叉销售带来了持续增长的业务规模，1998 年以来，富国银行平均每个客户消费的产品数量持续增长，这一增长带来了许多业务。其次，交叉销售将传统商业银行的客户向综合化的其他业务渗透，有效支持了其他业务的增长，创造了更高的非利息收入，稳定了公司的利润水平。最后，借助综合化和交叉销售，富国银行获得了更广阔的收入来源，将收入来源分散化，有效降低了公司的经营风险。交叉销售加强了综合化的效果，为公司创造了许多中间业务和综合业务的机会，推动了富国银行非利息收入的持续增长。

三、案例启示

在迅速发展的道路上，富国银行与美国的其他大行相比，有许多共同的地方，富国银行的做法、理念和战略，值得中国银行业学习。

（一）重视综合化与交叉销售，提高非利息收入

目前，中国的银行非利息收入占比依旧很低，为了减少银行对传统存贷业务的依赖，实现分散化经营，大力发展中间业务，推行综合化的战略就显得十分必要。中国的银行已逐步涉足综合化，通过控股的方式将业务延伸到证券、保险、

基金、信托、融资租赁等领域，但是在综合化的过程中，要吸取美国银行业的教训，学习富国银行的经验，注意甄别各项业务的风险，不盲从，审慎地开展综合化业务。在综合化变革的同时，银行还应当重视产品的交叉销售，争取让客户在自己的银行消费更多的金融产品。中国平安集团就非常重视交叉销售，提出要让客户凭借一个账户就能享受各方面的服务。这点也应当为国内的其他银行所借鉴。

（二）要以客户为中心

目前，中国商业银行在积极进行业务模式的探索创新，其中也有不少银行提出了以客户为中心的目标，富国银行正是中国商业银行学习的样板。从内部组织架构上看，中国商业银行按照传统的产品板块进行划分，各部门之间的协调机制仍然不畅通。加之中国大型商业银行是兼有商业机构和政府部门特点的国企，有时对客户的利益不够重视，这对于中国商业银行未来在全球金融市场上的地位十分不利。落实以客户为中心的目标具有紧迫性。

（三）营销拓展银行产品

富国银行在一百多年的时间里，不断地调整自身业务，从一家区域性小银行发展为全球有影响力的金融机构。富国银行的成长历程伴随着美国的利率市场化进程，银行的业务模式随着外部经济金融环境的变化而调整。中国几大商业银行在资产规模上已经处于全球前列，但业务开展和盈利模式方面高度同质化。富国银行的资产规模与中国这几大银行相比并不突出，但市值却很大，说明好的银行不一定就要做得最大。目前，中国处于利率市场化的过程中，商业银行的主要利润点还是存贷利差，所以资产规模的粗放式扩张是利润增长的主要手段。随着利率市场化进程的深入，中国商业银行也将面临盈利模式的转型，从主要依赖存贷利差变为每个银行寻找自身有特色的利润点，银行的盈利模式将从如今的同质化变为未来的多样化。而富国银行就是在利率市场化的过程中做出了独特的定位，从而在市场中立足的。

（四）注重小微企业营销，构建先进的风险定价模型

为了开展小微企业贷款，富国银行首先将小微企业进行划分，通过对小微企业的规模、成长周期等进行评估，将小微企业细分为加工作坊、初创企业、家庭工厂、个体户、无利润企业、服务型小微企业、一般利润企业、科技型企业、高速成长企业和现金牛企业，针对不同小微企业提供差异化营销。同时，富国银行通过"企业通"产品改进了放贷模式，贷款可以通过邮件、电话进行申请，实行自动化审批，无须定期审核，也不需要财务报表，取而代之的是先进的信用评

分模型。贷款的流程十分快捷,极大地方便了客户,因此获得了大量的业务。富国银行还通过信用评分对贷出的资产持续进行监督、重估,根据企业的信用表现调整每家企业的利率,借此留住了许多优质的客户。优异的风险定价能力,也帮助银行减少了坏账率,为高利率提供了保障。

伴随小微企业贷款、消费信贷而来的是高的风险暴露,需要银行提高风险管理能力。国内银行由于监管的限制和经营的惯性,其坏账率并不高,但这并不代表国内商业银行的风险管理水平很高,面对小企业信贷和个人信贷,国内银行很可能无法适应,这就需要学习富国银行,采用数理方法,开发信用评级模型和信用计分卡,进一步提升对风险的定价能力。

思考题

1. 不同类型商业银行市场地位研究。
2. 商业银行市场细分研究——××商业银行营销的市场定位。
3. ××商业银行(产品)的市场细分。
4. 商业银行产品创新思路。
5. 商业银行基金销售渠道的问题和对策。
6. 私人银行业务营销战略研究。
7. 手机银行研究。
8. 银行与互联网金融的合作渠道。
9. 银行营销的海外渠道。
10. 直销银行问题研究。

参考文献

[1] Peter Rose. Commercial Bank Management [M]. McGraw Hill, Richard D. Irwin., 2002.

[2] George H Hempel. Bank Management [M]. John Wiley & Sons, Inc., 1994.

[3] 哈维尔·弗雷克斯,让·夏尔·罗歇. 微观银行经济学 [M]. 北京:中国人民大学出版社,2014.

[4] 戴国强. 商业银行经营学 [M]. 北京:高等教育出版社,2016.

[5] 庄毓敏. 商业银行业务与经营(第二版)[M]. 北京:中国人民大学出版社,2005.

[6] 丁俊峰. 商业银行业务实验教程 [M]. 北京:中国金融出版社,2006.

[7] 王苹等. 商业银行经营案例分析 [M]. 北京:首都经济贸易大学出版社,2017.

[8] 马丽娟. 商业银行经营与管理 [M]. 北京:经济科学出版社,2012.

[9] 郭田勇. 商业银行中间业务产品定价研究 [M]. 北京:中国金融出版社,2010.

[10] 刘永章,叶伟春. 银行营销 [M]. 上海:上海财经大学出版社,2001.

[11] 袁长军. 银行营销学 [M]. 北京:对外经贸大学出版社,2004.

[12] 李志辉. 商业银行经营与管理 [M]. 北京:中国金融出版社,2004.

[13] 赖丹声. 银行营销实战原理 [M]. 北京:清华大学出版社,2006.

[14] 曾康霖. 商业银行经营管理研究 [M]. 成都:西南财经大学出版社,2000.

[15] 林强. 中美银行的较量:中美银行经验管理比较 [M]. 成都:西南财经大学出版社,2011.

[16] 康书生. 银行制度比较与趋势研究 [M]. 北京:中国金融出版社,2005.

[17] 赵辉. 商业银行市场营销战略 [M]. 北京:中国金融出版社,2003.

［18］万后芬．金融营销学［M］．北京：中国金融出版社，2003．

［19］赵晓芳，李鹏．商业银行业务与经营案例分析［M］．北京：中国社会科学出版社，2012．

［20］沙业伟．信贷风险与资产保全案例选［M］．成都：西南财经大学出版社，2015．

［21］史建平．中国中小微企业金融服务发展报告［M］．北京：中国金融出版社，2015．

［22］宋玮．商业银行管理［M］．北京：清华大学出版社，2017．

［23］范曙光．发展商业银行中间业务的策略选择［J］．金融研究，2004（4）．

［24］蔡则祥．王艳君，商业银行中间业务［M］．北京：中国金融出版社，2011．

［25］巴曙松．中国发展直销银行的四点政策建议［N］．东方早报，2013-12-24．

［26］林玲．金融创新视角下中国直销银行发展的思考［J］．上海金融，2014（12）．

［27］邓学衷．商业银行资本机构：理论、实践和预警［M］．北京：中国金融出版社，2011．